Wie man Kinder
von Anfang an stark macht

von Helga
Zum 35.ten

Priv.-Doz. Dr. Gabriele Haug-Schnabel
Barbara Schmid-Steinbrunner

Wie man Kinder von Anfang an stark macht

So können Sie Ihr Kind erfolgreich schützen –
vor der Flucht in Angst, Gewalt und Sucht

Schutz-Erziehung von Anfang an
Zu Hause · Im Kindergarten · In der Schule

OBERSTEBRINK
ELTERN-BIBLIOTHEK

3. Auflage, 2004
© by Oberstebrink Verlag GmbH
Alle Rechte vorbehalten

Fotos: Mauritius, Privat
Gestaltung: Oberstebrink
Redaktion: Oberstebrink
Satz und Herstellung: MOHN Media · Mohndruck GmbH
                              Printed in Germany
Verlag: Oberstebrink Verlag GmbH
                              Bahnstr. 44, 40878 Ratingen
                              Tel. 0 21 02 / 771 770 - 0, Fax 0 21 02 / 771 770 - 21
                              verlag@oberstebrink.de
                              www.oberstebrink.de

ISBN: 3-934333-01-X

Die Oberstebrink Eltern-Bibliothek

Die Oberstebrink Eltern-Bibliothek bietet Lösungen für die wichtigsten Eltern-Probleme und gibt Antworten auf die häufigsten Eltern-Fragen. Von Experten, die in ihrem Fachgebiet auf dem neuesten Wissensstand sind und in ihrer Praxis täglich Eltern beraten und Kinder behandeln.

Die Bücher der Oberstebrink Eltern-Bibliothek werden von Kinderärzten, Hebammen, ErzieherInnen, LehrerInnen und Familien-TherapeutInnen laufend eingesetzt und empfohlen. Eltern schätzen diese Ratgeber besonders, weil sie leicht verständlich sind und sich alle Ratschläge einfach und erfolgreich in die Tat umsetzen lassen.

Eine Übersicht über alle Titel finden Sie auf den letzten Seiten dieses Buches.

Grußwort

Kinder sind unser höchstes Gut. Nicht nur in Sonntagsreden wird dieser Satz beschworen Es gibt wohl kaum einen Menschen, der die Gültigkeit dieses Satzes bewusst verneinen würde. Und doch – die Lebenswirklichkeit von Kindern sieht oft ganz anders aus. Auch wenn Kinder von einem relativen materiellen Reichtum umgeben sind, leiden sie oft Mangel.

Nicht selten ist das erwachsene Umfeld eines Kindes entfremdet, bleibt die Kinderstube kalt oder mit Sorgen der Eltern erfüllt. Der Druck der Arbeitswelt lastet oft schwerer auf den Erwachsenen als die Enttäuschung, die aus den Kinderaugen zu ihnen spricht. Die Enttäuschung eines Kindes ist leichter zu bagatellisieren als zum Beispiel die Bedrohung des Arbeitsplatzes. Unter dem Druck des Alltags wird das Ohr für Kinder manchmal taub, trübt sich der Blick fürs Wesentliche, wird auch die Schulter weggedreht, an die das Kind sich anlehnen möchte. Dieses „Syndrom der kalten Schulter" ist eine Mischung aus Genervtheit, Ungeduld und mangelnder Einfühlung – oft ersetzt durch geschäftsmäßiges Erwachsenen-Verhalten im Umgang mit Kindern. Aber Kinder brauchen den emotionalen Dialog mit den Erwachsenen, um sich zu entwickeln.

Zahlreiche Vorurteile über das Angeborene im Kind oder die Bedeutung von Gelerntem verkomplizieren den emotionalen Dialog zwischen Erwachsenen und Kindern. Kinder brauchen auf ihrem Weg in das Erwachsenenalter kompetente Bezugspersonen. Sie können ihre Entwicklung nicht allein meistern. Erziehung hat immer eine gelungene Beziehung als Voraussetzung.

Jeder Erwachsene besitzt eine intuitive Fürsorglichkeit im Umgang mit Kindern, die allerdings durch persönliche Probleme, Vorurteile oder selbst erlittenes Unrecht in der eigenen Kindheit verblendet und beeinträchtigt werden kann. Selten geschehen Erziehungsfehler, um ein Kind absichtlich zu schädigen. Viele seelische Verletzungen werden Kindern in bester Absicht zugefügt. Aus Unwissenheit oder aus Mangel an Gefühl. Wenn Kinder ängstlich, süchtig oder gewalttätig werden, so ist das ebenso tragisch, wie es in vielen Fällen vermeidbar gewesen wäre.

Kinder sind keine Maschinen mit angeborenen Defekten. Ihre Entwicklungen sind dynamisch beeinflussbar. Genetische Bereitschaften – etwa erhöhte Verletzlichkeit oder extreme Temperaments-Facetten – können abgemildert, gewandelt, ja sogar zu außergewöhnlichen Qualitäten des Charakters weiterentwickelt werden. Dazu ist es aber notwendig, dass Kinder ihre Talente entfalten, ihre Bedürfnisse erkennen und ihre Willensäußerungen in einem verständnisvollen Rahmen kund tun können.

Erziehen heißt Erfahrungs-Räume gestalten und einen Rahmen schaffen, innerhalb dessen sich das Kind erfolgsorientiert und spielerisch der Welt annähern kann. Erziehen heißt, das Kind in dosierter Weise mit den Dingen der Welt vertraut zu machen und es dabei so zu stärken, dass es selbstbestimmt sein Leben erfahren kann.

Dieses Buch spricht Eltern, Erzieherinnen und alle Erwachsenen an, die mit Kinder zu tun haben. Hier wird kein abstraktes Fachwissen vermittelt. Hier geht es um die Einstellung zum Kind und um unsere Haltung gegenüber Kindern. Denn dieses Buch hat eine pädagogische Zielsetzung. Der Inhalt basiert auf dem neuesten Wissens- und Erkenntnis-Stand der Neurobiologie und der Entwicklungs-Psychologie.

Dieses Buch zur Schutz-Erziehung ist ein wertvoller Ratgeber, der zum Nachdenken anregt, mit so manchem Vorurteil ins Gericht geht und den erziehenden Erwachsenen kritisch macht. Ein Ratgeber, der nicht zuletzt deswegen so notwendig ist, weil er Mut erzeugt. Mut, sich gegen die Allmacht des Alltags zu wehren und den emotionalen Dialog mit unseren Kindern zu fördern und zu schützen.

Prof. Dr. med. Franz Resch,
Ordinarius und ärztlicher Leiter
der Abteilung für Kinder- und Jugend-Psychiatrie
der Universität Heidelberg,
Präsident der Deutschen Liga für das Kind

Liebe Eltern, ErzieherInnen und alle Menschen, die Kindern nahe stehen

Die WHO (Welt-Gesundheits-Organisation) schrieb in der Ottawa Charta im November 1986: *„Gesundheit wird von Menschen in ihrer alltäglichen Umwelt geschaffen und gelebt: dort, wo sie spielen, lernen, arbeiten und lieben."* Mit diesem Buch möchten wir Ihnen helfen, das Leben Ihrer eigenen und der Ihnen anvertrauten Kinder von Anfang an so zu gestalten, dass sie gesunde Menschen werden – nicht nur körperlich, sondern auch geistig und seelisch.

Kinder brauchen keine perfekten Eltern. Aber sie brauchen ein gesundes Fundament, auf dem sie ihre eigenen Stärken und Fähigkeiten entwickeln können. Sie brauchen ein Zuhause, das ihnen Sicherheit bietet. Sie brauchen Bezugspersonen, auf die sie sich verlassen können.

Kinder brauchen Eltern, die sich trauen, ihren Kindern etwas zuzutrauen. Damit die Kinder sich später im Leben auch selbst etwas zutrauen.

Kinder brauchen Eltern, die auf die Entwicklungs-Fähigkeit ihrer Kinder vertrauen, ihre Entwicklung aufmerksam begleiten und dabei schützend die Hand über sie halten.

Kinder brauchen Freiräume, in denen sie ihre eigenen Möglichkeiten ausprobieren und entfalten können – in der Gewissheit, im Ernstfall aufgefangen zu werden. Von Erwachsenen, die Freiräume geben, aber auch absichern. Zu Hause, im Kindergarten und in der Schule.

Kinder brauchen **Schutz-Erziehung**. Eine Erziehung, die ihre Entwicklung fördert, indem sie ihre Stärken stärkt. Damit sie nicht irgendwann so schwach sind, dass sie sich in Angst, Gewalt oder Sucht flüchten – weil sie in ihrer Kindheit nicht genug in der Entwicklung ihrer persönlichen Stärken gefördert worden sind.

- Verwöhnen Sie Ihr Kind von Anfang an mit Liebe, Nähe und aktiver Zuwendung. Finden Sie heraus, was Ihr Kind will – und was es wirklich braucht. Speisen Sie es nicht mit Ersatz-Befriedigungen ab – zum Beispiel Fläschchen, Brust oder anderen „Ruhigstellern".

- Fördern Sie die Neugierde und die Lernbegeisterung Ihres Kindes. Ihr Kind will lernen, verstehen und Zusammenhänge begreifen. Geben Sie ihm die Chance, eigene Erfahrungen zu machen.
- Bieten Sie Ihrem Kind seine „Spielwiese der Entwicklung" – mit Spielräumen und Freiräumen, in denen es sich entfalten und seine Stärken entdecken und entwickeln kann.
- Geben Sie Ihrem Kind die Chance, sich selbst zu entwickeln. Und übernehmen Sie dabei nicht die Rolle des dominierenden Erziehers, sondern des aufmerksamen und beschützenden Begleiters.
- Am besten schützen Sie Ihr Kind, indem Sie auf seine Bedürfnisse eingehen, es aufmerksam beobachten und möglichst wenig eingreifen.

Mit **Schutz-Erziehung** lassen Sie Ihr Kind erleben, dass es
- sich wohlfühlen kann, ohne nach irgendwas süchtig zu sein
- gut zurechtkommt, ohne Gewalt anzuwenden
- sich ohne Angst seiner selbst sicher sein kann

Mit **Schutz-Erziehung** bewahren Sie Ihr Kind davor, sich irgendwann Ersatz zu suchen – für die Originale an Zutrauen, Zuversicht und Zuwendung, die es als Kind nicht bekommen hat.

Schutz-Erziehung beginnt mit dem ersten Lebenstag Ihres Kindes.

Lesen Sie hier, wie Sie Ihr Kind von Anfang an so stark machen können, dass es nicht später in Angst, Gewalt oder Sucht flüchtet.

Wir wünschen Ihnen viel Erfolg.

Ihre
Gabriele Haug-Schnabel
Barbara Schmid-Steinbrunner

Ihr Leitfaden für dieses Buch

Kapitel 1 sollten Sie lesen, …

- wenn Sie mitunter verunsichert sind,
  ob sich Ihre Erziehungsarbeit überhaupt lohnt
- wenn Sie sich dafür interessieren,
  wie Kinder überängstlich werden und was ihnen dadurch alles entgeht
- wenn Sie staunend feststellen möchten,
  was alles nicht mehr klappen würde,
  könnte man Aggressionen ganz abschaffen
- wenn Sie sich schon oft Gedanken darüber gemacht haben,
  wo Lust aufhört und Sucht anfängt
- wenn Sie verstehen wollen,
  warum ein Stück Schokolade die Welt rosiger erscheinen lässt
- wenn Sie sich dafür interessieren, wie mächtig Gene wirklich sind
- wenn Sie schon erste Antworten auf die Frage haben möchten,
  warum ein Kind sich aktiv, einflussreich und wirksam erleben sollte

Kapitel 2 sollten Sie lesen, …

- wenn Sie wissen wollen,
  was zu einer sinnvollen Baby-Erstausstattung
  wirklich gehören sollte und gar nichts kostet
- wenn es Sie interessiert,
  wie Eltern und Kinder miteinander ins Gespräch kommen,
  bevor Säuglinge reden können
- wenn Sie erfahren wollen, was ein Kind motiviert, sprechen zu lernen
- wenn Sie eine Antwort darauf wollen,
  warum Babys Ihnen mitunter die Zunge herausstrecken
- wenn es Sie interessiert, was ein „biologischer Spiegel" ist

- wenn Sie den Begriff „Säugling" kennen,
  den Begriff „Tragling" aber noch nicht
- wenn Sie wissen wollen,
  warum Sätze wie *„Nimm dich zusammen!"* oder *„Wehr' dich!"*
  nicht geeignet sind, um Schwierigkeiten zu überwinden
- wenn Sie verstehen wollen, warum ein Kind mitunter
  das *„Hallo-Eltern-kümmert-Euch-um-mich"*-Programm startet
- wenn Sie bei Nuckelflaschen bislang „nur" Karies befürchten
- wenn Sie verstehen wollen, warum vernünftige Grenzen
  Ihr Kind nicht einschränken, sondern frei machen

Kapitel 3 sollten Sie lesen, …

- wenn Sie wissen wollen, warum ein Zehnkämpfer
  im Wettstreit mit einem Vierjährigen „alt" aussehen kann
- wenn „couch-potatoes" Sie interessieren
- wenn Sie schon immer die Fähigkeit haben wollten,
  „zwischen den Zeilen zu lesen"
- wenn Sie wissen wollen, wie viel Ernsthaftes beim Spielen abläuft
- wenn Sie sich an der Diskussion beteiligen wollen:
  „Was ist ein Spielplatz?"
- wenn Sie etwas über einen „Ideenstuhl" hören wollen
- wenn Sie über den Stand der Glücksforschung informiert sein möchten
- wenn Sie erklärt haben möchten, was „Kinderkultur" ist
- wenn Sie wissen wollen,
  was spielende Kinder und forschende Erwachsene gemeinsam haben
- damit Sie verstehen,
  weshalb das Angebot von „Erfahrungsinseln" halbherzig ist
- wenn es Sie interessiert, warum Mädchen
  anfangs in ihrer Computerbegeisterung gebremst sind
- um zu wissen, welche Schlüsselqualifikationen Türen öffnen –
  und wie man sie bekommt

Kapitel 4 sollten Sie lesen, ...

- wenn Sie wissen wollen,
  warum eine „fertige" Welt für Kinder nicht erstrebenswert ist
- wenn Sie verstehen wollen,
  warum Schule Kinder eigentlich nur neugierig machen müsste,
  um Lernbereitschaft und Disziplin in den Griff zu bekommen
- wenn Sie erfahren wollen,
  wie die Natur mit Tricks gegen Unlust und Faulheit vorgeht
- wenn Sie Ihre Beobachtungen bestätigt haben wollen,
  dass und warum Anstrengungen bei Kindern keineswegs unbeliebt sind
- wenn Sie von jetzt an gut überlegen möchten,
  was Sie Ihrem Kind abnehmen wollen – oder nicht
- wenn Sie wissen wollen, wonach „sensation seeker" suchen
- um zu sehen,
  dass Individualität und Gruppenfähigkeit keine Gegensätze darstellen
- wenn Sie dem Konzept gegenseitiger Anerkennung
  und seinen weitreichenden Folgen begegnen möchten
- wenn Sie darüber nachdenken wollen, warum Eltern
  in sozial anspruchsvollen, die Gefühle ansprechenden Situationen
  mehr von ihren Töchtern als von ihren Söhnen erwarten
- um zu erfahren, dass Träumen durchaus sinnvoll sein kann
- wenn Sie über das „Böse-Welt"-Syndrom Bescheid wissen wollen
- wenn Sie den Unterschied zwischen Überbehütung und Vorsicht
  spüren wollen
- damit ein Wutfall nicht zum Notfall wird

Inhalt

Inhalt

1

So bereiten Sie Ihr Kind auf ein selbstbestimmtes Leben vor

In diesem Kapitel erfahren Sie, …

- wie Sie Ihr Kind vom ersten Lebenstag an stark machen können
- warum Angst, aber auch Aggression –
  und selbst ein gewisses Maß an Abhängigkeit –
  zum Leben dazugehören
- warum Angst-Attacken, Gewalt-Ausbrüche und süchtiges Verhalten
  ein selbstbestimmtes Leben verhindern
- was übermäßige Angst, Gewalt und Sucht gemeinsam haben –
  und wie Sie diesen drei Gefahren
  mit **Schutz-Erziehung** erfolgreich begegnen können

Erziehung kann von Anfang an schützen und stark machen

Alle Eltern wollen ihre Kinder schützen – jetzt im Moment vor einer Beule, einem Schnitt oder einer Brandblase, vor einer herben Enttäuschung oder einer schmerzlichen Niederlage. Aber natürlich auch viel längerfristig – für die Zukunft – vor vielerlei Gefahren, Krankheiten, Misserfolg und Unglück. Das ist wichtig. Denn Eltern können Stärke geben. Sie sind der einflussreichste Schutzfaktor für ihre Kinder.

➤ In der Familie wird man startklar fürs Leben gemacht.

Eltern-Kompetenz nennt man diese schlummernden Kräfte, die geweckt und aktiviert werden müssen, um für den Erziehungsalltag zur Verfügung zu stehen. Es ist nämlich der Alltag, in dem die großen Schritte nach vorn getan werden. Hier läuft erfolgreiche **Schutz-Erziehung** ab – weit mehr und wirkungsvoller als in den eher zufälligen Glücksmomenten, in denen wir uns besondere Mühe geben und alles extra gut machen wollen.

Ein liebevolles, zugewandtes Elternverhalten, das Mädchen und Jungen vom Baby bis zum heranwachsenden jungen Menschen begleitet, kann viel Gutes auf den Weg bringen.

In der Familie wird man startklar gemacht – bereit, sein Leben zu leben:

- In der Familie kann man Vertrauen in sich selbst und ins Leben gewinnen
- Von seinen Eltern kann ein Kind zum ersten Mal das Gefühl erfahren, angenommen zu sein, ohne vereinnahmt zu werden

- Durch elterliche Reaktionen lernt man die Wirkung seiner Aktionen kennen
- Man übt sich im Ausbalancieren der Befriedigung eigener und fremder Bedürfnisse
- Man macht die Erfahrung, dass Konflikte zu bewältigen sind – und nicht das Ende, sondern der Neuanfang für Gemeinsamkeit sein können
- Im Elternhaus finden sich die ersten Vorbilder für Kommunikation und Kontaktaufnahme
- Man stellt fest, was man will und was man eben nicht will, was man darf und wofür man gelobt wird – und genauso, was man nicht darf und was immer Ärger nach sich zieht
- Das Familienleben ist eine geeignete Spielwiese, um mit den Emotionen aller umzugehen
- Hier sind Träume zugelassen, hier dürfen Sehnsüchte entstehen
- Ein Kind braucht nicht viel Familienzeit, bis es seine Stärken und Schwächen kennt
- Aber wenn alles gut läuft, dann weiß es sich bald dank eigener Ideen zu helfen oder – genauso wichtig – wie man Hilfe holt und diese auch annimmt
- In der Familie beginnt ein Kind Entscheidungen zu treffen und Verantwortung zu übernehmen
- Es wird kooperationsfähig und versteht, wie wichtig es ist, dass alle die Spielregeln einhalten
- Bei Familienmitgliedern kann ein Kind Nähe zulassen und genießen, lernt aber auch, wie man Abstand signalisiert und sich Freiräume verschafft
- Hier wird es eigeninitiativ und bereit, Erfahrungen zu sammeln, neugierig auf die Welt und offen für Neues
- Bereits in den ersten Lebensjahren liegt der Start für eigene Interessen, für Wissensdurst und für Lernbegeisterung

- Im familiären Freiraum gelingt es am besten, sich zu fordern und anzustrengen, sich zu motivieren und anzuregen – aber auch, sich zu beruhigen und zu entspannen
- Hier macht ein Kind die ersten Erfahrungen, sich selbst zu mögen, sich zu akzeptieren, sich wertzuschätzen

> ➤ *Schutz-Erziehung ist die beste Versicherung gegen übermäßige Angst, unkontrollierte Gewalt und ohnmächtig machende Abhängigkeiten.*

Genau das sind die wichtigsten Voraussetzungen, ein selbstbestimmtes Leben führen zu können und seinen Weg zu gehen. Um diese Voraussetzungen zu schaffen, braucht es ein spezielles Elternengagement: Die **Schutz-Erziehung**. Das ist die beste Versicherung gegen übermäßige Angst, unkontrollierte Gewalt und ohnmächtig machende Abhängigkeiten. Wie kann eine ganz normale Familie es schaffen, alle diese Anforderungen zu erfüllen?

Eltern sind Spezialisten

Eltern sind Spezialisten für viele Bereiche – und diese Spezialisten braucht ein Kind in seiner engsten Umgebung: präsent, aufmerksam, ansprechbar und liebevoll zugewandt.

Eltern sind als Bindungs-Partner gefragt

Kinder wollen von den ersten Lebensminuten an mit ihrer Mutter in Kontakt treten. Gelingt ihnen das nicht, kommt Verlassenheits-Angst auf – und sie fangen an zu schreien. Sie werden überrascht sein, wie viele Fähigkeiten Neugeborene bereits zur Verfügung haben, um ihre Eltern anzusprechen und ihr zum Überleben wichtiges Kontaktbedürfnis zu stillen.

- *„Ich bin nicht allein."*
Das emotionale Band zwischen sich und seinen Eltern ist die erste Beziehung, auf die ein Kind sich einlässt. Diese Beziehung setzt einen Qualitäts-Standard: Mit ihr werden alle späteren Beziehungen verglichen. Sie entscheidet tatsächlich mit, wie leicht es einem Kind im weiteren Leben fallen wird, Beziehungen einzugehen und diese auch nach seinen Vorstellungen und Bedürfnissen mit zu gestalten. Kinder, die das Glück haben, in einer sicheren Eltern-Kind-Bindung aufzuwachsen, haben es leichter, Vertrauen in sich selbst und ins Leben zu gewinnen.

Eltern werden als Sicherheits-Basis erlebt

Wenn Eltern ihr Kind einfühlsam, prompt und zuverlässig versorgen, macht das Kind ganz schnell die befriedigende und beruhigende Erfahrung, dass seine Signale des Wohlbefindens – aber ebenso seine Unbehagens-Äußerungen – von ihnen wahrgenommen, richtig eingeschätzt und innerhalb kürzester Zeit beantwortet werden. Zuwendung, Hilfe und Rettung werden vorhersagbar. Das Band wird fester.

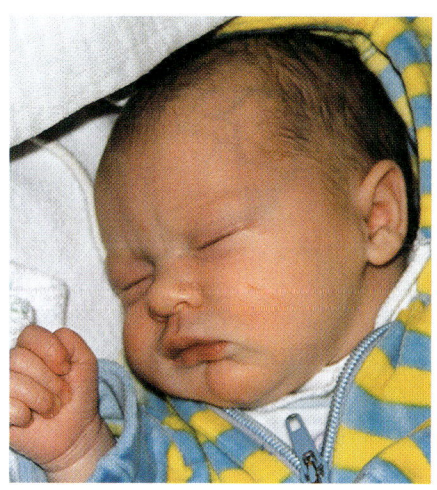

Sicherheits-Basis:
„Ich bin nicht allein"

- *„Ich brauche keine Angst zu haben."*
Ein erfolgreich verlaufener Bindungsprozess lässt beim Kind eine innere Sicherheits-Basis entstehen. So gewappnet hat es den Mut und die Kraft,

andere Menschen kennen zu lernen und seine Umgebung mehr und mehr zu erkunden. Kinder, denen die Erfahrung einer Geborgenheit und Vertrauen vermittelnden Bindung fehlt, müssen nicht nur dauernd mit den Gefühlen Angst und Unsicherheit kämpfen. Diese Gefühle lähmen auch ihre Bereitschaft zum Entdecken und Lernen. Die Folge sind Erfahrungsdefizite beim Forschen und Verstehen. Aber Selbstsicherheit entsteht beim Kind, wenn es seine Eltern als Sicherheits-Basis erlebt.

Eltern sind die ersten Ansprechpartner

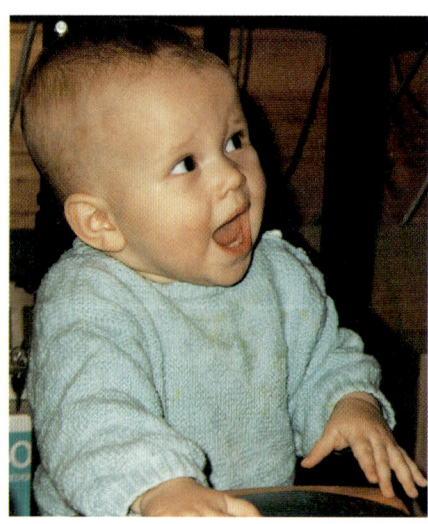

*Im Gespräch,
bevor man sprechen kann*

Schon lange bevor ein Kind sprechen kann, sammelt es Kommunikations-Erfahrungen. Mit Blicken, Bewegungen, Körperhaltungen und Lautäußerungen – von zartem Gurren, leisen Fieptönen bis zu lautem Geschrei – steigt es ins Gespräch ein und versucht Wichtiges mitzuteilen. *„Kam meine Botschaft rüber?"* · *„Wie reagiert mein Gegenüber?"* · *„Was passiert?"* · *„Bleibt meine Situation weiterhin gut?"* · *„Verbessert sich meine momentan mißliche Lage?"* · *„Muss ich weiter darauf bestehen, oder hat das eine Signal bereits genügt?"*. Das sind jetzt die spannenden Fragen. Denn an der Antwort seines Gesprächspartners und an seinen Reaktionen merkt ein Kind, ob es verstanden wurde und ob Hoffnung besteht, dass sein babyhaft geäußerter Wunsch in Erfüllung geht und seine Bedenken berücksichtigt werden.

● *„Ich kann mich bemerkbar machen und Einfluss nehmen."*

Das Erlebnis „richtig" reagierender Bezugspersonen lässt das Kind die höchst beruhigende Erfahrung machen, *dass* und sogar *wie* man der Umwelt aktiv begegnen und sie sogar bei Bedarf nach seinen Wünschen beeinflussen kann. Dass dieses Wissen ein wesentlicher Schutzfaktor gegen ein Gefühl von Hilflosigkeit und Ausgeliefertsein ist, leuchtet schnell ein. Durch das „Üben" von Kommunikation mit Vater und Mutter wird das Kind auch anderen gegenüber kommunikativ.

Eltern schaffen als Gefühls-Beantworter die Bewertungs-Basis für emotionale Erlebnisse

Nur wer in vielen Situationen des Alltags erfährt, dass seine Gefühlsäußerungen wahrgenommen, ernstgenommen und adäquat beantwortet werden, kann sich selbst in allen Gefühls-Schattierungen kennen lernen. Diese Eigenwahrnehmung ist die Voraussetzung, sich auch in andere Menschen hineindenken und auf deren Befinden abgestimmt reagieren zu können.

● *„Ich weiß, was in mir vorgeht und werde verstanden.*
Unser Austausch scheint mir stimmig."

Wer sich gut kennt, kann auch andere besser einschätzen. Deshalb ist es wichtig, ob auf alle dem Kind wichtigen Gefühle eine Antwort kommt, oder ob es die Erfahrung macht, dass es auch weniger akzeptierte Gefühle gibt, die verwirrend unbeantwortet bleiben oder gar spürbar abgelehnt werden. Das hat Auswirkungen auf die emotionale Ausdrucks- und Resonanzfähigkeit eines Kindes – also auf seine Art, Emotionen auszusenden und zu empfangen. Nur wer Emotionen schon in der Kindheit einzuschätzen lernt, kann später ein ausgeglichenes Leben führen.

Eltern eignen sich
als nahezu unerschöpfliche Informations-Quelle

Wo sonst bekommt man seine Fragen – und seien sie auch nur durch Blicke gestellt – besser und zuverlässiger beantwortet? Etwas so zu machen, wie Mama oder Papa es machen, bedeutet einen ordentlichen Erfahrungs-Schritt nach vorn und meist erfreute Blicke aus der Umgebung. Auch für die Klärung undurchsichtiger Situationen ist der vertraute Erwachsene zuständig. Taucht im Gesichtsfeld oder beim Spiel etwas Neues auf, schaut jedes Kind seine Bezugsperson an und versucht, aus ihrem Gesichtsausdruck eine Rückmeldung abzulesen.

● *„Ich weiß genau, an wen ich mich im Notfall wende."*
Das Kind lässt den Erfahreneren die Situation einschätzen. Und je nach dessen Rückmeldung verhält es sich. Wird „keine Gefahr" signalisiert, kann man ruhig nochmal hinschauen. Bei einem aufmunternden Lächeln traut man sich, die Hand auszustrecken oder näher zu krabbeln. Kommt dagegen die Botschaft „Vorsicht" an, verschwindet jedes Forscher-Interesse – und das Kind möchte nur noch weg und auf den schützenden Arm. Jedes Kind erwartet, dass der Gefühlszustand, den seine Mutter oder sein Vater über ihr Gesicht oder ihre Körperhaltung ausdrücken, für sein eigenes Handeln relevant ist. Deshalb versucht schon ein Säugling, über Blicke aktuell notwendige Informationen einzuholen und gleichzeitig die eigenen Empfindungen mit denen der Eltern zu vergleichen. Soll dieser Informations-Austausch sich bewähren, müssen die Eltern ansprechbar und zugewandt sein.

Eltern schaffen Lebensraum

War bisher immer von Geborgenheit und Vertrauen gebender Umgebung die Rede, muss diese, um optimal zu sein, noch um den Qualitätsfaktor „Erlebniswert" bereichert werden. Die heutige kindliche Erfahrungswelt wird nicht mehr automatisch dem kindlichen Sinneshunger gerecht. Der Lebens-, Erfahrungs- und Bewegungs-Raum von Kindern ist besonders in Großstädten Mangelware geworden. Wo können Kinder heute noch ungestört toben, klettern und matschen, im spontanen Spiel mit anderen ihre Kräfte messen und auch ihre Grenzen erfahren? Um es gleich vorweg zu nehmen: „Multimediale audiovisuelle Kunstreize" bieten keinen Ersatz. Eltern müssen ganz bewusst Freiräume (genauer: Spielräume) schaffen – wörtlich und im übertragenen Sinn gemeint – die räumliche und die gedankliche Dimension einbezogen. Es liegt im elterlichen Ermessen, einen Lebensrahmen vorzugeben, in dem es ihrem Kind möglich wird, sich eigeninitiativ, selbstwirksam und vielseitig kompetent zu erleben.

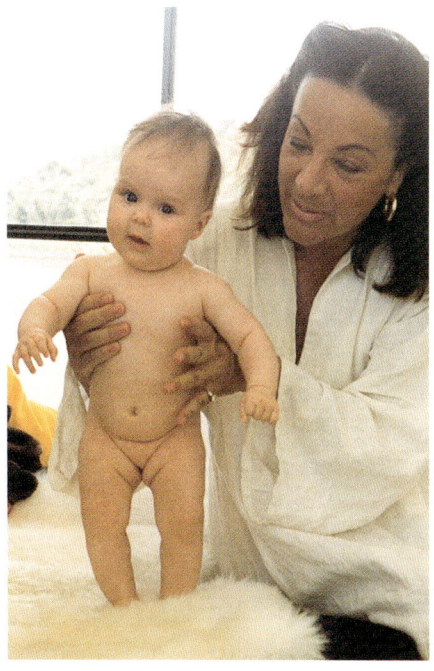

*Erfahrungs-Schritte
im Vertrauen auf Geborgenheit*

● *„Ich sammle Erfahrungen, verbessere meine Fähigkeiten und vermehre mein Wissen. Ich bin kompetent."*
Selbst Erfahrungen sammeln, selbst Entdeckungen machen – das ist für die Entfaltung der vorhandenen Entwicklungs-Potenzen in jedem Kindesalter ungeheuer wichtig. Ein Kind muss erkunden, spielen und phantasievoll gestalten, um Urheberschaft und Wirksamkeit zu erleben – von Erwachsenen vernünftig geschützt, aber möglichst wenig von ihnen direktiv eingeschränkt.

Eltern sind viel beobachtete und imitierte Modelle für Kontakt-Verhalten

Wie man auf andere Menschen zugeht, mit ihnen in Kontakt kommt und diesen auch aufrechterhalten und gestalten kann – das lernt ein Kind an erster Stelle von seinen Bezugspersonen. Bereits beim „Fremdeln" gegenüber unbekannten Menschen hängt die Heftigkeit der Reaktion des Kindes auch davon ab, ob seine anwesende Bezugsperson selbst „fremdelt". Wenn nicht, dann kommt beim Kind die beruhigende und Neugierde zulassende Botschaft an: *„Ungefährlicher Zeitgenosse. Falls dir danach wäre, könntest du ihn dir genauer anschauen, vielleicht sogar zurücklächeln".*

● *„Ich weiß, was ich will. Mal will ich Abstand halten, mal Nähe suchen."* Eltern schaffen durch ihr Vorbild nicht nur Kontakte zu Verwandten, Bekannten und Freunden. Sie helfen einem Kind auch, lohnende Erfahrungen bei sozialen Interaktionen zu machen. Und sie zeigen, mit welchen Strategien man sich erfolgreich um Kontakt bemüht – oder sich eindeutig zu Nahes, Aufdringliches, Beengendes vom Leibe hält. Mit den Eltern gelebte Kommunikations- und Kontakt-Erfahrungen können Brücken in die Welt bauen, damit sich ein Kind in der Welt zu Hause fühlt.

Eltern führen ins Konflikt-Management ein

Wie es zu einem Konflikt kommt und was man dann macht, das lernt man nachgewiesenermaßen zuerst einmal in der Familie – und zwar als direkt Betroffener ebenso wie als Zuschauer. *„Versuche ich immer mit Gewalt meinen Willen durchzusetzen, oder gebe ich grundsätzlich aus Angst vor den drohenden Konsequenzen nach?"* · *„Lasse ich es sofort zum Eklat kommen, oder lasse ich überhaupt keine Konflikte zu?"* · *„Ignoriere ich sie?"* · *„Kehre ich sie unter den Teppich?".* Diese Extreme sind möglich und werden als erlernte Reaktionen entsprechend den speziellen Konfliktlöse-Traditionen in der Familie mitgeschleppt. Man kann von seinen Eltern aber auch anderes erfahren. Nämlich, wie wichtig eine ruhige Klärung ist, um zu einer akzeptablen Lösung zu kommen. Habe ich mehrere – zumindest längerfristig für alle Beteiligten befriedigende – Strategien zur Verfügung, gerate ich nicht in eine der gefährlichen Sackgassen, wie beispielsweise immer zuschlagen oder immer verlieren zu müssen. Beides ist ein Zeichen von Hilflosigkeit.

● *„Meine Bedürfnisse, deine Bedürfnisse –*
  ich weiß, das Problem kann man lösen."
  Konflikte lassen sich nicht vermeiden. Das weiß jedes Kind. Deshalb müssen sie bewältigt werden, ohne jeden der Betroffenen als Person zu stark in Frage zu stellen. Mal ist Durchsteh-Vermögen und Überzeugungs-Kraft, mal Frustrations-Toleranz, Verzicht und Nachgiebigkeit, mitunter auch Kompromiss-Bereitschaft angesagt. Denn Lösungen können von Fall zu Fall ganz unterschiedlich aussehen. Dieses Konflikt-Management lernt man am besten schon im Elternhaus, um es als Erwachsener in der „großen, weiten Welt" anwenden zu können.

Eltern sind zuständig für die Vermittlung von Akzeptanz

Was ist der wichtigste Schatz der Kindheit? Von seinen Eltern geliebt und akzeptiert zu werden. Das gehört zu den beeindruckendsten Schutzfaktoren im Entwicklungs-Verlauf. Vorbehaltlose Liebe - eben nicht an Bedingungen und Leistungen geknüpft – Bestätigung und Akzeptanz sind Voraussetzungen für eine glückliche Kindheit. Das Kind fühlt sich so akzeptiert, wie es ist.

● *„Ich bin einzigartig und für andere attraktiv. Ich bin in Ordnung."*
  Sicher gebunden, interaktionsfähig und sozialkompetent wird man am leichtesten, wenn man geliebt, wahrgenommen, verstanden und beantwortet wird. Akzeptanz muss anfangs ganz ursprünglich gespürt werden: Als Körper- und Hautkontakt, im Arm und beim Getragenwerden. Später geht es immer mehr darum, sich als Persönlichkeit mit individuellen Besonderheiten akzeptiert zu fühlen und bei der Suche nach dem eigenen Weg unterstützt zu

werden. Aber Akzeptanz lässt sich am besten im Umgang mit der Familie erfahren und erlernen.

Vieles gehört zum Aufgabenbereich von Eltern, wenn **Schutz-Erziehung** gelingen soll. Wir wollen Ihnen zeigen, wie viel Sie davon bereits in ihrem Erziehungsalltag verwirklichen. Wir wollen Sie auch auf Ihre mitunter sogar unbewussten nachhaltigen Erziehungs-Schätze aufmerksam machen. Es ist wichtig, immer mal wieder darüber nachzudenken, wo es besonders gut läuft. Denn gelöste Probleme und gelungene Lösungen nehmen wir zu gern als selbstverständlich, leider als viel zu wenig wichtig und bestätigend. Klopfen Sie sich doch ruhig mal selbst lobend auf die Schulter –

> ➤ *Klopfen Sie sich ruhig selbst mal lobend auf die Schulter – bei all den positiven Entwicklungs-Schritten Ihres Kindes.*

bei all den positiven Entwicklungs-Schritten Ihres Kindes. Und sehen Sie nicht nur, dass es beispielsweise abends recht lange zum Einschlafen braucht oder immer noch nicht trocken ist.

Ihre Erfolge, die Sie sich selbst nochmal vor Augen führen, motivieren Sie, so weiterzumachen und vielleicht auch einige Anregungen aufzugreifen, um Ihren Erziehungs-Erfolg und den Erziehungs-Genuss noch zu vergrößern. Diese Bestätigung gibt Ihnen auch Sicherheit darin, mal neue Wege zu gehen und manche „Familientraditionen" bewusst über Bord zu werfen.

Sie wissen selbst am besten, wo es im Familienleben regelmäßig hakt. Sie kennen die berühmt-berüchtigten Stolpersteine im Alltag. Wir zeigen Ihnen, wie Sie diese Stolpersteine wegräumen können, um den Weg für Ihre persönliche **Schutz-Erziehung** frei zu machen.

Kinder stark machen heißt: Über Angst, Gewalt und Sucht Bescheid wissen

Angstattacken, Gewaltausbrüche und süchtiges Verhalten verhindern ein selbstbestimmtes Leben. Dominiert eine dieser Auffälligkeiten das Handeln eines Menschen, fehlen ihm Stärke und Vertrauen in das eigene Können. Die Entstehungsgeschichten dieser Beeinträchtigungen zeigen verblüffende Ähnlichkeiten – ihre Erscheinungs-Formen haben erschreckende Verbindungslinien. Begegnen uns Menschen mit übermäßiger Angst, Gewaltbereitschaft oder Suchtkrankheit, können wir davon ausgehen, dass bei ihnen wesentliche Bedürfnisse nicht befriedigt wurden, die für ein glückliches und selbstbestimmtes Leben Voraussetzungen sind. Notgedrungen mussten sie auf andere Wege der Befriedigung ausweichen, um sich dennoch – zumindest zeitweilig – das Gefühl vermitteln zu können, irgendwie zurechtzukommen, die Oberhand zu behalten und sich – wenn auch nur kurzfristig – bedeutsam fühlen zu können. Doch jeder spürt, dass es sich um Notlösungen handelt.

Angst, Gewalt und Sucht machen schwach
und lassen jedes Lebensziel aus den Augen verlieren.

- Angst lähmt, macht antriebslos und erfahrungsarm
- Gewalt isoliert, lässt einsam werden und innerlich wie äußerlich abstumpfen
- Sucht verhindert Lebensfreude, ist lebensfeindlich und vernichtend

Die Welt scheint nicht mehr zu bewältigen zu sein, und überall werden ängstigende oder provozierende Signale wahrgenommen. Der andere Mensch – so dringend man seine Zugewandtheit brauchen würde – wird abgewiesen, weil allein seine Anwesenheit ausreicht, ängstlich oder aggressiv zu machen. Angst, Gewalt und Sucht sind Sackgassen. Immer, wenn es darauf ankäme, richtig zu

➤ *Angst, Gewalt und Sucht sind Sackgassen.*

agieren, fehlt es an Kompetenzen, an geeigneten Strategien – und vor allem am Vertrauen in sich selbst.

Bei Angst, Gewalt und Sucht hat man die Kontrolle über sein Leben verloren und ist deshalb immer auf der Flucht: Vor Auseinandersetzungen, Anforderungen und den eigenen Gedanken. Würde man bleiben und nicht in eine Scheinwelt fliehen, sondern sich dem echten Leben stellen, dann würde man von seinen Emotionen überrollt, von seiner Angst überwältigt oder müsste in Panik um sich schlagen. Es ist furchtbar, Ohnmacht und Hilflosigkeit zu spüren, sich so winzig und unbedeutend zu erleben, dass jede Hoffnung fehlt, dass sich etwas ändern könnte – zumindest nicht aus eigener Kraft oder durch eigenes Zutun. Gleichzeitig besteht oft eine riesige Angst vor allem Unbekannten, vor jeder Art von Veränderung.

Angst, Gewalt und Sucht führen zu einem gewalttätigen Umgang mit sich und mit anderen. So erschreckend es klingt – aber sich und andere leiden zu lassen, kann bedeuten, dass es einem für kurze Zeit besser geht. Weil man wieder etwas spürt – nämlich endlich mal wieder sein eigenes Selbst.

Angst kann schützen.
Aber zuviel Angst macht erlebnisarm

Ängste begleiten jedes Mädchen und jeden Jungen durch Kindheit und Jugend. Auch die Erwachsenen haben selbstverständlich noch Ängste. Immer mal wieder Angst zu spüren, ist normal und gehört notwendigerweise zur normalen Entwicklung und zum täglichen Leben, das immer wieder neue Anforderungen an uns stellt.

● Wenn es nach **Mike** (sechs Jahre alt) ginge, müssten alle Menschen „Taschenlampen-Anzüge" tragen. Wenn es hell ist, ist Mike mutig und immer vorn dabei. Wird es dunkel – in Höhlen, Kellern oder nachts – ist Mike nicht mehr bei den Aktiven zu finden. Er wird kleinlaut und anhänglich. Aufenthalte bei Oma erlebt er als paradiesischen Zustand, weil sie gleichzeitig mit ihm zu Bett geht, beide im selben Zimmer schlafen, und Oma noch liest, also noch ein kleines Licht anbleibt. Das Kind schläft mit einem lächelnden Gesicht ein. Zu Hause braucht Mike vor dem Einschlafen mehrere Blicke unter das Bett, in die Schränke, hinter den Vorhang des Bücherregals, ein Dämmerlämpchen und noch mindestens zweimal etwas zu trinken und viele gute Worte, bis er endlich einschläft.

Mikes Verhalten ist typisch für die recht häufige Dunkelangst, die bei nächtlicher Finsternis im Freien oder bei Dunkelheit in Räumen auftritt. Vor der Dunkelheit Angst zu haben, ist universell. Sie kommt bei Kindern jeder Kultur vor und hängt somit keineswegs vom Vorhandensein realer nächtlicher Gefahren in der unmittelbaren Lebensumgebung oder von schlechten Vorerfahrungen im Dunkeln ab. Wir Menschen sind keine Nachttiere. Deshalb steht uns nachts nur eine verminderte, qualitativ schlechtere Wahrnehmung zur Verfügung. Es handelt sich also um eine recht „gesunde", biologisch gut nachvollziehbare Schutzanpassung, die Dunkelheit als bedrohlicher als das Tageslicht zu empfinden und deshalb auch vorsichtiger zu agieren.
Mit etwa drei Jahren tritt Dunkelangst zum ersten Mal verstärkt auf. Manche Kinder zeigen einen zweiten Höhepunkt ängstlicher Dunkel-Reaktionen im Alter von etwa sechs Jahren. Gerade mit drei Jahren sind der kindlichen Mobilität kaum noch Grenzen gesetzt. Jetzt wird alles erlaufen, erklettert und ersprungen. Jetzt ereignen sich einige Unfälle oder „Fastunfälle", die das Herz ordentlich klopfen und an der eigenen Unversehrtheit zweifeln lassen – und die beim Einschlafen, wenn alles rundum dunkel ist, nochmal durchlebt werden.
Dass ein Kleinkind gerade im Dunkeln nicht ohne seine beruhigenden Bezugspersonen oder zumindest die Signale ihrer Anwesenheit sein möchte, ist gut zu verstehen. Eltern erleichtern den Tag-Nacht-Übergang durch Rituale, bei denen man vor dem Einschlafen nochmal auf beruhigend-bekannte Weise Nähe tanken kann. Ob dabei gekuschelt, gesungen, vorgelesen oder geredet wird, kann jede Familie für sich selbst herausfinden.

Auch ein sechsjähriges Schulkind macht noch einmal einen gewaltigen Sprung nach vorn. Jetzt sind es der erweiterte Aktivitäts-Radius, das seltenere enge Zusammensein mit den Eltern und die stark gewachsenen sozialen Anforderungen an das „große" Kind, die – wenn es dunkel ist und es allein zur Ruhe kommen soll – zu einem Gefühl von Hilfs- und Orientierungslosigkeit führen können. Kinderforscher haben herausgefunden, dass magische Vorstellungen und Schlafmonster wie das Riesenkrokodil unterm Bett Tagesängste sind, die in eine für Kinder besser fassbare und dadurch auch besiegbare Form gebracht werden, also noch Unbearbeitetes von heute oder gestern darstellen.

Sich jetzt nochmal kleiner und unselbständiger zu präsentieren, schützt vor Überforderung und vergrößert die Wahrscheinlichkeit, sein Bedürfnis nach Nähe und Geborgenheit für eine kurze wackelige Übergangzeit noch einmal hautnah befriedigt zu bekommen. Hat ein Kind diese Zeit in Geborgenheit überstanden, kann es schon wenige Monate später von einer gruseligen Nachtwanderung schwärmen. Gewisse Ängste stellen also einen ganz normalen Schritt in der Entwicklung Ihres Kindes dar – und sind für die kindliche Psyche notwendige Ventile.

> ► *Gewisse Ängste stellen einen ganz normalen Entwicklungs-Schritt dar.*

Angst ist – nicht nur im Dunkeln – eine Schutzreaktion. Sie bremst zu riskantes Verhalten und zu große Verwegenheit. So hindert sie Erwachsene wie Kinder daran, sich wiederholt ein und derselben Gefahr auszusetzen: *„Halt, das kenne ich schon, das geht nicht gut aus."*

Angst schützt also vor bekannten Gefahren. Zum Beispiel bringt die Angst vor einem bereits einmal erlebten Schrecken, einem ernsten Tadel oder dem verspürten Schmerz ein Kind dazu, von jetzt an diese und ähnliche gefährliche Situation zu meiden. Nach einem ängstigenden Erlebnis mit einem wild bellenden oder gar beißenden Hund, lässt sich so der respektvolle – wenn nicht sogar ablehnende – Umgang mit allen Hunden erklären. Auch ein bestimmtes Verhalten, das schon einmal negative Folgen hatte, wie zum Beispiel das Ersteigen eines wackeligen Regals, um an das Mobile an der Decke zu kommen, wird nach einem Sturz in den meisten Fällen ganz bewusst unterlassen – aus Angst vor den Konsequenzen.

Angst erweist sich noch in einem anderen Zusammenhang als äußerst lebensfreundlich. Sie stellt auch im sozialen Miteinander einen Schutz dar, sich nicht zu weit außerhalb von geduldeten Verhaltensweisen zu bewegen. Wäre sie nicht vorhanden, würden wir uns ganz schnell unbeliebt machen und zum allseits gemiedenen Außenseiter werden. Die Angst, nicht mehr dazu zu gehören, nicht akzeptiert und unbeliebt zu sein, lässt uns mit unseren Mitmenschen um einiges vorsichtiger umgehen, als wenn wir uns ausschließlich nach unserer Lust richten und unseren Emotionen immer ungebremst freien Lauf geben würden. Die Angst warnt uns auch vor riskanten Aktionen in der sozialen Gefahrenzone. So beobachten Kinder genau, wie die anderen auf ihr Tun oder ihre Antworten reagieren. Diese Aufmerksamkeit ist wichtig. Denn so erfahren sie, was toleriert und was abgelehnt wird – aber auch, welches Verhalten sich besonders lohnt, von den anderen Kindern sogar bewundert wird und einen deshalb im Ansehen steigen lässt.

> ***Angst schützt vor bekannten Gefahren.***

Wir nehmen die soziale Kontrolle ernst und fürchten ihre Konsequenzen, weil unser Bedürfnis, ein anerkanntes Gruppenmitglied zu sein, sehr stark ist. Die Angst vor Ausgrenzung und der Wunsch nach Akzeptanz setzen für das soziale Miteinander die nötigen Grenzen, und das in jedem Alter. Angst ist hier also durchaus wünschenswert.

Bereits in der Kindheit sollte man den Umgang mit Angst und die Bedeutung ihrer Funktion lernen. **Schutz-Erziehung** hilft auch dabei. Denn sie bietet Strategien zur Angst-Bewältigung an – vor allem, wenn ängstliche Empfindungen bedrohlich und übermächtig werden.

Angst ist ein biologisch bedingtes Gefühl, das Einfluss auf unser Denken und Handeln nimmt. Um uns zu schützen, ist dieser Einfluss sehr günstig.

> ***Schutz-Erziehung bietet Strategien zur Angst-Bewältigung an.***

Angst wird erst dann zum Problem, das einer genaueren Beobachtung und oft auch therapeutischer Hilfestellung bedarf, wenn sie nicht einen lebensfreundlichen Schutz in bestimmten Situationen darstellt, sondern ständig anwesend, chronisch aktiviert ist – und somit dauernd auf die Gedanken und

Handlungen eines Kind einwirkt. Kinder, die sich oft aus Angst nicht mehr zu helfen wissen und sich bei allem, was sie tun, schon von sich aus zurücknehmen, sind in ihrem Handlungs-Spielraum und in ihrer Entscheidungs-Freiheit massiv eingeschränkt. Ihnen bleiben wichtige Lebens-Bereiche der Kindheit verschlossen, die dort möglichen Erfahrungen sind ihnen weitgehend unzugänglich. Die Folge ist eine eingeschränkte Persönlichkeits-Entwicklung. Die gesamte Kindheit ist damit angstgetönt.

> ➤ *Ein Kind, das sich wohlfühlt, findet Neues spannend. Bei einem verängstigten Kind löst Neues Angst aus.*

Neues, noch Unbekanntes löst in einer angstfreien Situation meistens Wissbegierde aus. Ein Kind, das sich wohlfühlt, findet Neues spannend. Es weckt seine Aufmerksamkeit und scheint auf alle Fälle wert, genau untersucht zu werden. So erweitert das Kind sein Erfahrungs-Spektrum und ist gleich noch um ein Erlebnis reicher. Kommen noch bestätigende Blicke der Bezugsperson hinzu, steht einem begeisterten Erkunden nichts mehr im Weg. Eigenaktivität empfinden wir Menschen belebend. Sie wirkt wie eine Belohnung und lässt Glücksgefühle aufkommen.

Ganz anders reagiert ein verängstigtes Kind. Neues löst bei ihm Angst aus. Das kann Ablehnung, Rückzug, ja Flucht zur Folge haben. So gestimmt wird das Kind nie erfahren, welches Geheimnis sich hinter Unbekanntem verbirgt. Es kann nicht aktiv werden, um Rätsel zu lösen und Zusammenhänge zu verstehen – schon gar nicht auf eigene Initiative hin, weil es ihm an Vertrauen in sich und in seine Umgebung fehlt. Immer Angst zu haben, bedeutet auch, bald nichts mehr dazuzulernen – und irgendwann weniger Fähigkeiten zu haben als die anderen Kinder.

Übermäßige Angst kann ein Kind sogar so weit bringen, überhaupt kein Interesse mehr an Neuem zu zeigen, noch nicht einmal mehr Neugierde zu verspüren, weil diese nicht wie bei anderen Kindern angenehme Erregung und Spannung verspricht, sondern nur wieder Angst mit sich bringt. Das Kind schreckt selbst vor dem Gedanken zurück, aktiv zu werden, um dem dahinter steckenden Geheimnis auf die Spur zu kommen. Denn wenn es diesen Gedanken dächte, stünde es vor einer Situation, von der es jetzt schon wüsste, ihr nicht gewachsen zu sein. Noch mehr Angst wäre die Folge. Also wird der betreffende Gedanke erst gar nicht mehr gedacht. Bereits seine innere Ankündigung verursacht eine angstbedingte Selbsthemmung. Überall spürt das Kind seine Angst-Handicaps und unterliegt ihnen.

Diese lähmenden Zusammenhänge kennen ängstliche Kinder zur Genüge:

- „Bloß kein Interesse zeigen, sonst wird man auf mich aufmerksam – und ich muss mitmachen. Also so tun, als ob ich gar nichts sähe."
- „Nicht auf andere Kinder zugehen. Ich weiß, was letztes Mal passiert ist, als ich hingeschaut habe und sie mich angesprochen haben. Gestottert habe ich, gelacht haben sie – und sie sind wieder ohne mich losgezogen."
- „Nicht mit den anderen hochklettern. Ich sitze dann nämlich oben und komme sicher wieder nicht ohne Hilfe runter."
- „Ich versuche es lieber gar nicht, weil ich mit Sicherheit schnell an einen Punkt komme, an dem ich nicht allein weiter weiß."

Nur nicht darüber nachdenken, um nichts ins Wackeln zu bringen. So erlebt sich das Kind in seiner Entscheidungsfreiheit eingeschränkt.

Genaugenommen „schützt" auch übermäßige Angst ein Kind vor „Schlimmerem" – nämlich vor der Konfrontation mit seinen selbstgemachten Angstphantasien, die allesamt einen realen Kern haben. Sie „schützt" das Kind, indem sie es inaktiv werden lässt und ihm dadurch möglicherweise tatsächlich ein akutes Misserfolgs-Erlebnis erspart.

Angst kann aber nicht verhindern, dass es nicht erneut zu der frustrierenden Erfahrung kommt, wieder gekniffen und sich nicht bewährt zu haben. Sie nimmt dem Kind aber auf alle Fälle die Chance, sich erfolgreich zu erleben, sich durchzusetzen und von anderen anerkannt zu werden. Jede gelungene Aktivität würde sein kindliches Leben bereichern und sein Vertrauen in sich selbst vergrößern. Übermäßige Angst aber hindert ein Kind daran, sich Situationen zu stellen, die es genießen und an denen es reifen könnte. Nach einer angstbedingten Selbsthemmung

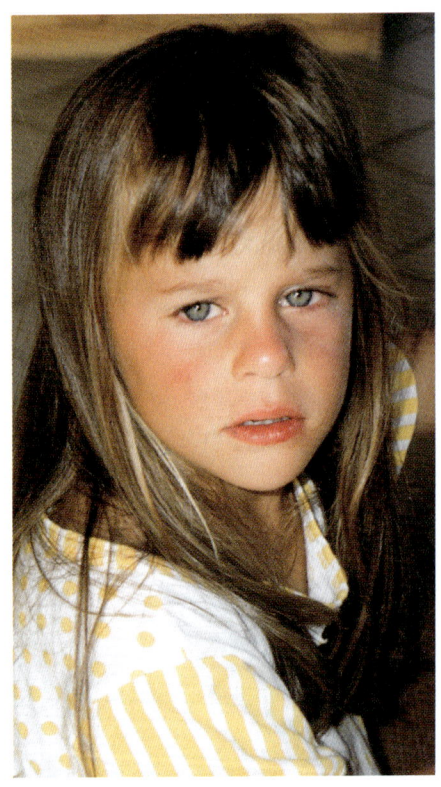

➤ *Übermäßige Angst nimmt dem Kind die Chance, sich erfolgreich zu erleben.*

bleibt immer das entmutigende Gefühl zurück, schwach, hilflos, ohnmächtig und ohne Einfluss zu sein.

*Ängstliche Kinder
brauchen verlässliche Erwachsene*

- **Nora** (vier Jahre alt) war ein ängstliches Mädchen. Überall bekam sie ganz schnell diese Bezeichnung. Ihre Mutter scheute in ihrem Beisein die Begegnung mit fremden Menschen, weil sie immer nach dem gleichem Muster ablief: Schon bei der Begrüßung fiel Nora auf. Sie wirkte so uninteressiert, sie war nicht einmal heimlich neugierig. Sie war zu keiner Kontaktaufnahme und schon gar nicht zu einer Antwort bereit. *„Ist sie immer so verstockt?"* Anfangs bemühten sich noch fast alle um Nora und versuchten sie mit zugewandtem Entgegenkommen zu locken. Manche versuchten es mit einem Scherz. Doch das klappte nie. Der Aktive war enttäuscht und ließ Nora das auch spüren. Er ignorierte sie. Wer sie schon kannte, wusste bereits: Da macht sie nicht mit, das kennt sie nicht, das kann sie nicht. Nora hatte ihren Stempel weg, und ihre sozialen Ängste wurden immer größer.

Nora musste Interaktion lernen. Bei einer angstbestimmten Vorgeschichte ist das ein bisschen komplizierter, aber kann dennoch erfolgreich sein. Nach einiger Zeit im Kindergarten gelang es der Erzieherin tatsächlich, Noras Vertrauen zu gewinnen. Vor diesem Hintergrund konnte sie Nora immer häufiger für kurze Spielsequenzen mit zuerst einem und schließlich sogar mit mehreren Kindern interessieren. Langsam öffnete sich das Kind und ließ Kontakte und neue Erlebnisse zu. *„Manchmal macht es ihr jetzt schon Spaß!"*

Gesteigerte Ängste finden wir zum Beispiel bei Kindern, die nur eine wenig Sicherheit gebende Bindung zu Mutter oder Vater aufbauen konnten. Ihnen fehlt die Zuversicht, dass alles gut geht, weil ihre Sicherheits-Basis nicht zuverlässig zur Stelle war, als sie nötig wurde. Verlassenheits-Angst beginnt im Säuglingsalter. Fehlen einem Säugling Anwesenheits-Signale seiner Bezugspersonen oder eindeutige Hinweise, mit ihnen in Kontakt zu sein, so deutet er das panisch als vermeintliches Zeichen, sie verloren zu haben. Und er fängt ganz jämmerlich an zu weinen. Allein die Bezugspersonen sind in der Lage, ihn durch Ansprechen, Streicheln, Hochnehmen und Tragen zu beruhigen. Das geht um so schneller, je schneller auch die Bezugsperson auf die Hilferufe reagiert und die Angst vor dem Verlassensein erst gar nicht aufkommen lässt.

Verlassenheits-Angst kann auch zeitlebens ein Problem darstellen – bis hinein in eine Beziehung, die darunter leidet, dass ein Partner ängstlich klammert

> ➤ *Verlassenheits-Angst beginnt im Säuglings-Alter.*

und dabei gar nicht merkt, dass er dem anderen die Luft zum Atmen nimmt. Der Angst, den Partner zu verlieren, ist oft die Angst eines Kindes voraus gegangen, seine Mutter zu verlieren.

- Ist **Tom** (vier Jahre alt) mit seiner Mutter unterwegs – zum Beispiel bei ihrer Freundin, die auch zwei Kinder hat – kann Tom sie nicht aus den Augen lassen. Ein lustiger Kindertisch im Garten kann ihn nicht locken, er bleibt auf Mamas Schoß. Er kann auch nicht auf die Spielangebote der Kinder eingehen. Mit ängstlichem Gesicht wehrt er ihre herbei gebrachten Spielsachen ab. Viele identisch ablaufende Nachmittage zeigen, dass seine Verlustangst ihm nicht erlaubt, sich für etwas anderes zu entscheiden, als die Mama zu bewachen. Er kann nicht spielen, auf die anderen Kinder offen zugehen und neue Anregungen genießen. Als der ebenfalls vierjährige **Ronny** einen wassergefüllten Luftballon als Geschenk vor ihn auf den Tisch legt und die Mutter Tom ermutigt, doch mal zu untersuchen, wie lustig sich dieser Gegenstand anfühlt, fängt Tom panisch an zu schreien und will nur noch nach Hause.

Existentielle Angst – und das ist Verlustangst – macht abhängig und unfrei. Diese Abhängigkeit schränkt den kindlichen Handlungs-Spielraum und seine Erlebniswelt spürbar ein. Spannende Angebote kann das Kind erst dann annehmen, wenn seine Angst weniger geworden ist. Sie muss erst den Platz räumen für neue Gedanken.

Schon als Kind muss man erfahren, wie gut es ist, sich kurzfristig trennen zu können, es sich allein gut gehen zu lassen und sich dann wieder gemeinsam zu genießen – und zwar

- ohne Angst
- ohne aufkommende Hilflosigkeit
- ohne das Gefühl, verlassen und unglücklich zu sein
- ohne den Eindruck, nur noch „halb" zu sein
- ohne sich ins Mauseloch zurückzuziehen
- ohne sich vor allen Anregungen zu verschließen

> ➤ *Das Erleben von Sicherheit und Geborgenheit während der gesamten Kindheit ist der wirkungsvollste Puffer gegen übermäßige Ängste.*

In diesem Buch werden Sie immer wieder sehen, wie durch **Schutz-Erziehung** zu starke Ängste vermieden werden können. Das Erleben von Sicherheit und Geborgenheit während der gesamten Kindheit ist der wirkungsvollste Puffer gegen übermäßige Ängste.

Aggressionen müssen sein. Aber Gewalt darf nicht sein

Wenn Kindern **Schutz-Erziehung** geboten wird, werden sie nicht wild, unbändig und böse werden, schnell um sich schlagen, alles kaputt machen, andere unterdrücken und drangsalieren und sich selbst schädigen und verletzen. Aber aggressiv können sie trotzdem sein – auf eine bestimmte Art sollten sie es sogar.

Wut tut gut, wenn man sie beherrscht.

Wut zu bekommen ist etwas Normales – zeigt sie uns doch, dass wir mit etwas, was mit uns oder in unserer Umgebung geschicht, ganz und gar nicht einverstanden sind. Ein Kind muss wissen, wie sich Wut anfühlt und was sie mit ihm macht.
Die Wut kommt von allein, sie gehört zu unserer biologischen Ausstattung. Man muss aber lernen, wie man mit ihr umgeht, …

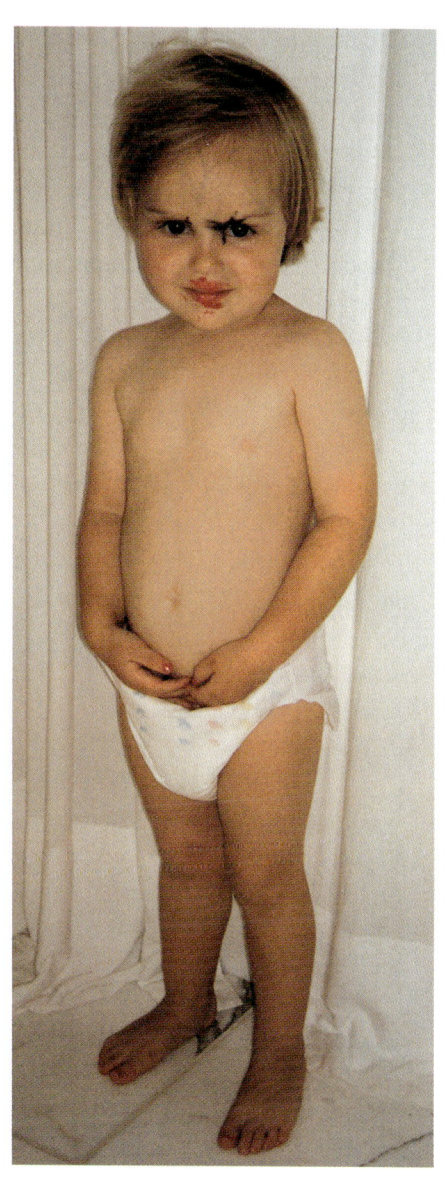

*Wut: Eigenes Gefühl
und Signal für die anderen*

- um auf seine Verärgerung aufmerksam zu machen
- um die anderen zum Umdenken oder wenigstens zum Nachdenken zu bringen
- um etwas bewirken zu können
- um nicht auszurasten und jegliche Gesprächsbereitschaft schon im Keim zu ersticken
- um sich nicht durch seine Wutanfälle zu isolieren
- um nicht das Etikett „Wutmännchen, nicht ernst zu nehmen" verpasst zu bekommen
- um nicht um sich schlagen oder sonst etwas Schlimmes machen zu müssen, was man hinterher, wenn die Wut verraucht ist, schnell bereuen würde
- um nicht die Hilflosigkeit erleben zu müssen, seiner Wut ausgeliefert zu sein. Denn dann sehen alle, wie man die Kontrolle verliert und hilflos wird, welch schwacher Gegner man ist, den man sorglos angehen kann, weil er sich immer selbst ein Bein stellt und zu Fall bringt.

Wut-Training läuft auf zweierlei Art ab.
Mit berechtigter Aussicht auf Erfolg.

- **Am gelungenen Vorbild wichtiger Bezugspersonen**: Man spürt ihre Wut, kennt vielleicht sogar den Grund dafür und kann nun verfolgen, wie sie mit diesen Gefühls-Turbulenzen zurechtkommen, ohne Scherben und Tränen in ihrem Umfeld zu hinterlassen. *„Aha, so geht das also – oder auch so!"*
- **Im Gespräch** – und zwar in aller Ruhe, wenn man erfährt, dass Wut allen widerfährt und es immer wieder Anlässe geben wird, wütend zu werden. Man braucht Ideen und Regeln für den Umgang mit Wut – und zwar, bevor die Wut auftritt, also sozusagen im Voraus. So könnte man regelmäßige Motz- oder Meckerstunden in der Familie einführen, wo jedes Familienmitglied sagen darf, worüber es sich aufregt, ohne dass

das von den anderen lächerlich gemacht wird. Diese Regeln muss man lernen. Und sie funktionieren, wenn sie einen nicht überfordern, wenn sie machbar sind, zu einem passen und bereits einen Rückweg ins wutfreie Normalleben vorsehen.

Mitunter wütend zu werden und das auch zu zeigen, kann ein heilsames Signal im Familien- oder sonstigen Gruppenleben sein. Auch hier haben wir es mit Aggression zu tun. Eine gesunde Menge an Aggression, an Widerspruchsgeist, Kampfkraft, Durchsetzungsvermögen und Verteidigungswillen ist nötig, um in der Welt zurecht zu kommen und seinen Platz zu finden – und auch in der Lage zu sein, diesen zu verteidigen.

Um an Aggressionen etwas Positives, ja sogar Wichtiges entdecken zu können, sie sogar als einen Schutzfaktor zu verstehen, müssen wir den sprachlichen Sammeltopf „Aggression" erst genauer differenzieren.

Wird getobt und gewütet, gefährdet man sich selbst und andere. So ist das sicher nicht der richtige Weg, seinen Willen durchzusetzen. Und das ist kein überzeugendes Zeichen von Stärke. Sobald Aggression menschenverachtende Züge annimmt, beleidigt, verletzt und unterdrückt, sich gewalttätig und destruktiv zeigt, ist sie diskussionslos abzulehnen und bereits in ihrer Entstehung zu verhindern. Bei entgleisenden Aggressions-Formen muss schnell und konsequent eingeschritten werden. Wen verwundert es, dass Hilfen für Opfer *und* Täter langfristig am wirkungsvollsten sind?

Denn beide sind hilflos und brauchen Strategien, um wieder richtig handeln zu können.

> ➤ *Für den Umgang mit Wut braucht man Ideen und Regeln.*

Eine ganz andere Ebene aggressiv zu sein – nämlich gegen Widerstände bewusst, aber dennoch kontrolliert vorzugehen – sprechen wir an, wenn es darum geht, Aggression zu verspüren und nun zu versuchen, ihre Ursache sozial verträglich und trotzdem wirksam zu beseitigen. Damit die Wut verschwindet und der Konflikt gelöst wird. Dann ist der Weg für neue Gemeinsamkeiten offen.

Man braucht schon etwas Aggression, um auf seine Bedürfnisse und deren wichtige Befriedigung nachhaltig aufmerksam machen zu können. Widerstand zu leisten ist oft die einzige Chance, die ein eingeengt erzogenes, überbehütetes Kind hat, um auf seine Einschränkungen hinzuweisen, um sich bewegen, spielen, Neues ausprobieren und auch mal etwas Riskantes wagen zu dürfen. Ein aggressives Signal, das aufhorchen lässt, ist nötig, um Bedürfnis-Defizite sichtbar und dadurch auch behebbar zu machen. Wie leicht wird man sonst vergessen, überhört oder als nicht beachtenswert eingestuft. *„Wehr dich ruhig!"* sagen wir, wenn wir bemerken, dass jemand ungerechterweise übergangen oder unbedacht ignoriert worden ist.

Sich selbst retten, Schwächere schützen, seinen Freund verteidigen oder beharrlich versuchen, eine eigene Idee und ihre Wichtigkeit verständlich zu machen, das kann man nur, wenn man überzeugend und kraftvoll auftritt, bisweilen sogar heftig wird – also über ein gewisses Maß an Aggressivität verfügt.

➤ *Wer zeigen will, wo's lang geht, braucht Durchsetzungskraft.*

Beste Aussichten auf Erfolg hat man mit Siegergesicht, das Stärke ausstrahlt und gar keine Zweifel an Durchsetzungskraft und Erfolg aufkommen lässt.

Aggression zur Verteidigung akzeptieren wir, weil wir ihren Sinn erkannt haben. Ein Kind verteidigt sich selbst, es verteidigt aber auch ihm nahestehende andere Kinder, es verteidigt ihm liebgewordene Gegenstände und Spielplätze. Es verteidigt seine Selbständigkeit, seine Spielidee und seine Pläne, indem es andere Menschen zu bestimmten Handlungen veranlasst oder von unerwünschten Handlungen abzuhalten versucht. *„Lass dir nicht alles gefallen, wehr dich, versuch doch, dich auch mal durchzusetzen"*, raten wir (meist den Jungen). Dass gerade das gar nicht so einfach ist und weiterer Hilfestellung bedarf, als mit „aufmunternden" Worten ins Kampfgeschehen geschoben zu werden, lesen Sie in Kapitel 2.

Auch in einer Gruppe sind diejenigen – Kinder wie Erwachsene – gefragt und angesehen, die nicht zu viel, aber auch nicht zu wenig aggressionsbereit auftreten. Zu aggressiv – vor allem zu schnell und zu heftig aggressiv – dürfen diejenigen, die das Sagen haben, nicht sein. Sie wären nicht kontrollierbar, ihre

Durchsetzungskraft:
„Bis hierher – und nicht weiter!"

Aktionen nicht vorhersehbar. Aber zu wenig Aggressivität ist bei anerkannten Gruppenmitgliedern auch nicht gern gesehen: Ihr Auftreten wäre zu schwach, zu wenig überzeugend und würde von zu wenig Autorität zeugen, um – wenn es darauf ankommt – hier jemanden vor sich zu haben, der beschützt und bestärkt, der Ansehen genießt und imposant wirkt.

Unter diesen Voraussetzungen reicht oft ein angriffsbereiter Blick, der klar signalisiert, dass mit massivem Widerstand zu rechnen ist. Meist kommt es dann gar nicht zum Kampf – ein günstiger Umstand, der die Kräfte aller spart. Wer zeigen will, wo's lang geht, braucht Durchsetzungskraft. Sich wehren und aufbegehren kann durchaus richtig sein – zeigt es doch, dass wir einen Eigen-Sinn besitzen. Dennoch sollte alles ohne Gewaltausübung und aggressive Einschüchterung ablaufen.

Sobald Menschen zusammen agieren, gibt es auch Meinungs-Verschiedenheiten und Konflikte. Gäbe es keine Aggression, würde niemand sein Ziel verfolgen. Antriebsschwäche, fehlende Motivation, Mangel an Initiative würden zu Willens- und Leistungsminderung führen. Man vergisst leicht, dass Leistungswille und gesunder Wettbewerb eine aggressive Basis haben. Woher sonst nähmen wir die Kraft für einen Neuanfang, zum Überwinden des „inneren Schweinehunds", zum Ansporn nach dem Motto „*Jetzt erst recht*"? Auch diese Kraft entsteht aus einer gewissen Aggression.

> ➤ *Leistungswille und gesunder Wettbewerb haben eine aggressive Basis.*

Wo beginnt das Gewaltproblem?
Wo wird die Aggression zu unkontrolliert?
Wo wird die Grenze zur Gewalt überschritten?

Wo es tatsächlich beginnt, wissen wir noch nicht genau. Aber wir kennen charakteristische Lebenserfahrungen aggressiver Risikokinder. Vieles spricht für eine frühe emotionale Ablehnung durch die Eltern, die sich darin zeigt, dass Bedürfnis-Äußerungen des Säuglings ignoriert oder aggressiv unterbunden wurden. Durch diese ersten Erfahrungen lernt ein Kind, dass man sich alles, auch Aufmerksamkeit – also die Chance wahrgenommen zu werden – „erkämpfen" muss.

Was man aber in diesem Alter lernen sollte, ist das genaue Gegenteil. Es liegen auch Hinweise vor, dass es bei diesen Kindern vermehrt im Kleinstkindalter zu gewalttätigen Ausbrüchen kam, für die aber niemand die nötige Aufmerksamkeit aufbrachte und liebevoll, aber konsequent gegensteuerte, damit das Kind neue, bessere Strategien lernen konnte. Viele dieser Kinder mussten immer mit gewalttätigen Erziehungs-Methoden ihrer Eltern rechnen oder waren Zeuge von Gewalt in der Familie.

Ein Gewaltproblem liegt bereits vor, wenn wir ein „Täterkind" vorgestellt bekommen, das wegen seiner unerwartet schnell auftauchenden und heftigen Aggressivität im Kreis der Gleichaltrigen aufgefallen ist. Dieses Abweichen vom Durchschnitt kann schon im Alter von drei Jahren beobachtet werden. Den „bösen" Kindern wird ein hohes Maß an Feindseligkeit attestiert. Schnell sieht man in ihnen den Gegner, den Unruhestifter, das Kind, das einem jeden Spaß verdirbt. Von allen Seiten – den Erwachsenen, aber auch den Gleichaltrigen – wird ihnen Misstrauen entgegengebracht, das automatisch jede Begegnung emotional unterkühlt und distanziert ausfallen lässt. Und Aggression weckt Gegenaggression. Viel schneller als sonst wird man sich diesen Kindern gegenüber selbst aggressiv verhalten.

➤ *Aggressive Risiko-Kinder haben charakteristische Lebenserfahrungen: frühe emotionale Ablehnung durch die Eltern und mangelnde Aufmerksamkeit.*

- **Valentin** (5 Jahre alt) ist ein „besonders aggressives Kind" und bereits der erklärte Störer des Gruppenfriedens im Kindergarten. Er ist nicht integriert, obwohl man seinen Namen – vor allem mit bestimmter Betonung – dauernd hört. Die anderen Kinder finden Valentin spannend, solange sie sein unterhaltendes Tun beobachten können, er ihnen aber nicht zu nahe kommt und womöglich etwas will. Valentin hat keinen Freund. Er fühlt sich dauernd provoziert und angegriffen. Geht man nur etwas zu nah an ihm vorbei, meint er sich wehren zu müssen und greift an. Immer glaubt er, dass über ihn gesprochen oder gelacht wird. Dann schaut er die Verdächtigten drohend an – und schon kann wieder was passieren. Deshalb wird er gefürchtet: *„Er kann eigentlich nur hauen oder hauen spielen."* Weil alle den Kontakt mit ihm meiden und sich nur dann 27 Augenpaare nach ihm umdrehen, wenn er wieder böse ist (oder vermutet wird, dass natürlich Valentin böse war, wenn es irgendwo gekracht hat), muss er aggressiv werden, um Beachtung zu bekommen.

> ➤ *Die Aggression und die Reaktion der Mitmenschen darauf bestimmen das Zusammenleben.*

Die Aggression und die Reaktion der Mitmenschen darauf bestimmen das Zusammenleben. Und mehr: Die Aggression wird notwendig, um auf irgendeine Weise am Sozialleben teilzuhaben.

Mit Gewalt kann man etwas bewirken: Sich spüren, Einfluss gewinnen und Macht ausüben.

„Gewalt ist geil", ist nicht nur ein Satz, der sich eignet, an Brücken gesprayt zu werden, sondern einer, über den etwas genauer nachgedacht werden sollte. Wenn Gewalt „geil" ist, wird sie positiv erlebt und scheint lustvolle Elemente zu haben. Was sie so attraktiv macht, ist die Tatsache, dass anderes, eigentlich viel Lustvolleres fehlt.

Der Weg des Sich-selbst-bewusst-Werdens läuft dann über Gewalt, wenn während Kindheit und Jugend auf verschiedenen Ebenen einiges falsch gelaufen ist:

- Wenn keine **Schutz-Erziehung** Stärke gab und die eigene Wichtigkeit und Wirksamkeit erleben ließ, …
- Wenn die individuellen Entwicklungs-Chancen nicht genutzt wurden, so dass keine Liebe und Geborgenheit und damit Sicherheits-Gefühle mit ins Leben genommen werden konnten, …
- Wenn es an Einfühlungs-Vermögen gefehlt hat, eben niemand die kindlichen Äußerungen ernstgenommen und sich um sein Wohlergehen gekümmert hat, …
- Wenn ein Kind nie den Eindruck hatte, für jemanden wichtig zu sein und geschätzt zu werden, …
- Wenn niemand die Fähigkeiten des Kindes anerkannt und niemand ihm das Gefühl gegeben hat, allein durch seine Existenz einen wichtigen Beitrag zum Familienglück zu leisten, …
- Wenn diese einseitig negativen Erfahrungen in der späten Kindheit und Jugend unverändert weitergingen, so dass weiterhin erlebt wurde, nirgendwo dazuzugehören und nicht vermisst zu werden, …

… dann fehlt einem jungen Menschen die Kraft,
seine Besonderheiten zu spüren
und mit Gewinn in die Gemeinschaft einbringen zu können.

Macht ausüben und Einfluss gewinnen, sich aktiv und potent spüren – das ist toll und äußerst lustvoll. Allerdings sollte jeder die Chance bekommen, das anders als über Gewaltausübung zustande zu bringen: Wer mit Zuneigung und Zuwendung verwöhnt worden ist, in Eltern und Geschwistern einfühlsame Ansprechpartner gefunden und Akzeptanz erlebt hat, der kann sich als Kind und junger Erwachsener Freiräume für Kreativität, Leistung und Kompetenz schaffen. Er hat auch die soziale Kompetenz, die der Mensch braucht, um in sein soziales Umfeld eingebunden zu sein – zum Beispiel in die Familie, die Nachbarschaft und die Schulklasse. Dann gehört man dazu, ist attraktiv für Gemeinsamkeiten, in Auseinandersetzungen und bei Anforderungen. So kann man ohne Gewaltanwendung Einfluss nehmen, positive Machtgefühle erleben, etwas bewirken und sich selbst spüren.

Nichts gegen kleine „Sünden". Aber alles gegen Sucht

Die Probleme Abhängigkeit und süchtiges Verhalten interessieren heute immer mehr Menschen. Ein ehemals ausschließlich wissenschaftliches Thema erregt immer mehr öffentliche Aufmerksamkeit. Vor allem Eltern wollen Genaueres über die Zusammenhänge wissen, die Gefährlichkeit der Suchtproblematik verstehen um zu lernen,

> ➤ *Was Kindern in ihrer Kindheit gefehlt hat, holen sie sich später mit Gewalt.*

ob und wie Süchte vermieden werden können. Mit diesem Wissen wollen sie dazu beitragen, Kinder gegen Abhängigkeiten widerstandsfähiger zu machen. Denn dass man den vielfältigen Suchtgefahren nicht machtlos gegenübersteht, sondern tatsächlich die Anfälligkeit gegen solche Gefahren beeinflussen kann – diese gute Botschaft hat sich schnell herumgesprochen.

Eltern können dazu beitragen, dass ihr Kind …
- stark genug ist, Fertigkeiten und Fähigkeiten zu sammeln
- stark genug ist, im richtigen Moment „Stopp" zu sagen
- stark genug ist, Hilfe zu holen
- stark genug ist, sich auch Schwächen zuzugestehen
- stark genug ist, selbst eine Lösung zu suchen
- stark genug ist, an sich zu glauben
  und seine Besonderheit zu akzeptieren

Das Thema Sucht ist ein schwieriges Thema. Es scheint noch zu wenig fassbar. Und diese Unsicherheit macht Angst. Es ist auch ein heikles Thema. Was es zu einem heiklen Thema macht, ist vielleicht die Tatsache, dass man trotz allem Interesse auch deutliche Berührungs-Ängste spürt. Man möchte eigentlich nichts damit zu tun haben.

➤ *Es fällt uns schwer, auf die kleinen „Sünden" zu verzichten.*

„Ich mag etwas sehr gern oder mache etwas wirklich gern, so dass es mir manchmal richtig fehlt." Ist das schon Sucht? Darf man nie schwach werden, nie seiner Lust nachgeben? Das würde jedem einen gewaltigen Schreck einjagen. Auf die lieb gewordenen Gewohnheiten zu verzichten, würde schwer fallen. Aber niemand möchte die Grenze zwischen den kleinen „Sünden" und der großen Sucht überschreiten.

Wo fängt Sucht an? Wir gratulieren mit einer Flasche Sekt, bedanken uns mit Pralinen, trinken eine Tasse Kaffee zusammen, treffen uns im Garten auf eine Zigarette, gönnen uns mal wieder einen Kneipenbummel, nehmen eine Tablette gegen das Kopfweh, spielen ein ganzes Wochenende lang fast ohne Pause ein neues Spiel bis zum Ende durch, genießen ein 9-Gänge-Menu mit allen Sinnen, radeln uns lustvoll die Lunge aus dem Leib und schwelgen im Rauschzustand der körperlichen Überanstrengung.

Gehören kleine „Sünden" auch schon zur Sucht? Gilt auch hier: *„Wehret den Anfängen!"*? Wie sieht es mit diesen Alltagsdrogen der Wohlstands- und Überflussgesellschaft aus? Aus gesundheitlichen Gründen sollten wir sie möglichst oft meiden. Es fällt uns aber ungeheuer schwer, ganz darauf zu verzichten. Weil wir ihr Angebot überall attraktiv vor Augen haben und dauernd davon umworben werden – mit der Aufforderung: *„Greifen Sie doch zu!"*

Wir wissen: Die kleinen „Sünden" würden uns fehlen. Denn:
- Sie beenden unseren toten Punkt
- Sie wischen Langeweile und schlechte Laune weg
- Sie tragen zur Entspannung bei

- Sie lassen uns wieder tief durchatmen
- Sie machen einen grauen Tag in Sekundenschnelle wieder farbenfroh
- Sie lassen uns mit neuer Energie voll durchstarten
- Sie geben uns unsere Konzentration zurück

Also sind unsere kleinen „Sünden" wesentlich daran beteiligt, dass wir unseren Alltag meistern und den Stress vermindern. Sie haben auch ihren Anteil daran, dass wir unseren Mitmenschen umgänglicher und ansprechbarer erscheinen.

Das Heikle ist also auch, dass wir eigentlich über ein Thema reden, über das wir alle, zumindest bei Einzelaspekten, mitreden können. In gewissem Sinn sind wir alle Betroffene. Aber ab wann leben wir riskant?

Wollen wir uns über Sucht unterhalten, müssen wir genau differenzieren. Stellen Sie sich doch einmal folgende Fragen:

- Haben Sie ab und an Heißhunger auf etwas Süßes?
- Gibt es Tage, an denen Sie abends erst nach einem Gläschen Wein oder einem Bier wieder Mensch werden?
- Haben Sie sich mitunter schon bewusst nochmal einen Kaffee aufgebrüht, weil sie ohne ihn einfach zu müde gewesen wären, noch weiterzumachen?
- Haben Sie manchmal den Eindruck, dass nach einer Zigarette die Hektik des Tages von Ihnen abfällt, innere Ruhe aufkommt und Sie plötzlich wieder nachdenken und produktiv sein können?
- Erinnern Sie sich an eine Phase in Ihrem Berufsleben, in der Ihnen Ihre Arbeit über alles ging? Das Schlafen hatten Sie vergessen, das Essen, Ihre Freunde regelrecht vernachlässigt, tatsächlich zum ersten Mal den Geburtstag Ihrer Mutter versäumt – so vollständig eingenommen, ja besessen waren Sie von Ihrer Arbeit?

Der Schutz vor der Sucht beginnt in der Kindheit

- Menschen neigen zu süchtigem Verhalten. Weil sie ganz schnell wissen und es sich extrem gut merken können, was sie brauchen, damit es ihnen wieder gut geht. Genau danach suchen sie und stellen ihr Verhalten darauf ab. Sucht kommt von „Suchen, aber nicht das Richtige finden".
- Unser Gehirn ist im Laufe von Jahrmillionen durch die Verarbeitung immer neuer Erfahrungen zwar zu einem hoch komplizierten, äußerst leistungsfähigen Schaltmechanismus geworden.
  Das ändert aber nichts daran, dass es ihm eigentlich immer noch primär um zwei Ziele geht:
  Unlust vermeiden, Lust gewinnen.
- Wir empfinden es als lustvoll, ja als Belohnung, wenn wir unsere Sinne mit wohlschmeckenden Substanzen füttern oder uns angenehmen Aktivitäten hingeben.
- An alles, was uns gut tut, erinnern wir uns schnell – besonders, wenn uns was fehlt. Dann kann man nur hoffen, dass wir viele unterschiedliche Strategien für situatives Wohlbefinden und angemessenes Problemlösen haben und nicht auf Suchtbelohnung und „Dröhnung" durch Suchtmittel angewiesen

Lustmoment:
Kleiner „Sünder" – keine Sünde

Unsere eigenen Antworten und weltweite Untersuchungen zeigen uns, dass viele Erwachsene auf diese fünf Fragen ein- bis fünfmal mit *„Ja"* antworten können. Sind das alles Süchtige, die aus dem Leben ausgestiegen sind und ihre familiären und gesellschaftlichen Anforderungen nicht mehr erfüllen können?

Mit Sicherheit nicht. Sie verhalten sich zwar nicht besonders gesundheitsbewusst. Aber unwidersprochen gelingt es ihnen trotz oder vielleicht sogar mit Hilfe dieser „schlechten Gewohnheiten", ihre eigenen Stimmungen besser zu kontrollieren, sich mal anzuregen, mal zu entspannen und sich wohl zu fühlen, also – kurz und modern ausgedrückt – durch Selbstbelohnungen eine erfolgreiche Eigenregulation vorzunehmen. Die Glücks-forscher gehen sogar soweit, dass sie diese vielen kleinen selbstverordne-ten Lustmomente des Tages an der Stabilisierung unseres Immunsy-stems beteiligt sehen und ihre Funkti-on als wirksame Puffer gegen die vie-len Alltags-Stressoren erkennen. In Maßen und nur gelegentlich genossen – das scheint die Zauberformel zu sein – scheinen Genussmittel unserer psychischen wie körperlichen Ge-sundheit gut zu tun. Schokolade und andere verlockende Nahrungsmittel, aber auch Kaffee, Tee, Zigaretten, Wein oder Bier können unsere Ab-wehrkräfte stärken und Überlastun-gen entgegen wirken.

Übrigens, ganz wichtig zu wissen: Gespräche mit Freunden oder Kolle-gen, Wanderungen auf Berggipfel, Saunagänge oder zusammen spielen wirken genauso positiv auf uns.

Sie ahnen schon: Wir müssen nicht immer eine qualmen, einen Riegel es-sen, ein Gläschen trinken, wenn es uns wieder besser gehen soll. Offen-sichtlich verfügen wir über weit mehr Möglichkeiten, uns glücklich zu ma-chen. Nur ab und zu dürfen wir dem „schnellen" Ersatz die Chance bieten, kurz mal einzuspringen. So lässt man Lust nicht zur Sucht werden.

sind. Denn auf die greifen wir im Notfall schnell zurück.

- Die Befriedigung unserer elemen-taren Bedürfnisse brauchen wir zum Leben. Und zwar so dringend, dass wir bereit sind, alles dafür zu tun und alles zu geben – auch uns. Dafür gehen wir jedes Risiko ein, auch wenn es sich nur um einen Ersatz handelt. Wir tun alles – nur um ein annähernd ähnliches Ge-fühl zu empfinden wie dasjenige, das wir erleben würden, wenn wir genau das, was wir im Moment brauchen, auch gerade jetzt irgendwie bekommen könnten.
- Das ist der Weg, auf dem erste Abhängigkeiten erlernt werden und das Ausweichen auf Ersatz ein-geübt wird. Schritt für Schritt wird ein reduziertes Wohlbefinden ak-zeptiert. Ein an Hilfskonstruktionen und Behelfsmittel gewöhntes Leben beginnt.
- Es bedarf weniger Zutaten für süchtiges Verhalten. Doch immer ist es ein langer Weg mit vielen Ab-biegemöglichkeiten, die man aller-dings erkennen und wahrnehmen muss.
- Es ist ein Schutz gegen jede Form von Sucht, bereits in der Kindheit zu wissen: *„Es gibt so viel, was mir gut tut – und noch mehr, was ich kann, damit es mir gut oder wieder besser geht."*

➤ Die kleinen „Sünden" helfen uns, den Alltag zu meistern und Stress zu vermeiden.

Fast hätten wir vergessen, Sie zu fragen: Waren Sie schon einmal verliebt, sahen das Leben durch eine rosarote Brille und hatten nur noch einen Menschen im Kopf – der erste Gedanke beim Aufwachen, der letzte vor dem Einschlafen galt ihm? Wenn Sie überhaupt geschlafen haben. Denn Verliebte können die ganze Nacht wach bleiben, sich ansehen, riechen, berühren, miteinander reden und zärtlich zueinander sein.

Sich zu verlieben bekommt uns offensichtlich besonders gut, obwohl wir deutliche Anzeichen süchtigen Verhaltens zeigen. Dieses Phänomen ist ganz einfach zu erklären. Verliebte sind „high", berauscht von ihren körpereigenen hormonellen Glücklichmachern, die ihr Empfindungsvermögen und ihre Wahrnehmung der Wirklichkeit massiv verändern können. Die Glücklichmacher (zum Beispiel Endorphine) haben einen günstigen Einfluss auf unser Immunsystem und auf unsere Stress-Regulierung. Doch nicht genug: Verliebte haben noch mehr Besonderheiten. Ihr limbisches System (die Hirnregion, die unsere Emotionen steuert) badet förmlich in körpereigenen Drogen (Dopamin, Noradrenalin), die den aufputschenden Amphetaminen (allesamt rezeptpflichtig und deshalb illegal gehandelt) stark ähneln.

Verliebte befinden sich im Rausch. Die berühmte „rosarote Brille" kann sachlich betrachtet auch als ein Zustand beschrieben werden, bei dem plötzlich eine Mischung aus Geistesabwesenheit, Leichtlebigkeit, unrealistischem Optimismus und ein ungewohntes Maß an Lebensfreude das Denken beherrschen.

➤ Lust stabilisiert unser Immun-System – solange sie nicht zur Sucht wird.

Alles wird lustgetönt, nicht nur der geliebte Mensch. Doch die Wunderdrogen der Liebe sind kurzlebig: Die Halbwertszeit der Endorphine beträgt zum Beispiel fünf Minuten, also braucht das Hirn schnell neue Reize, um bei Stimmung zu bleiben. Deshalb nur kurze Trennungen, noch schnell ein Anruf, nochmal am Kopfkissen schnuppern, den Brief wieder und wieder lesen …

Ein kleiner Ausflug: Ein im Liebeskarussell neu entdeckter Stoff (PEA, Phenylethylamin) steckt auch in großen Mengen in der Schokolade, die uns deshalb auch kurzfristig Wohlgefühle bescheren kann. Aber: Liebe kann man nicht in Form von Schokolade essen, sie ist kein adäquater Ersatz. Sie lässt nur für wenige Momente einen Funken des Wohligkeits-Gefühls verspüren, das die Verliebtheit im Übermaß zur Verfügung hat.

Warum essen wir?
Aus Hunger, Angst, Wut oder Langeweile?

Unser Gehirn scheint jede Gelegenheit zu nutzen, um Frust zu vermeiden und lustmäßig auf seine Kosten zu kommen. Kommen wir ihm doch mal auf die Spur – jetzt am Beispiel der Nahrungsaufnahme. In Kapitel 3 werden Sie vergleichbare Zusammenhänge im Bereich Erfahrungserwerb finden.

Kommt Ihnen diese Situation bekannt vor?
Sie müssen abends noch unbedingt eine Arbeit für den nächsten Tag zu Ende bringen. Nach dem Abendessen haben Sie heldenhaft angefangen. In der Zwischenzeit – eine knappe Stunde ist vergangen – haben Sie schon viermal unterbrochen: Sie haben die Katze gefüttert, ein bisschen aus dem Fenster geschaut, einen gemütlicheren Pullover übergezogen, sich einen Apfel geholt, die Zeitung schuldbewusst wieder beiseite gelegt. Doch mit der Arbeit geht es einfach nicht voran.
Schon wieder stehen Sie auf. Ein bisschen Schokolade fehlt! Ja, dann würde Ihnen alles flott von der Hand gehen. Doch die berühmte Nasch-Schublade ist leer. Typisch. Vielleicht findet sich was im Vorratsraum? Manchmal rutscht ja eine Tafel zwischen das Puddingpulver. Nein! Es folgt ein Raubtier-auf-Beutesuche-Gang durch die Wohnung: Wo könnte noch etwas Süßes versteckt sein? Da kommt Ihnen eine Idee: *„Dann mach' ich eben schnell einen Pudding."* Aber natürlich, das passt ja wieder zusammen: keine Milch mehr im Haus. So, jetzt gibt es keine Ausflüchte mehr: Ruhe!

Der erneute Versuch, sich zu konzentrieren, hält dank verstärkter Disziplin immerhin 25 Minuten lang an. Sie springen auf. Ein Gedankenblitz: In der kleinen roten Tasche, die im Kino dabei war, müsste noch ein Rest Schokoriegel stecken. Den hatten Sie nicht aufgegessen, weil der Film so spannend wurde, und ihn dann vergessen. Tatsächlich, völlig verdrückt und ziemlich unappetitlich, klebt ein Schokokaramelkeks-Rest am Taschen-Innenfutter. Muss das sein? Der untere Teil, noch in der Verpackung, sieht noch ganz ansprechend aus. Er ist es. Köstlich. Aufatmen – und mit neuer Energie, Konzentration und bedeutend besserer Laune geht es an das „bisschen Arbeit."

Das war sicher kein normaler Hunger. Denn vorher hatte eine Abendmahlzeit stattgefunden: Vollkornbrot, Käse, Schinken, Salat mit Ei. Trotzdem war das Verlangen bohrend und fordernd, die Konzentration beeinträchtigter als vor dem Abendessen im hungrigen Zustand. Der Appetit auf Süßes, die Lust ganz speziell auf Schokolade! Irgendetwas bestand hier mit Nachdruck auf seinem Recht. Und der Erfolg war umwerfend: Ein kleines Stückchen

> ➤ *Bei unserem Ess-Verhalten lassen wir uns mehr von der Lust als von der Vernunft leiten.*

Schokolade reichte – und die Stimmungslage, die ganze Situation änderte sich. Genau das scheint Ihr Körper jetzt gebraucht zu haben.

Das Phänomen Heißhunger kennen Männer wie Frauen. Lust auf etwas ganz Bestimmtes („*Jetzt eine Orange*" · „*Was gäbe ich für ein kaltes Bier*" · „*Irgendwas mit Nudeln*") oder einfach nur auf etwas „*Süßes*" oder tatsächlich auf eine Schweinshaxe mit Kruste, mal wieder ein Stückchen Räucheraal oder ein von Olivenöl triefendes, geröstetes Brot (das zudem nach Urlaub und Meer schmeckt), also auf etwas so richtig Fettes. Das alles lockt uns nur manchmal, aber dann richtig – so dass wir an fast nichts anderes mehr denken können.

Ess-Gelüste und ihre Konsequenzen wirken nicht nur im Gaumen, auf der Zunge und im Verdauungs-System. Sie haben viel mit den Funktionen unseres Zentralnerven-Systems, mit den im Gehirn ablaufenden Prozessen und dadurch mit unserem Gesamtbefinden zu tun. Wir lassen uns heute bei unserem Ess-Verhalten viel mehr von der Lust als von der Vernunft leiten. Wir können uns diese Extravaganzen in unserer Überfluss-Gesellschaft leisten. Wir können wählen, womit wir unseren Hunger stillen. Wir können uns fragen, worauf wir gerade Appetit haben.

Der Beweggrund, Essbares zu sich zu nehmen, ist in allen mit unserem Lebens-Standard vergleichbaren Kulturen selten die Notwendigkeit, unser Existenzminimum zu sichern – sondern viel eher der Wunsch, uns durch die ausgewählte Stoffzufuhr ausgeglichener und glücklicher zu machen. Menschen werden schon immer ver-

Lieber Schokolade als Sex

Schokolade – die Kalorienbombe aus 50% Zucker und 50% Fett – ist ein begehrtes Heißhungerobjekt, für Frauen übrigens noch viel mehr als für Männer. In einer amerikanischen Untersuchung gab jede zweite befragte Frau an, dass ihr Schokolade wichtiger sei als Sex.
Keine Angst. Die Amerikaner werden nicht aussterben. Denn es handelt sich hier nicht um eine klare Priorität „Schokolade vor Sex", sondern um eine gelernte Bevorzugung aufgrund der wiederholt gemachten Lebenserfahrung, dass die Traumschokolade leichter und wahrscheinlicher verfügbar ist als der Traummann. Der Schokoladengenuss wird also wesentlich zuverlässiger eintreten, als das vom Genuss durch oder mit dem Traummann zu erwarten wäre.

sucht haben, zuerst einmal satt zu werden, aber dann noch – wo und wie auch immer möglich – ihren Appetit nach etwas Besonderem zu stillen. Kann man dieses Verhalten als falsch ablehnen? Ist Schokolade und mit ihr andere begehrte Ziele unseres Heißhungers etwas zum Fürchten – also

Stimmungs-Defizit?
„Guten Appetit!"

Heißhunger auf Stimmungsmacher

- Unser Körper weiß genau, was für anstehende Aufgaben und für bestimmte Stimmungen gut ist. Wenn ihm dazu einzelne Stoffe fehlen, scheint er uns zu signalisieren: *„Her damit, wenn Du willst, dass ich reibungslos weiterarbeite!"*

- In vielen Nahrungsmitteln, auf die wir uns mit Vorliebe heißhungrig stürzen, sind nicht nur Energielieferanten, sondern auch Stimmungsmacher. In Milch- und Weizenprodukten findet man Stoffe, die den körpereigenen Glücklichmachern, den sogenannten Endorphinen, sehr ähnlich sind und deshalb vergleichbar arbeiten können: nämlich Frust verschwinden und Wohlbefinden aufkommen lassen. Forscher finden in Grundnahrungsmitteln immer mehr Stoffe, die auf unterschiedlichem Wege zum selben Erfolg kommen. Ein französisches Frühstück mit Milchkaffee, Croissant, Butter und Marmelade versorgt uns überreichlich mit Kalorien – es stimuliert aber auch die Opiat-Rezeptoren im Gehirn. Das heißt: Die Anheftstellen für körpereigene Drogen (wieder die Endorphine) werden aktiviert, Schmerz und Sorgen nehmen ab.

Energie-Defizit?
„Guten Hunger!"

Hände weg? Oder ist sie – wenn die Situation danach ist – geeignet zum Genießen und zur Auffrischung des Wohlbefindens? Die Ergebnisse internationaler Wissenschaftler lassen uns aufhorchen. Sie sind der Meinung, dass eine gedankliche Revision ansteht. Spontan auftretende und manchmal ganz gezielt fordernde Ess-Gelüste seien nicht mehr wie bisher als anormales Verlangen zu bezeichnen und so vorschnell als ungesund abzuwerten. Sondern sie seien als akzeptable Ursache für biologisch begründete Bedürfnisse nach speziellen Nährstoffen zu sehen, die der Körper immer dann mit Nachdruck verlangt, wenn er sie zur Regulierung und Revitalisierung seiner Stoffwechselprozesse braucht. Das würde bedeuten, dass man sporadischen Ess-Gelüsten durchaus nachgeben sollte. Vieles spricht für dieses Umdenken.

Bei so vielen Überlegungen über und zum Essen sollten wir zwischendurch kurz nochmal daran denken, dass es unzählige andere Möglichkeiten außer der Nahrungsaufnahme gibt, sich zu entspannen, wohl zu fühlen und glücklich zu sein. Nur haben wir den Aspekt Nahrungsaufnahme als Beispiel gewählt, um die komplizierten Zusammenhänge von kleinen „Sünden" und großer Sucht besser zu veranschaulichen.

Als wir Menschen noch alle unsere Nahrung sammeln und ausgraben mussten (Beeren, Baumfrüchte, Blätter, Wurzeln, aber auch Vogeleier, Käfer und Maden), als wir nur bei besonderem Jagdglück an ein größeres Stück Fleisch oder Fisch kamen, als Essen noch eine wahre Herausforderung mit viel Anstrengung und auch Risiko bedeutete, war der Kampf gegen den Hunger die Hauptaktivität

Wir fühlen uns glücklich und bereit, den Tag in Angriff zu nehmen.

- Die wichtigste Position in all diesen körpereigenen Abläufen hat offensichtlich das Serotonin inne – ein Neurotransmitter, ein Botenstoff zwischen den einzelnen Nervenzellen. So gesehen scheint es also wichtig zu sein, Serotonin immer in ausreichender Dosis zur Verfügung zu haben. Es sollte also Alarmzeichen geben, die melden, wenn das Serotonin zu stark abfällt. Und es gibt sie: Es sind die Heißhunger-Anfälle.

- Zucker (Süßes) und weißes Mehl (Baguette, Nudeln, Pizza) – beide bestehend aus kleinen, ganz einfach gebauten und dadurch schnell verwertbaren Kohlenhydrat-Molekülen – erhöhen den Serotoninspiegel schnell. Eine Kette läuft ab: Zuerst steigt der Blutzuckerspiegel. Das bringt die chemischen Prozesse im Gehirn auf Touren, dann nimmt das Insulin im Blut zu, jetzt wird Tryptophan (eine Aminosäure) freigesetzt. Ganz wichtig, denn Tryptophan produziert das ersehnte Serotonin.

- Ein Teil der Kette, die Tryptophan-Produktion, könnte eigentlich übersprungen werden, weil die Aminosäure in vielen Eiweißen direkt vorkommt, so in Fleisch, Fisch und Milchprodukten und in manchen

Pflanzen. Aber erst zusammen mit Kohlenhydraten kann es an seinem Wirkort Gehirn aufmunternd wirken.

- Offensichtlich „weiß" unser Körper von dieser für den Erfolg notwendigen Teamarbeit. Denn warum sollte er sonst nach einem üppigen Fleischgelage – trotz vollem Magen und bremsendem Sättegefühl – plötzlich Gelüste auf Süßes signalisieren (*„Wer hätte Lust auf eine Mousse au chocolat?"*) oder ein kleines Sorbet zwischen den Gängen eines großen Menus als besonders angenehm empfinden? Durch diese von innen angeforderte Nachlieferung an Süßem wird gewährleistet, dass Kohlenhydrate zu den Eiweißen kommen.

Der Weg kann auch umgekehrt gehen. Das ist die Erklärung für die „unerklärliche", fast schon peinliche Lust auf ein Stück Käse, ein Leberwurstbrot oder einen Hering nach einer reichlich genossenen Kuchentafel. Zu den Unmengen Kohlenhydraten hatten einfach noch die Eiweiße gefehlt, um Glück zu empfinden.

des Tages. Ein gewaltiger Unterschied zu *„Ich geh' noch mal kurz einkaufen!"*. Sensation-Seeker (Menschen, die immer ein gewisses Maß an Aufregung brauchen, um ausgelastet und richtig glücklich zu sein) werden damals tagtäglich automatisch auf ihre Kosten gekommen sein und mussten nicht nach künstlich geschaffenen Gelegenheiten suchen, den erregend wohltuenden Nervenkitzel zu erleben.

Unsere Vorfahren hatten mit Sicherheit keine Probleme mit Übergewicht oder süchtigem Essverhalten. Kein einziger Gedanke wird an Diätpläne verschwendet worden sein, weil jede aufgenommene Kalorie existentiell nötig war, jede Nahrungsquelle deshalb ausgenutzt wurde. Das können wir bei vielen traditionellen Gesellschaften beobachten, deren Lebensweise mit der unserer Vorfahren eher zu vergleichen ist als die unsere. Viel Bewegung gehörte zum Leben, baute schon damals die erworbenen Kalorien wieder ab und setzte – damals wie heute – Endorphine frei. Das erhöht bekanntlich den Serotonin-Spiegel und lässt Wohlbefinden erleben, ohne zuvor das Notfallprogramm „Heißhungeranfall" gestartet zu haben.

Diese einfallsreiche Lösung unseres Körpers, unsere Stoffwechsel-Bedürfnisse nach Energie-Lieferanten und Stimmungs-Machern getrennt über die

Signale Hunger (Defizit an Energie) und Appetit (Defizit an Stimmung) zu regeln, bringen wir schon von Natur aus mit. Unsere Lebensgeschichte, unsere Erfahrungen mit Hunger, Sättigung und Wohlbefinden im allgemeinen – all das hinterlässt Spuren, wenn es darum geht, was, wann und wie viel wir essen.

Wir essen, …

● weil das der einzige Moment am Tag ist, wo Ruhe herrscht, das Telefon per Beschluss ignoriert werden darf, alle versammelt sind
● aus Langeweile
● weil überall Essbares griffbereit herumsteht
● weil wir traurig oder einsam sind
● weil wir keine Idee haben, was wir außer zu essen machen könnten
● weil Essen einfacher ist, als sich aufzuraffen und etwas zu unternehmen – obwohl das nach einem kleinen Aufwand vielleicht sogar mehr Spaß machen würde
● weil das genüssliche Verspeisen bereits die Vorfreude auf die wohltuenden Wirkungen der Nahrungsaufnahme ist
● weil wir uns in Stimmung bringen wollen
● weil wir mit einem besonderen Menschen zusammen sein wollen und ihn einladen
● weil uns genau diese Mahlzeit an sehr schöne Stunden erinnert
● manchmal auch, weil wir Hunger haben

Wenn mehr Menschen um den Tisch herumsitzen, schmeckt es uns besser. Tatsächlich wird in Gesellschaft mehr

➤ In Gesellschaft schmeckt's am besten.

gegessen. Der Sozialfaktor hat Einfluss auf unseren Appetit: Bei einem Essen zu zweit steigt die Nahrungszufuhr um etwa 28%. Es kommt noch toller. In einer Gruppe von 6 oder mehr Menschen isst tatsächlich jeder bis zu 76% mehr, als er allein am Tisch sitzend (oder stehend, arbeitend …) essen würde.

Das bedeutet nicht, dass wir aus gesundheitlichen Gründen am besten immer allein am Küchentisch eine Kleinigkeit zu uns nehmen sollten. Wir alle sind soziale Wesen, und Essen ist eine soziale Angelegenheit. Gemeinsam zu essen kann bedeuten, gemütlich beieinander zu sitzen, sich auszutauschen, also Nahrung für Körper und Seele aufzunehmen. Wir erleben uns sozial eingebettet, unser Wohlbefinden steigt. Sie wissen schon, wie es weiter geht. Der Serotoninspiegel ist voll im Lot, mit Heißhunger-Anfällen ist vorläufig nicht zu rechnen. Am Abend oder am nächsten Tag essen wir nur eine Kleinigkeit, eben gegen den Hunger – und schon ist alles wieder ausgeglichen. Die Bilanz stimmt. Eigentlich hat Essen schon in der gesamten Kindheit eine ungeheure Bedeutung. Wenn wir beim Zahnarzt lieb den Mund aufmachen, bekommen wir danach ein Eis. *„Komm, weine nicht mehr, wir kaufen eine Brezel – und dann tut das Knie schon gar nicht mehr so weh." · „Jetzt ist die Anjuscha aber müde. Trink' Dein Fläschchen, dann schläfst Du wunderbar dabei ein."* Und bei Erwachsenen: *„Wenn das überstanden ist, lade ich Euch ganz schick zum Essen ein, weil Ihr mir so toll geholfen habt." · „Wenn Du am Sonntag mit Deinem Freund zu uns kommst, koche ich Dein Lieblingsgericht."* Eine wichtige Besprechung beginnen wir am besten mit einem gemeinsamen Essen, das ist die optimale Einschwingung auf konstruktive Gespräche. Das sind nur ein paar Beispiele.

► *Der Körper regelt unsere Stoffwechsel-Bedürfnisse getrennt nach Energie-Lieferanten und Stimmungs-Machern.*

Nicht, dass das alles immer die falschen Reaktionen wären. Gegen einige ist nichts einzuwenden. Es sind aber auch gefährliche Sackgassen dabei, die es zu vermeiden gilt. Sie begegnen ihnen in Kapitel 2 wieder. Mit Tipps, warum es sich hier um Stolpersteine handelt – und wie sie aus dem Weg zu räumen sind. Hier wollten wir Sie darauf aufmerksam machen, wie wichtig Essen zur Stabilisierung der Psyche ist. Mit Essen wird belohnt, beruhigt, abgelenkt und Dank ausgedrückt. Wir lernen es als Seelentröster und Seelenstreichler kennen. Und wenn die Seele getröstet und gestreichelt werden muss, wenn nichts oder niemand anderes dergleichen tut, fällt uns die wohltuende Wirkung des Essens ein.

Und manchmal wird der Grundstein dafür schon sehr früh gelegt. Wie wird zum Beispiel auf Gefühlsäußerungen von Säuglingen reagiert? Mit Aufmerksamkeit und differenzierter Zuwendungs-Reaktion – je nachdem, was der vermutliche Grund für das Schreien ist? Oder ist die Reaktion auf Säuglings-Schreien immer Stillen oder Füttern, also immer Nahrungs-Angebot? Durch die Pauschal-Antwort „Nahrung" kann ein Kind schon in frühester Kindheit lernen, generell alle negativ besetzten Gefühlszustände mit Nahrungsaufnahme zu beantworten. Als

> ➤ *Essen stabilisiert die Psyche, wenn andere Seelentröster fehlen.*

Folgen dieses „Abspeisens" entwickelt sich zum Beispiel die Gewohnheit, bei Stress zu essen. Bei der „Fress-Sucht" werden dann später auch durch Nahrungsaufnahme und ihre sich beruhigend auswirkenden physiologischen Folgen kurzfristig negative Gefühle wie Einsamkeit, Frustration und Langeweile „weggezaubert". Hier kann aus dem Lust-Essen Sucht-Essen entstehen – und der Grundstein dafür liegt oft in der frühen Kindheit.

Kinder stark machen heißt: Risiko- und Schutz-Faktoren kennen

Wie wird aus Lust Sucht? Wie können wir verhindern, dass lustvolles Agieren und Erleben verschwinden und süchtiges Verhalten immer mehr die Oberhand gewinnt?

Wir müssen die Schutz-Faktoren stärken und die Risiko-Faktoren schwächen. Die weiteren Kapitel werden sich mit dieser Besonderheit der **Schutz-Erziehung** befassen und Kinder verschiedenen Alters durch den Alltag begleiten.

Bereits vorweg eine gedankliche Einstimmung. Es ist wichtig, Ihr Kind sicher und dadurch stark zu machen. Es muss merken, dass es auf seine Umgebung Einfluss nehmen kann, sich eben nicht ohnmächtig und ausgeliefert erlebt. Was muss in einem Säugling vorgehen, dem bei jedem Schreien Brust oder Flasche in den Mund geschoben wird, mit der Aufforderung

> ► *Wir müssen die Schutz-Faktoren stärken, um die Risiko-Faktoren zu schwächen.*

„Trink", um wieder still zu werden? Auch wenn er mit seinem Schrei etwas ganz anderes melden und verändern wollte als Hunger und Magenfüllmenge – nämlich zum Beispiel Einsamkeit, Zuwendungs-Defizit, Lust sich zu unterhalten oder zu spielen, Unmut, Langeweile oder gar Angst. Wenn immer alles nur mit einem geschieht, ohne dass man selbst auf den Ablauf Einfluss nehmen kann, kommt es zum Kontrollverlust: Man fühlt sich schwach – und wird dann auch schwach. So schwach, dass man sich nicht mehr unter Kontrolle hat und zu Ersatz-Befriedigungen greift. Weil einem als Kind immer nur Ersatz-Befriedigungen angeboten worden sind (zum Beispiel Brust oder Fläschchen). Ein Kind muss wissen und wirklich überzeugt davon sein, dass es – wenn es darauf ankommt – eigene Ideen, Fantasie und Lösungswege parat hat. Es darf nicht immer wieder erleben, dass seine Probleme unlösbar sind und es deshalb dauernd mit unbefriedigenden Hilfskonstruktionen über die Runden kommen

muss. Oder dass es – ebenso schlimm – immer merken muss, dass seine Probleme sowieso nur von anderen gelöst werden können. Beides hätte fatale Konsequenzen für seine Eigenwahrnehmung und sein Verhalten.

- **Anina** (vier Jahre alt) scheut jeden körperlichen Wettkampf. Wenn sie von anderen Kindern zum Mitrennen aufgefordert wird, beginnt sie zu hinken und ruft: *„Mein Bein tut wieder weh!"*. Sobald die Kinder enttäuscht abgezogen sind, läuft sie ohne Behinderung zu ihrer Tasche und holt sich ein „Trösterle" (ein Bonbon oder Schokolade). Alles deutet darauf hin, dass sie nicht ertragen kann, nicht die Schnellste zu sein oder gefangen zu werden, und sich deshalb – scheinbar geschickt – der Wettbewerbs-Situation entzieht. Wie unglücklich sie mit ihrer „Lösung" ist, zeigen ihre sehnsüchtigen Blicke zur Spielgruppe. Nachdem sich diese Verhaltens-Kette einige Zeit lang eingespielt hat, ist zu beobachten, dass Anina bereits dann, wenn einige Kinder sich zum Spiel zusammenschließen – der erahnten Situation vorauseilend – verschwindet. Richtung Täschchen.

In Kapitel 3 können Sie lesen, was für bewegungsängstliche Kinder wie Anina eine so große Hilfe ist, dass sie über ihren Schatten springen können.

- Die Mutter von **Henrik** (fünf Jahre alt) berichtet erschüttert von seiner besonderen Beziehung zu Frau König, seiner Erzieherin. Nur wenn sie, „seine Retterin", da ist, scheint seine allseits gefürchtete Langeweile und schlechte Laune, die er zu Hause oft durch Fernsehen vertreibt, überwunden werden zu können. Da Frau König eine Zusatzausbildung plant, wird sie für einige Zeit seltener in der Gruppe tätig sein. Dieser Zeit blicken Mutter und Erzieherin

> ➤ *Ein Kind muss wissen, dass es eigene Lösungswege hat.*

mit Schrecken entgegen. Denn Henrik hat bereits angekündigt, dass er dann gar nicht mehr in den Kindergarten zu gehen brauche, weil er ohne Frau König sowieso nur im Flur sitze und warte, bis er abgeholt werde. *„Was ich spielen kann, fällt mir nämlich nicht allein ein."*

Wie kommt Henrik wohl mit der Situation zurecht, dass immer nur die anderen die rettende Idee haben, was im Moment gut und richtig für ihn ist – und dass er das genau weiß? Sein Unglück verhindert nicht er, sondern „die anderen". Es besteht die Gefahr, dass er irgendwann resigniert. Davor muss er bewahrt werden. Denn Resignation ist ein eindeutiger Risiko-Faktor für abnehmende Selbstkontrolle und zunehmende Neigung zu Abhängigkeiten. Sie ist der Ausdruck einer großen Zahl selbst erlernter Hemmungen. Wenn Aktivitäten wiederholt nicht zum erhofften Ziel führen und als Misserfolg gebucht werden, werden diese Tätigkeiten und Aktionen immer häufiger gehemmt – und irgendwann einfach gar nicht mehr auszuführen versucht. Nach dem Motto: *„Das schaff' ich ja doch nicht."*

Das ist nachvollziehbar. Wer möchte sich schon immer wieder erneut einer schmerzlichen Niederlage aussetzen? Dieser verrückte Lernprozess kann so weit führen, dass schon Verhaltensimpulse – also die Idee, eine Lösungsidee zu haben – aus dem Bewusstsein gedrängt werden. Das bedeutet: Bei Kindern wie Henrik kann man immer wieder beobachten, wie sie sich selbst stoppen, etwas zu probieren, ein Spiel zu beginnen oder mit anderen Spielern Kontakt aufzunehmen.

Das heißt für Henrik, dass er sich im Alltag immer seltener selbst fragen wird, wie er sich denn gerade fühlt, was er jetzt braucht – Bestätigung, Anregung oder Entspannung – und was er mit Sicherheit ganz und gar nicht will. Irgendwann traut er es sich nicht mehr zu, über sich und seine geheimen Wünsche Bescheid zu wissen. Das hieße jedoch, dass er sich nicht mehr als Urheber seiner Gefühle empfindet und unfähig ist, selbst etwas für sein Wohlbefinden zu tun. Bemerken würde man eine Verarmung seiner Antriebswelt, Antriebsschwäche, Mangel an Initiativen, eine Minderung seines Willens und seiner Leistungen. Er wäre zu schwach, um von allein wieder stark zu werden. Hier kann und muss man entgegenwirken und den Teufelskreis durchbrechen. Der Ideenstuhl, den wir in Kapitel 3 vorstellen, kann eine Lösung sein.

> ➤ **Resignation ist ein eindeutiger Risiko-Faktor für abnehmende Selbstkontrolle.**

Hier eine Beobachtung, die den Blick für unerwünschte Erfahrungen schärft: Ein Einkauf kann zu einer echten Stress-Situation für Eltern und Kind werden.

- **Lukas** (zwei Jahre alt) sitzt in einem Einkaufswagen. Wenn die Kunden nicht zu dicht gedrängt stehen, wird er von seiner Mutter die Gänge zwischen den meterhohen Regalen entlang geschoben. Sonst stellt sie den Wagen an die Seite, verschwindet zwischen den Menschenmassen in einem Regalgang und kehrt dann wieder mit Waren beladen zurück. Immer wenn seine Mutter aus seinem Blickfeld verschwindet, macht Lukas ein weinerliches Gesicht und wird unruhig. Wenn sie wieder auf ihn zuläuft, streckt er seine Arme aus und ruft: *„Will raus, will auf deinen Arm!"* Anfangs reagiert seine Mutter nicht, dann antwortet sie: *„Das geht jetzt nicht."* Lukas wird unruhiger, blickt dauernd um sich, nölt, wimmert, fängt an zu weinen und versucht schließlich, aus dem Einkaufswagen zu klettern. Je unruhiger und lauter das Kind wird, desto hektischer und unwirscher wird die Mutter. Sie schimpft und drückt ihr Kind in den Sitz zurück. Lukas versucht erneut, nach dem Arm oder der Hand seiner Mutter zu greifen. Sie weist seine Hand mit einer Schlagandeutung zurück. *„Nimm die Hand da weg!".* Lukas streckt ihr wieder seine Ärmchen entgegen – sie droht. Dann wieder die bittende Geste – die Mutter schlägt ihm ins Gesicht. Zuerst Stille, dann ein kurzer heftiger Aufschrei, der von der Mutter mit einem drohenden Blick und wütendem Zischen kommentiert wird. Dann wieder Stille. Die Mutter entfernt sich erneut von Wagen und Kind. Lukas blickt zu Boden, fällt in sich zusammen und jammert. Die Mutter kauft weiter ein. Jetzt beginnt das Kind leise weinend, am Griff des Wagens zu lecken. Die Mutter türmt die Waren in den Wagen und sagt: *„Hör mit der Schleckerei auf!"* Er reagiert nicht, die Mutter wiederholt ihre Anweisung nicht, sie greift auch nicht ein. Sie verschwindet nochmal in einem Regalgang, dann schiebt sie den Wagen kommentarlos Richtung Ausgang. Kurz vor der Kasse holt sie eine Maxipackung Schokoriegel aus einem Angebotskorb und hält sie dem Kind hin. *„Da, aber nicht aufreißen!"* Die beiden stehen wort- und blicklos in der Warteschlange. Das Kind drückt die Packung fest an sich, den Kopf an den Haltegriff des Wagens geschmiegt.

In diesem Beispiel erlebt ein Kleinkind einen Supermarkt als ungewohnte Umgebung voll fremder Menschen, deren Nähe es beunruhigt. Die Nähe zu einer vertrauten Person, die es beruhigen könnte, fehlt. Die Mutter ist nicht verfügbar, oft nicht einmal sichtbar. Die elementaren Hilferufe des Kindes in dieser verwirrenden und ängstigenden Situation werden nicht nur überhört und nicht beantwortet. Sie werden ignoriert und sogar bestraft – und damit für wertlos oder gar schlecht erklärt. Kontakt und Zuwendung werden gerade in der Situation verweigert, in der das Zuwendungsbedürfnis und der Kontaktwunsch besonders groß und ihre Befriedigung besonders nötig sind – zur Bildung einer soliden Vertrauensbasis und zur Alltagsbewältigung.

➤ *Ersatz-Befriedigung ist keine Lösung.*

Die deutlich geäußerten kindlichen Signale gehen ins Leere. Dem Jungen wird verwehrt, seine Angst zu offenbaren. Die ihm zur Verfügung stehenden Strategien zur Beseitigung seines Notstandes – Betreuungs-Appelle wie Weinen und Armausstrecken – werden verboten. Und im Zustand der Resignation darüber, diese Situation nicht bewältigt zu haben, wird ihm eine Ersatz-Befriedigung angeboten – eine Packung Schokolade, nach der er ursprünglich keinerlei Bedürfnis hatte. Denn keine seiner Äußerungen ging in diese Richtung. Vielleicht war das ein Versuch der Mutter, wenigstens den Heimweg ruhig zu gestalten – vielleicht aber auch, etwas wieder gutzumachen.

Kind *und* Mutter werden höchst unbefriedigt aus dem Supermarkt gehen. Beide werden unter derartigen Situationen leiden – besonders, wenn sie sich nach gleichem Muster immer wieder mit dem gleichen Ergebnis wiederholen. Das Kind wird lernen, auf die Suche nach Ersatz zu gehen, weil es seine wahren Bedürfnisse nicht äußern darf, geschweige denn erfüllt bekommt.

Irgendwann weiß es, dass es immer dann, wenn es wichtig wäre und wenn es darauf ankommen würde, nichts zu seinen Gunsten verändern und bewegen kann. Häufen sich diese ängstigenden, belastenden und niederschmetternden Bilanzen und bleiben dann noch die so wertvollen Gegenerfahrungen aus, dann muss das Kind nach anderen Lösungen suchen, diese Situationen irgendwie zu bewältigen. Diese „anderen Lösungen" können in Suchtmitteln bestehen. Hier zeigt sich eine vermeintliche Lösung, wenn die Situation ausweglos erscheint.

Sucht wird nicht geerbt, sondern gelernt

Bevor wir hier klarer sehen, müssen wir uns erst durch einen Wald von Vorurteilen kämpfen.

Erstes Vorurteil:
„Wir starten alle am selben Punkt mit denselben Voraussetzungen."
Stimmt nicht.

Das sogenannte Nullkind – das unbeschriebene Blatt – gibt es nicht. Zum Zeitpunkt der Geburt haben wir in jedem Baby bereits ein Individuum vor uns, einen einzigartigen Menschen. Unsere Gene, also unsere Erbanlagen, unterscheiden sich nämlich. Wir sind schon zur Hälfte ein anderer Mensch als unser Vater oder unsere Mutter, denn 50% unserer Gene stammen vom Vater, die anderen 50% von der Mutter. Unter Geschwistern sind diese Gene immer anders gemischt.

Doch nicht nur unsere genetische Ausstattung unterscheidet sich zum Zeitpunkt der Geburt. Jedes Kind hat beim Geburtstermin bereits mehrere Monate „Milieu-Erfahrungen" gemacht. Die Erforschung vorgeburtlicher Vorgänge im Mutterleib offenbarte, dass ein Kind bereits im Uterus erste Erfahrungen sammeln kann und Umwelteinflüssen besonderer Art ausgesetzt ist. Es lernt den Herzschlag seiner Mutter, ihre Stimme, Geräusche ihres Alltags und ihre Lieblingsmusik kennen. Es erlebt schon Entspannung und Stress mit ihren typischen physiologischen Auswirkungen. Es kann mit Sauerstoff-Mangel als Folge des mütterlichen Rauchens, mit Infektions-Krankheiten, Medikamenten – natürlich auch mit all den Konsequenzen mütterlichen Suchtverhaltens – konfrontiert werden. Die beiden sitzen „in einem Boot." All das bewirkt, dass ein Kind bereits mit körperlichen Besonderheiten und sogar schon mit Verhaltens-

➤ *Schon während der Schwangerschaft sitzen Mutter und Kind „in einem Boot".*

Merkmalen zur Welt kommt, die zwar nicht genetisch verursacht, aber dennoch angeboren sind.

Aber nochmal zurück zu den genetischen Unterschieden. Wie machen die sich überhaupt bemerkbar? Unsere Wahrnehmung und unser Erleben fallen durch das Wirken der Gene unterschiedlich aus – das prägt unser Verhalten und kann natürlich Konsequenzen haben. Selbst in einer theoretisch völlig identischen Umwelt würden sich zwei Menschen unterschiedlich entwickeln, weil sie unterschiedliche Gene haben. Unser Temperament ist nach unserem bisherigen Wissensstand weitgehend genetisch bestimmt. Ein wesentlicher Teil unserer Persönlichkeit wird durch die Erbanlagen angelegt.

Heißt das, dass unsere Verhaltens-Muster starr und unveränderbar sind? Schauen wir uns dazu das zweite Vorurteil an.

Zweites Vorurteil:
„Ist ein Verhalten genetisch angelegt, dann ist es starr und nicht mehr veränderbar."
Stimmt nicht.

Zu dieser Vorstellung gehört das Bild, dass Ererbtes genetisch einprogrammiert und von da an nicht mehr zu ändern sei. Das gilt in Wirklichkeit nur für eine begrenzte Anzahl von Reflexen, die bereits bei der Geburt gebrauchsfertig vorliegen müssen, zum Beispiel die Steuerung der Atmung und der Nahrungs-Aufnahme. Müssten wir das Atmen und Saugen erst lernen – also von jemandem beigebracht bekommen oder es irgendwo abschauen – könnten wir nicht überleben.

Natürlich verfügen wir über Strukturen, die genetisch festgelegt sind. Zum Beispiel sind unsere Gefühle wie Hunger, Durst, Zorn, Spielfreude, sexuelle Begierde, Zuneigung usw. ererbte Emotionen. Das muss aber keineswegs zwangs-läufig zur Folge haben, dass wir diesen Gefühlen immer nachgeben müssen. Das sieht man an Beispielen wie Hungerstreik aus politischen oder ideellen Gründen, sexuelle Enthaltsamkeit, Aggressions-Vermeidung oder -Zügelung und Arbeiten trotz Unlustgefühl.

Wir sind keine Marionetten unserer Gene. Denn in den meisten Fällen können wir bewusst handeln, uns für das eine oder gegen das andere ent-

> ➤ *Gefährlich ist der „süchtige" Umgang mit Problemen.*

scheiden und unsere Erfahrung und unseren Verstand einsetzen – wenn es zum Beispiel darum geht, unser hitziges Temperament zu zügeln oder unser ge-dämpftes Temperament aus der Reserve zu locken.

Wie es neuerdings vermutet wird, spielt zwar die Vererbung bei der Abhän-gigkeit von harten Drogen, Alkohol oder Tabak eine größere Rolle als bislang angenommen. Aber wir brauchen trotzdem keine Angst vor unseren Genen zu haben. Wahrscheinlich ist nämlich nicht ein bestimmter Stoff für manche Men-schen gefährlicher als für andere, sondern der „süchtige" Umgang mit Proble-men. Eine riskante Reaktionsweise ist in bestimmten Lebens-Situationen we-niger kontrollierbar und schlechter zu unterdrücken – vielleicht, weil es an Ersatz-Strategien, Erfahrungs-Vielfalt, guten Vorbildern und Erfolgs-Erleb-nissen fehlt.

Hier kommen schon wieder die Lebens-Erfahrungen ins Spiel. Und es sind nicht mehr allein die Gene, die ihre Wirkungen ausspielen.

Selbst wenn es eine genetische Ver-anlagung gäbe (die aber keineswegs endgültig nachgewiesen oder gar in ihrer Wirkweise bekannt ist), in Über-lastungs-Situationen mit maßlosem süchtigen Verhalten zu reagieren, so würde das nicht das Ende jeder Sucht-

> ➤ *Genetisch angelegte Verhaltensweisen können durch Strategien überwunden werden.*

prävention bedeuten (nach dem Motto: *„Die Gene sind schuld, da ist nichts zu machen"*). Es würde nur zeigen, dass andere Reaktionen auf Überlastungs-Situationen zur Verfügung gestellt und dass neue Strategien erlernt und als geeignet erfahren werden müssen: Reaktionen und Strategien, die einen davor bewahren, ins Überlastungs-Abseits zu geraten. Genetisch angelegte Verhaltensweisen können sehr wohl durch Strategien überwunden werden.

Warum haben eigentlich die meisten Menschen mehr Angst vor ererbten Veranlagungen als vor erlerntem Fehlverhalten? Das dritte Vorurteil ist daran schuld, obwohl es auch nicht der Wirklichkeit entspricht.

Drittes Vorurteil:
„Wenn wir etwas gelernt haben, das sich hinterher als falsch herausstellt, lässt sich das ganz leicht wieder verändern." Stimmt leider auch nicht.

Man ging lange davon aus, dass einmal erlernte Verhaltensweisen leicht wieder umkehrbar oder löschbar seien – jedenfalls leichter als ererbte Verhaltensweisen. In der Psychiatrie sammelt man jedoch Fallbeispiele über erlernte Zwänge – wie Putz- oder Waschzwang, zwanghaftes Kontrollieren (ob die Haustür verriegelt, das Auto abgeschlossen, das Fenster eingehakt, der Herd ausgeschaltet, der Geldbeutel mitgenommen ist) – die allesamt erstaunlich therapieresistent sind.

> ➤ *Erlernte Verhaltensweisen lassen sich gar nicht so leicht wieder verändern.*

Oder denken Sie an den Bereich des motorischen Lernens: Falls Ihr letzter Wagen eine andere Schaltung hatte als Ihr neuer oder die Handbremse an einer anderen Stelle war, wissen Sie, was gemeint ist. Es wird einige Zeit dauern, bis Sie sich nicht mehr „verschalten" und die Handbremse an der richtigen Stelle suchen. In einem Schreckmoment, in dem alles automatisch abläuft, kann Ihnen ein Versehen jedoch noch nach Jahren passieren.

In den letzten Jahren
beschäftigt sich die Wissenschaft zunehmend mit Lernprozessen,
die als extreme individuelle Anpassungsleistungen
erkannt worden sind.
Hier geht es um:

- **Kinder, die Kommunikation verweigern,** weil sie zu viele Situationen erleben, in denen sie kein Gehör finden oder „mundtot" gemacht werden.
- **Kinder, die Nahrung verweigern,** weil sie gelernt haben, dass das ihre einzige Chance ist, sich von ihren Bezugspersonen abzugrenzen und wenigstens Spuren von Eigenverantwortlichkeit und Einflussnahme zu erleben.
- **Kinder, die Bewegung verweigern,** auf den ersten Blick sogar schwer behindert wirken, weil jede motorische Initiative ihrerseits von massiven Angst-Reaktionen und überbehütender Vereinnahmung ihrer Eltern begleitet wird. Die minimale Bewegungs-Freude steht für das Kind in keinem Verhältnis zum automatisch folgenden bitteren Nachgeschmack überzogener Eltern-Reaktionen. Das Kind dressiert sich Bewegungen ab.

Erst intensive, oft langwierige therapeutische Bemühungen mit dem betroffenen Kind und vor allem auch mit seiner Umgebung – können die in der Not erlernten, aber für ein selbstbestimmtes Leben gänzlich ungeeigneten Bewältigungs-Strategien rückgängig und neue geeignetere Strategien möglich machen. Erst dann kann auch wieder Lebensfreude aufkommen. Wir brauchen gar nicht in den Krankheits-Bereich zu gehen, um diese Zusammenhänge zu erkennen. Verrückte Lernmuster, die sich eingeschliffen haben, gehören zu den Stolpersteinen im Alltag, für die wir Wegräum-Ideen für Sie parat haben.

Sucht hat viele Gesichter. Aber alle haben eine vergleichbare Ausgangsgeschichte

Wir Menschen scheinen viele Abhängigkeiten aufbauen zu können – zu vielen Stoffen und auch zu vielen Verhaltensweisen. Fast alles kann zur Droge werden. Schlimm genug, dass es Drogen gibt – aber sie allein machen nicht süchtig. Damit eine Sucht zur Ausprägung kommt, müssen verschiedene Umstände verhängnisvoll zusammentreffen.

An erster Stelle stehen die **disponierenden Faktoren**. Dabei handelt es sich um die Punkte, die eine riskante Voraussetzung für suchtanfälliges Verhalten darstellen können.

Sie werden sehen, wie erstaunlich unterschiedlich diese Faktoren sind. Dazu zählt man zum Beispiel:

Genetische Bedingungen
- **Biologische Faktoren** – zum Beispiel die genetische Veranlagung zu einem höheren Risiko, an einer Alkoholsucht zu erkranken

Sozialisations-Bedingungen
- Eine aktuelle **Mode-Erscheinung** mitzumachen, die gerade „in" ist – etwa durch Rauchen Weltoffenheit zu signalisieren oder superschlank zu sein
- Eine **verminderte Fähigkeit, den Alltag zu bewältigen** aufgrund eines niedrigen Selbstwertgefühls und der Neigung zu unkontrollierbaren Stimmungs-Schwankungen
- Aber auch **Lernerfahrungen** – also Fehlanpassungen an akute Probleme, die seit ewigen Zeiten mitgeschleppt werden: *„Nur wenn ich*

etwas esse, geht es mir besser" oder *„Ich werde zu Hause nur beachtet, wenn ich Höchstleistungen bringe"*
- Und schließlich auch verunsichernde und beengende **Familienverhältnisse** während Kindheit und Jugend

Schutz-Erziehung kann an vier der fünf genannten Punkte wirkungsvoll ansetzen – nämlich bei den **Sozialisations-Bedingungen**.

Selbst wenn die genetische Komponente – trotz aller angebrachten Relativierung – ziemlich hoch eingeschätzt wird, schwächt sich ihr Einfluss-Faktor im Hinblick auf Sucht und Abhängigkeit wesentlich ab.

Wir achten heute vermehrt auf sogenannte **auslösende Bedingungen**, unter denen sich eine Abhängigkeits-Problematik, vermehrte Angst und Aggressions-Ausbrüche eher herauszukristallisieren scheinen. Darunter fallen biographische Wendepunkte wie: sich auflösende Familienverhältnisse, Arbeitslosigkeit der Eltern, Berufsstart, Umzüge oder Todesfälle nahe stehender Personen. Es ist verständlich, dass die Fähigkeit, Beziehungen aufzubauen, zu kommunizieren, sich selbst als aktiv und kompetent zu erleben, einen gewaltigen Anteil daran hat, den Ablauf von Krisen nachhaltig positiv zu beeinflussen.

> ➤ *Das Original anbieten, bevor die Suche nach Ersatz beginnt. Das ist das Ziel der Schutz-Erziehung.*

Wir kennen auch **Mechanismen**, die die negativen Entwicklungen aufrechterhalten und oft nur mühsam und auf den zweiten Blick zu durchschauen sind. Tatsächlich kann selbst Suchtverhalten belohnend und dadurch stabilisierend wirken – zum Beispiel auf der Ebene, sich mit seinen unangenehmen Gefühlen und Unzulänglichkeiten zumindest zeitweise nicht mehr auseinandersetzen zu müssen: *„Es gibt etwas, was mir Ruhe verschafft, wenn auch nur vorübergehend"* (also eine Scheinruhe).

Neben stofflichen Süchten (Alkohol, Medikamente, Drogen) sind Spiel-Sucht, Ess-Sucht, Arbeits-Sucht, Sex-Sucht, Kauf-Sucht, Risiko-Sucht und Medien-

Sucht
passiert einem nicht

- Eine Suchtkarriere hat anfangs nichts Passives. Sucht passiert einem nicht – man entscheidet sich voller Hoffnungen und die Gefahren leugnend für diesen Weg, der zuerst einmal Entspannung bringt.
- Bei der Rekonstruktion der Abwärts-Spirale findet sich am Start des Abhängigkeits-Prozesses immer ein aktiver Versuch zum Abbau von Belastungen und zu deren Bewältigung: Sich wieder spüren wollen, echte Erlebnisse haben, sich von anstehenden Problemen ablenken, die Realität günstiger zurechtbiegen, Überforderung entgehen, Kontrolle erleben, Ohnmacht vertreiben, wieder eine Rolle spielen, wichtig sein …
- Der aktiv motivierte Start bei der Risiko-Entwicklung, die anfängliche Belohnung des Verhaltens, der subjektive Nutzen – kurz die Funktion des Risiko- und Suchtverhaltens – werden erst seit wenigen Jahren erkannt. Die treibende Kraft ist der Wunsch nach Befriedigung bislang ungestillter Bedürfnisse. Das objektiv die Gesundheit gefährdende Verhalten bringt aus der subjektiven Sicht des nun alles

Sucht Beispiele möglicher Erscheinungs-Formen von Abhängigkeit und süchtigem Verhalten.

So unterschiedlich sich diese Süchte auch in ihrer äußeren Form präsentieren – es geht immer um den verzweifelten Versuch, ein noch nie gehabtes oder verlorenes Glück (wieder-) zu finden.

„Zur Sucht wird ein Handeln, das sich im Laufe der Zeit als geeignet erwiesen hat, einen inneren Zustand des Unglücklichseins, der Spannung, der Schmerzen und der Unruhe oder der qualvollen Leere verändern zu können", schreibt *E. Schiffer* in seinem Buch *„Warum Huckleberry Finn nicht süchtig wurde"*.

Wenn Süchtige ohne Rücksicht auf Leib und Leben nach etwas suchen, dann muss das etwas ganz Wichtiges – etwas Existentielles – sein. Es ist die Suche nach Glück, Wohlbefinden und Wirksamkeit und nach der Möglichkeit, Angst zu vergessen. Man muss also, um Süchte von vornherein zu verhindern, das Ersehnte bereits zum passenden Entwicklungs-Zeitpunkt bereitstellen – also in Kindheit und Jugend. Bevor sich ein Mangel bemerkbar macht und die Ersatzsuche beginnt.

Dazu noch zwei Anmerkungen:

- Sie werden feststellen, dass Sie bei **Schutz-Erziehung** oft gegen den Strom erziehen müssen und bewusst etwas anders machen als andere Eltern. Aber nur gegen den Strom geht es zur Quelle.
- Sie werden erkennen, dass Sie nicht alles allein bewirken müssen. Denn die naturgegebenen Strategien eines jeden Kindes zum Erfahrungs-Erwerb und zum Informations-Gewinn gehen in dieselbe Richtung und unterstützen Ihre Bemühungen.

neu erlebenden Menschen zuerst einmal „Gutes", „Lohnendes" mit sich.

- Dieser Weg über einen kurzfristigen Scheinfrieden führt in die Selbstzerstörung. Trotz Aufklärung wird dieser Weg beschritten, obgleich seine Folgen bekannt sind.
- Will man therapieren, muss zum Beispiel die „hilfreiche" Funktion des Alkohols – um zwischendurch das Gefühl zu haben, mit Belastungen umgehen zu können und wieder bereit für das Leben zu sein – verstanden und berücksichtigt werden.

Kapitel 1: Das Wichtigste in Kürze

- In der Familie wird man startklar fürs Leben gemacht
- Eltern sind für ihr Kind Ansprechpartner, Bindungs-Partner, Gefühls-Beantworter, Bewertungs-Maßstab, Informations-Quelle, Vorbild, Konflikt-Manager, Akzeptanz-Vermittler und vieles mehr …
- Kinder brauchen ihre Eltern als Sicherheits-Basis
- Eltern, die über Angst, Gewalt und Sucht Bescheid wissen, erkennen die Risiko-Faktoren und kennen die Schutz-Faktoren
- Nicht irgendein Stoff macht süchtig, sondern der „süchtige" Umgang mit Problemen
- **Schutz-Erziehung** heißt:
  Einem Kind von Anfang an soviel Glücks-Gefühle und Geborgenheit bieten, dass es später nicht nach Ersatz suchen muss

2

So lernt Ihr Kind, sich selbst zu kennen und zu mögen

In diesem Kapitel erfahren Sie, …

- warum Eltern nach der Ankunft ihres sehnsüchtig erwarteten Babys so viel „aus dem Bauch heraus" richtig machen
- mit wie viel Kompetenz Eltern ihr Kind ins Leben einführen
- dass kleine Rückschritte dazugehören, wenn man ein großes Stück nach vorn will
- wie wichtig es ist, auch Schwächen zu akzeptieren, wenn man mit sich und der Welt zurechtkommen will
- wie wichtig Regeln sind, die immer gelten

So lernt Ihr Kind
seine Umgebung und sich selbst
kennen

Nach dem heutigen Wissensstand der Fachrichtungen, die über den Menschen forschen, gibt es drei wichtige Schlüssel zu einem zufriedenen und selbstbestimmten Leben:

- Zu sich selbst finden
- Mit sich im Einklang sein
- Die eigenen Besonderheiten kennen,
  mit ihnen umgehen und sie akzeptieren können

Fragt man Männer und Frauen, wann sie denn diese Ziele zur gelungenen Lebens-Bewältigung in Angriff nehmen möchten, wird sicher jeder erst einmal nachdenken müssen, bevor er überhaupt in der Lage ist, eine Antwort darauf zu geben.

Für die meisten Menschen wächst das Selbstbewusstsein „automatisch" mit zunehmendem Alter. Und mit zunehmender Lebenserfahrung kommen immer mehr Selbsterkenntnisse dazu.

➤ Ein Kind ist am Anfang seines Lebens vor allem an der „sozialen Ausstattung" seiner Umgebung interessiert.

Selbsterkenntnis und Selbstbewusstsein können Sie bei Ihrem Kind aber schon in frühen Jahren bewusst fördern. Damit schaffen Sie wichtige Start-Voraussetzungen für lebenslange Entwicklungs-Prozesse.

Wichtig ist, dass Ihr Kind sich selbst kennen lernt. Ein Kind lernt sich und seine Umgebung über das Verhalten seiner Eltern – vor allem über ihr Verhalten ihm gegenüber – kennen. Was alles dazu gehört und zu Schutz-Faktoren im Entwicklungs-Verlauf werden kann, wird uns erst dann bewusst, wenn wir uns

die Bedürfnisse von Säuglingen und Kleinkindern genauer anschauen.
Babyartikel-Hersteller bieten heute eine Baby-Erstausstattung an, die den
Säuglingseltern die betreuungsintensive Anfangs-Zeit erleichtert – zum Beispiel beim An- und Ausziehen und beim Transportieren. Über solche „techni-
schen" Erleichterungen für die Eltern hinaus kommt es jedoch vor allem darauf an, sich auf die Bedürfnisse seines Kindes zu konzentrieren. Dann wird
dem Kind nichts fehlen – dessen können Sie sich sicher sein. Sie als Eltern haben die – nicht ganz leichte – Aufgabe, die Bedürfnisse Ihres Kindes zu erkennen. Und dazu gehört viel Einfühlungs-Vermögen.

**Ihr Kind ist am Anfang seines Lebens vor allem an der „sozialen Aus-
stattung" seiner Umgebung interessiert. Seine Wünsche betreffen
allein seine Eltern, seine Geschwister oder die Menschen, die bei ihm
Elternstelle einnehmen.**

- Es ist der Wunsch nach Wärme und Schutz, nach Körperkontakt – wie
  getragen, gestreichelt und in den Armen gewiegt zu werden – und nach
  weiteren Anwesenheits-Signalen der Bezugspersonen, die ihm eindeutig beweisen, nicht allein zu sein. Die vertrauten Gerüche und Stimmen geben Sicherheit.
- Es ist der Wunsch, immer in der Nähe zu sein, weil Familiengeräusche
  beruhigen. Nur im Familienkontakt ist gewährleistet, dass kindliche
  Kontaktrufe oder gar Verlassenheits-Weinen auch sicher gehört werden.
- Es ist der Wunsch zu saugen und keinen Hunger, sondern ein angenehm gefülltes Bäuchlein zu haben.
- Und nicht zuletzt ist es der Wunsch nach einfühlsamen und vorher-
  sehbaren Antworten auf eigene Verhaltens-Initiativen und Signale –
  und der Wunsch nach prompter Befriedigung all seiner Bedürfnisse,
  die noch nicht aufschiebbar sind und ein kleines Kind bei Nichterfül-
  lung schnell in existentielle Not stürzen können.

Jedes Kind nimmt seine Umgebung in den ersten Wochen und Monaten vor allem vermittelt durch Familienmitglieder wahr. Sie gleichen seine anfängliche Immobilität und seine jetzt noch eingeschränkte Wahrnehmungs-Fähigkeit aus und machen ihm seine Lebens- und Erfahrungs-Welt immer mehr zugänglich. So lernt der Säugling den Platz kennen, an dem er regelmäßig gepflegt und gewickelt wird, die Orte, wo er gestillt

Auf Mamis Arm:
Sicherheit und Geborgenheit

oder gebadet wird, wo er einschläft und wo er aufwacht. Er lernt, wie Mama und Papa sich anfühlen, wie sie riechen, aussehen und reagieren. Es sind die Eltern, die ihn auf visuelle und akustische Reize aufmerksam machen, Gesehenes und Gehörtes benennen und zum Berühren anbieten.

Auf dem Arm der Eltern wird die kindliche Beweglichkeit und die Reichweite seiner Ärmchen vergrößert. Nur jemand Vertrautes kann die Aufmerksamkeit des Babys auf bestimmte Punkte lenken und damit beginnen, seine Umgebung vorzustrukturieren.

Eltern vermitteln Sicherheit und Geborgenheit, helfen wahrzunehmen und zu verstehen. Das ist wichtig, das braucht ein Säugling. Das wissen wir mit Sicherheit.

Die beste Baby-Erstausstattung: Engagierte und liebevoll zugewandte Eltern

Sie als Eltern sind die ersten Interaktions-Partner Ihres Kindes. Sie vermitteln viele für seinen Start äußerst wichtige Eindrücke, wie zum Beispiel die erfreuliche Wahrnehmung: *„Da ist jemand für mich da, der sich um mich kümmert und mich versteht."* Das sind die Erfahrungen, die ein Kind von Anfang an braucht, um sicher zu werden und im Leben stark zu sein.

Als Eltern machen Sie ganz automatisch vieles richtig, wenn Sie sich Ihrem Baby nahe fühlen und es als neues, lang ersehntes Familienmitglied empfinden. Denn unter diesen Voraussetzungen startet das sogenannte **intuitive Elternprogramm**. Das ist all das elterliche Verhalten, das allein dadurch gesteuert wird, dass Mutter oder Vater das Befinden und die Bedürfnisse ihres Babys ganz unmittelbar, ausschließlich gefühlsmäßig erfassen. Sie merken, während Sie Ihr Kind liebevoll anblicken, „aus dem Bauch heraus", was ihm jetzt gut tut und wie Sie ihm dabei eine Hilfe sein können – ohne je eine „Eltern-Ausbildung" absolviert zu haben.

Dafür braucht man übrigens noch keine Erfahrung im Umgang mit Babys. Man muss auch nicht viel über dieses Thema gelesen haben. Mütterlich oder väterlich zu reagieren klappt fast automatisch, sobald man sich mit Begeisterung und Ruhe auf seine Eltern-Rolle einlässt.

Jede Mutter und jeder Vater weiß natürlich, dass gerade in der Anfangs-Zeit mit einem Säugling Begeisterung und Ruhe durchaus mal nachlassen können – nach vielen schlaflosen Nächten, scheinbar nie endendem Babygeschrei und einem völlig chaotisch verlaufenen Tag, der offensichtlich allein durch den Rhythmus des Babys bestimmt wurde.

> ➤ *Mütterlich oder väterlich zu reagieren klappt fast automatisch, wenn man sich auf seine Eltern-Rolle einlässt.*

Dann ist es gut und wichtig, nicht allein zu sein, sondern einen verständnisvollen Partner, liebevolle Verwandte oder echte Freunde zu haben, um sich mal kurz zu erholen und mal wieder durchatmen zu können, während jemand anderes sich zuverlässig um das Baby kümmert. Danach freut man sich wieder aufeinander und hat neue Kraft. Jetzt jemanden an der Seite oder zumindest in der Nähe zu haben, der bereits über einige Erfahrung mit Babys verfügt und mit Kenntnissen, Rat und Tat zur Stelle ist, kann dazu beitragen, dass Eltern und Kind viel schneller den Umgang miteinander lernen und sich über ihre gegenseitigen Erfolge freuen können. Sicher ist man auch spätestens jetzt motiviert, sich in Elterngruppen auszutauschen oder sich auf anderen Wegen Wissen über Säuglings-Entwicklung anzueignen.

Eltern wollen es richtig machen. Und sie wollen am Verhalten ihres Kindes ablesen, dass sie es richtig gemacht haben. Wenn Kompetenz-Gefühle aufkommen wie: *„Wir schaffen das von Tag zu Tag besser miteinander"*, dann verschwindet die Angst, etwas falsch zu machen. Mit mehr Leichtigkeit kommt die intuitiv startende Elternschaft noch stärker zum Zuge – und passt sich mit zunehmendem Wissen immer besser an die kindlichen Bedürfnisse an.

➤ *Eltern zu sein lernt man nicht. Eltern sein kann man – von Natur aus.*

In den letzten Jahren mehren sich die wissenschaftlichen Nachweise dafür, dass wir über ein intuitives Elternprogramm verfügen, das sich während der gesamten Menschheits-Geschichte immer weiterentwickelt hat – als evolutionsbiologische Anpassungs-Leistung. Die Natur arbeitet hier mit Tricks, mit Auffangnetz sozusagen. Damit das gegenseitige Vertrautwerden zwischen einem Kind und seinen Eltern auch recht sicher klappt, stattet sie beide Partner mit den jeweils nötigen Voraussetzungen aus. So passen sie in gemeinsamen Aktionen hervorragend zusammen – und das sogar ohne genaue Kenntnisse der Eltern.

Es ist immer wieder überraschend zu beobachten, wie selbst *die* Eltern, die davon überzeugt sind, dass ihr Säugling sie noch nicht visuell wahrnehmen kann, aktiv Blickkontakt mit ihrem Kind herstellen, indem sie ihr Gesicht immer von neuem zentral in das Blickfeld ihres Kindes bringen. Dabei achten sie auf eine gegenseitige en-face-Position der Gesichter, womit sie unwissentlich der Vorliebe des Säuglings für senkrechte und symmetrische Bilder entsprechen. Sie belohnen jedes Erreichen des Blickkontaktes mit einer regelmäßig unmittelbar folgenden Grußreaktion: Kopf und Augenbrauen werden kurz angehoben und der Mund leicht geöffnet, ihr Gesicht drückt nun erwartungsvolle Aufmunterung aus. Das Kind erlebt die Grußreaktion als häufige und sicher wiederkehrende Antwort der Eltern auf sein eigenes Blickverhalten. Der erste soziale Austausch findet statt.

Alle Eltern betrachten ihr Kind beim Wickeln aus der für Erwachsene optimalen Sehentfernung, nämlich aus 40-50 cm Abstand. Genau richtig, um wunde Stellen am Po, Cremereste oder den Klebeverschluss der Windel genau sehen zu können.

Sobald die Eltern jedoch mit dem Baby ein Zwiegespräch beginnen, schäkern und lachen, nähern sie „ganz automatisch" ihr Gesicht dem des Kindes auf durchschnittlich 22,5 cm an – ein Abstand, der jetzt wiederum der zum Scharfstellen optimalen Sehentfernung des Neugeborenen entspricht.

Eltern merken intuitiv, wie ihr Kind ihr Gesicht sucht. Und sie korrigieren so lange unbewusst ihre Kopfhaltung, bis sein aufmerksamer Blick – bald mit einem glücklichen Lächeln gekoppelt – signalisiert, dass es nun genau der richtige Winkel für mimische Gespräche ist.

So kann von Natur aus eine intensive Kontaktaufnahme gestartet werden, die weitere Entwicklungs-Prozesse ankurbelt – und das alles zur größten Freude und Befriedigung für Eltern und Kind. Läuft das System, ist die Belohnung Wohlbefinden und Glücksgefühl. Eine bessere Motivation, um genauso weiterzumachen, sich hierfür anzustrengen, um vielleicht sogar noch besser zu werden, gibt es nicht.

Das intuitive Eltern-Programm:
Liebe „aus dem Bauch heraus"

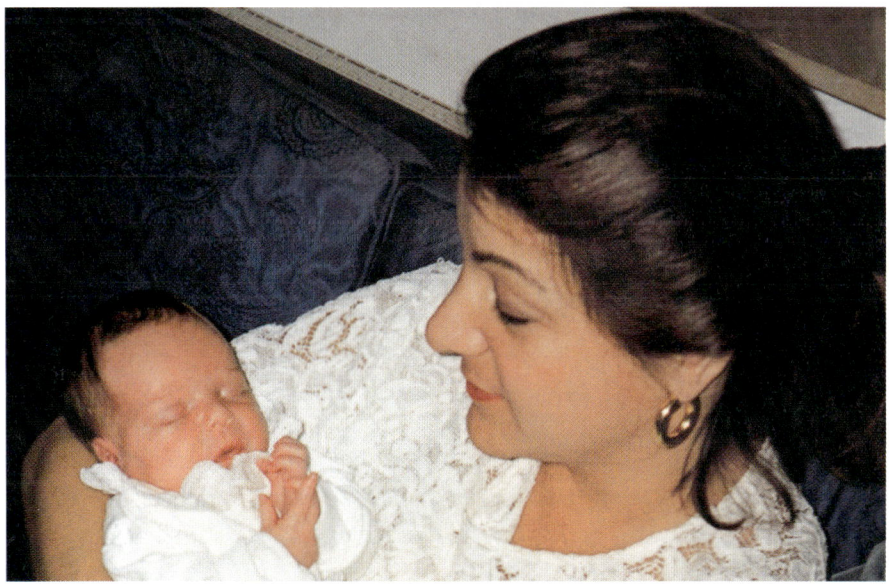

➤ Der Zauberschlüssel ist die einfühlsame und prompte Reaktion auf die kindlichen Signale.

Was Eltern-Kind-Interaktionen zu besonders guten Eltern-Kind-Interaktionen macht, weiß man heute recht gut. Die Qualität der Beziehung zwischen einem Kind und seinen Eltern, gestartet durch das intuitive Eltern-programm, kann anhand einiger weniger Punkte abgelesen werden.

Der Zauberschlüssel, um die kindliche Interaktions-Fähigkeit zu starten, ist bekannt: Es ist die einfühlsame, für die jeweilige erwachsene Person typische, also immer etwa gleichartige und prompte Antwort-Reaktion auf kindliche Verhaltens-Signale. Der Sender (Kind) richtet seine weiteren Mitteilungen an der Antwort-Qualität seines Empfängers (Eltern) aus.

Eine gelungene Interaktion zwischen Eltern und Säugling ist dadurch gekennzeichnet, dass die elterlichen Verhaltensweisen ...

- **sofort erfolgen,** also „passen" und nicht lange auf sich warten lassen. Eine schnelle Antwort macht das Baby zufrieden, denn sie erlöst es aus Unwohlsein oder Unsicherheit.

- **zuverlässig erfolgen,** damit das Kind sich darauf verlassen kann, dass eine Reaktion kommt und schnell lernt, wie diese vermutlich aussehen wird. Bald kann das Kind die Antworten treffsicher seiner Mutter oder seinem Vater zuordnen. Der Wiedererkennungswert erleichtert den Umgang mit verschiedenen Ansprechpartnern und macht die Unterhaltung spannender. Der Aspekt „soziale Erfahrung" kommt hinzu.

- **auf den Entwicklungs-Stand des Kindes und sein momentanes Befinden abgestimmt sind** – und damit sowohl dem Alter des Kindes entsprechen, als auch Zeiten der Hochform oder Momente des Unwohlseins oder gar besonderer Unruhe bei der Antwortwahl berücksichtigen.

Eine hohe Antwortbereitschaft haben Eltern, die sofort auf die kindlichen Signale reagieren. Ihr Kind braucht Eltern, die nicht nur anwesend, sondern ansprechbar, und berührbar sind. Nur wenn kindliche Aktion und elterliche Reaktion zeitlich direkt aufeinander folgen, kann das Kind beide Verhalten als zusammengehörig wahrnehmen. Und nur dann wird es sein gezeigtes Verhalten als beantwortet empfinden. Wissenschaftliche Analysen zeigen, dass engagierte, nicht zu sehr belastete Eltern mit ihren Reaktionen intuitiv tatsächlich das optimale Zeitfenster einhalten, das dem Säugling eine positiv verbuchte Wahrnehmung ermöglicht.

Sie müssen jetzt allerdings nicht mit der Stoppuhr neben Ihrem Kind stehen und – auf die Plätze, fertig, los! – lächeln, sprechen oder streicheln. Sie brauchen gar nicht darüber nachzudenken – das würde alles sogar ins Stocken bringen. Es gelingt Ihnen sehr oft, die äußerst kurze Reaktions-Zeit während des Interaktions-Pingpongs – ganz automatisch – auf Ihr Kind abgestimmt einzuhalten. Sie verfügen über Ihr eigenes intuitives Eltern-Programm. Da hat die Natur vorgesorgt.

Leider kann es dennoch immer wieder zu Pannen kommen. Zu viel Einsamkeit, körperliche und psychische Überlastung, aus der eigenen Kindheit mitgeschleppte Angstgespenster, die immer noch auf Emotionen und Reaktionen Einfluss nehmen, können die intuitiven Fähigkeiten der Eltern behindern oder blockieren. Die Aktionen und Bemühungen der Kinder, einen Kontakt mit ihren Eltern anzubahnen, gehen dann ins Leere. Unter diesen Umständen verlernen Kinder ihre angeborenen Fähigkeiten zum gelungenen Dialog. Man kann nur hoffen, dass – bevor das passiert – genügend Ansprech- und Gefühlspartner für Mutter und Kind zur Verfügung stehen und ein soziales Netz die beiden „Interaktions-Partner in Gefahr" auffangen kann.

> **➤ *Ein Drittel aller Interaktionen zwischen Mutter und Kind läuft auf Anhieb optimal ab.***

Mit dem heutigen Wissen ist es möglich, kindliches und elterliches Verhalten besser aufeinander abzustimmen. So helfen zum Beispiel Schreiambulanzen verunsicherten Eltern, ihre verloren geglaubten Kompetenzen im Umgang mit ihrem Schreibaby wiederzufinden. Oft ist dann auch professionelle Hilfe nötig, um nachzuholen, was die Natur beim ersten Anlauf nicht allein bewirken konnte.

Im Normalfall stößt ein Kind bei seinen Dialog-Versuchen auf die passende Resonanz seiner Eltern. Dann kann ein nur wenige Wochen alter Säugling bereits eine Verbindung zwischen seinem Verhalten und den beruhigenden Verhaltensweisen seiner Bezugspersonen herstellen: *„Wenn ich sage, wie es mir geht, versuchen Mama und Papa möglichst schnell alles, damit es mir wieder oder weiterhin gut geht.“* So dürfen wir uns die Erfahrung vorstellen, die ein Kind in dieser Zeit macht.

➤ *Wenn die Interaktion zwischen Kind und Eltern klappt, kann sich Selbstvertrauen entwickeln.*

Genau diese Erfahrung ist sehr wichtig, weil sie dem Baby zum ersten Mal zeigt, dass es selbst, so klein es ist, einen Effekt erzielen kann – und das in unterschiedlichen Situationen immer wieder. Es muss sich also nicht ohnmächtig und hilflos erleben.

Mikroanalysen zeigen, dass ein Drittel aller Interaktionen zwischen Mutter und Kind sofort optimal koordiniert ablaufen, also auf Anhieb passen. Der Sender (Kind) erreicht mit seiner Botschaft den Empfänger (Mutter). Eigentlich ist das Grund genug für beide Seiten, stolz zu sein und Vertrauen zu sich selbst zu haben. Die kleine Sensation geht aber noch weiter: 70% aller Missverständnisse werden innerhalb von zwei Sekunden repariert.

Dass ein Drittel aller „Gespräche“ zwischen Mutter und Kind sofort harmonisch koordiniert ist, ist schon toll. Doch langfristig mindestens genauso bedeutungsvoll für die Erfahrung des Kindes sind die 70% – nämlich die vielen schnurstracks nachgebesserten Interaktionen. Die elterlichen Bemühungen zeigen dem Kind, wie wichtig es seiner Mutter und seinem Vater ist, es richtig zu verstehen. Diese Szenen melden ihm aber auch zurück, dass es durchaus über Fähigkeiten verfügt, sich klar auszudrücken – und dass es aktiv daran beteiligt ist, seine Bedürfnisse befriedigt zu bekommen.

Es ist mit Sicherheit ein gutes Gefühl, Spannungs- und Interaktions-Regulierung als Ergebnis eigener Bemühungen zu erleben. Genauso wird viel Positives beim Kind ankommen, wenn auch die Eltern – die Interaktions-Partner auf der anderen Seite – merken, wie gut der Kontakt läuft. Das Kind lernt: *„Ich kann etwas bewirken, ich bin wichtig."* So kann sich Selbstvertrauen entwickeln.

Die Mitgift des Babys:
Seine Säuglings-Kompetenzen

Wir kommen angesichts der seit Jahren eintreffenden Meldungen über Säuglings-Fähigkeiten gar nicht mehr aus dem Staunen heraus. Alles spricht dafür, dass diese Start-Kompetenzen dazu da sind, die Erwachsenen für ihr Kind zu interessieren, sie emotional anzusprechen, sie zu bewegen, sich ihrem Kind zuzuwenden und ihm nun ihrerseits als Entwicklungs-Motor zur Verfügung zu

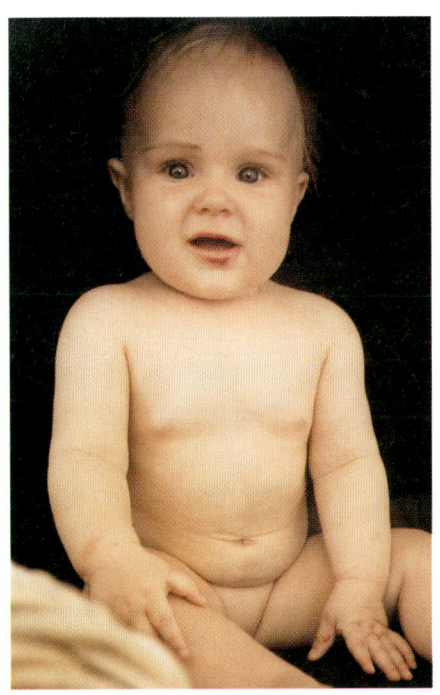

stehen. *„Der Wahrnehmungs-Apparat des Säuglings ist ‚geeicht' auf die Eigenarten seiner Eltern: Das heißt, die Eltern bieten genau das, was den Säugling fasziniert",* betont die Entwicklungs-Psychologin *Karin Grossmann.*

Ein Säugling sieht – zwar im Vergleich zu späteren Jahren mit einem noch recht begrenzten Spektrum an visuellen Möglichkeiten – doch für seine Ansprüche genau „richtig". Und Eltern wissen das intuitiv und bieten ihm, wie wir gesehen haben, möglichst optimale Voraussetzungen.

*„Ich kann etwas bewirken.
Ich bin wichtig."*

Zeigt man Neugeborenen, jünger als 48 Stunden, Tafeln mit verschiedenen Mustern, so fixieren sie Schema-Zeichnungen eines menschlichen Gesichts am längsten. Wenige Wochen später geht ihre Interessens-Bekundung über bloßes Fixieren hinaus: Ein Lächeln kommt

> ### ➤ Als Säugling „weiß" man, wie man die Erwachsenen für sich gewinnt.

hinzu. Das Vorhandensein zweier nebeneinander liegender Punkte ist entscheidend, die Präsentations-Tafel als ein Gesicht zu interpretieren. Gesichter werden länger fixiert, wenn die darin gezeichneten Augen geöffnet sind. Angelächelt wird sowieso nur ein Gesicht mit zwei geöffneten Augen. Ganz wesentlich für das Interesse an einem Gesicht ist, ob es sich dem Kind nähert, bewegt wird und mimisch ausdrucksvoll ist.

Ein Säugling hört – am besten im Frequenzbereich der menschlichen Stimme – besonders aufmerksam auf die Charakteristika des sogenannten Babytalks, die trotz großer Unterschiede zwischen den Sprachen in allen Kulturen sprachmelodisch identisch sind. Beim Babytalk werden elementare (Gefühls-) Botschaften ausgetauscht, die erst heute als Beginn des Sprachverständnisses begriffen werden.

> ### ➤ Säuglinge brauchen die Gefühls-Beziehung. Ein Nachrichten-Sprecher im Fernsehen spricht sie nicht persönlich an.

Bei diesen Sprachmelodien wird das Kind aufmerksam. Das scheint auch äußerst wichtig zu sein, weil es dadurch mal zur aktiven Teilnahme am Dialog aufgefordert, ein anderes mal liebevoll begrüßt oder bestätigt, genauso aber auch getröstet und beruhigt werden kann.

Die besondere Aufmerksamkeit des Säuglings für das Gesicht von Mutter oder Vater haben wir bereits angesprochen. Dieses Gesicht vermittelt ihm Emotionen, die mit Sprachlauten verbunden sind. Elterliche Mimik und die akustische Wahrnehmung bereiten den Säugling auf den Spracherwerb vor. Eine noch so perfekt gemachte Nachrichtensendung mit einem geschulten Sprecher kann einen Säugling nicht auf das Sprechen vorbereiten. Das Problem ist: Der Mann vor der Kamera spricht den Säugling einfach nicht persönlich an. Erst die Gefühlsbeziehung veranlasst den Säugling, auf den Sprechenden zu achten.

Ein Säugling gibt Laute von sich – wohl differenziert und für seine vertrauten Bezugspersonen auch mit hoher Treffsicherheit seinem momentanen Zustand zuzuordnen.

- Den *Kontakt-Laut* hört man vor allem nach dem Aufwachen, wenn das Kind keine Anwesenheits-Signale der Bezugsperson wahrnimmt. *„Ist jemand da, oder bin ich allein?"* heißt der Laut übersetzt. Eine Mutter kennt den Laut und weiß: Wenn sie darauf nicht reagiert – das Kind nicht anspricht oder auf den Arm nimmt oder zumindest in sein Blickfeld tritt – beginnt das Verlassenheits-Weinen, ein uraltes biologisches Erbe, um den schützenden Kontakt zur Familie nicht zu verlieren.

- Beim *Unmuts-Laut* handelt es sich um eine Serie mehrerer kurzer Einzel-Laute, die sich rhythmisch wiederholen. Das Baby signalisiert damit aktuelles Unbehagen und fordert seine soziale Umwelt auf, Abhilfe zu schaffen oder die eben an ihm durchgeführte Handlung nicht zu wiederholen. War sie unbedacht, entschuldigen wir uns (*„Was hat die Mama denn da für einen Quatsch gemacht!"*). Ist sie nötig, trösten wir und versichern, dass sie ganz schnell vorbei sein wird.

- Den *Schlaf-Laut* kennen Eltern, die Zimmer oder Bett mit ihrem Baby teilen. Er wird in unregelmäßigen Abständen, etwa viermal in der Stunde, während des Schlafs geäußert. Der wohlig klingende Laut bedeutet *„Mit mir ist alles okay, du brauchst dir keine Sorgen um mich zu machen."* Er ist eine Art beruhigende Rückversicherung für die Mutter, die sie unbewusst im Halbschlaf wahrnimmt, mitunter sogar (unbewusst oder bewusst) mit einem ähnlichen Laut beantwortet.

- Der *Trink-Laut* ist am bekanntesten, weil er jede Mahlzeit begleitet. Er ist häufiger beim Stillen als beim Trinken aus der Flasche zu hören. Mehr als einmal pro Sekunde äußert der Säugling diesen zufrieden klingenden Laut und gibt damit zu erkennen, dass die Synchronisation zwischen ihm und seiner Mutter stimmt und der Milchfluss in Ordnung ist.

- Der *Wohligkeits-Laut* wird der beliebteste unter den frühkindlichen Lautäußerungen sein. Er klingt wie ein begeistertes „*Aaaa*" und wirkt als Belohnung, dass es gelang, alle Bedürfnisse zu befriedigen. Hört man ihn, hat man ein sich wohl fühlendes Baby vor sich – etwa nach der Mahlzeit auf dem Schoß der Mutter, wenn das Kind satt ist, noch nicht müde und deshalb an Unterhaltung interessiert.

Der Säugling kann noch vieles mehr, was den Kontakt mit ihm fördert.

Mütter können bereits wenige Minuten nach der Geburt ihr eigenes Kind zuverlässig am Duft von anderen ebenfalls gerade geborenen Babys unterscheiden. Doch der Säugling hat durchaus vergleichbare Leistungen zu bieten:

Ein Säugling riecht seine Mutter, erkennt ihren Brustgeruch, ihren Achselgeruch, die geruchliche Spezialität des Hals-Schulter-Bereichs. Und er kann all diese Düfte – bereits wenige Stunden nach der Geburt – von den entsprechenden Gerüchen anderer Frauen unterscheiden.
Woran erkennt man diese Differenzierungs-Leistung? Das Kind zeigt je nach Situation klare Vorlieben und eine durchaus unterschiedliche Aufmerksamkeit für die einzelnen Wahrnehmungen. Hat es Hunger, zieht es den Brust- und Achselgeruch vor – durchaus verständlich, denn in der Nähe dieser Duftquellen möchte es zum Liegen und Trinken an der Brust kommen. Satt, aber noch un-

ruhig, folgt es seiner Nase zum Hals, zur Schulter. Denn hier kann es sich in senkrechter, den Magen entlastender Position ankuscheln und in den Schlaf gleiten lassen.

Das neugeborene Kind ist ein Säugling. Der Begriff kommt von der Tatsache, dass das Kind gesäugt wird.

Der Säugling ist aber auch ein Tragling. Denn sein Körperbau und seine Ver-haltens-Ausstattung machen uns darauf aufmerksam, dass er darauf vorberei-tet ist, viel getragen zu werden – also möglichst oft in engem Körperkontakt mit seiner Mutter zu sein. Sein Bedürfnis nach mehr Kontakt, richtig an den Körper genommen zu werden, signalisiert er bereits eindeutig und mit hohem Aufforderungs-Charakter, bevor seine laute Protest-Stimme einsetzt, indem er auf dem Rücken liegend die Oberschenkel spreizt und die Unterschenkel an-hockt. *„Ich will hoch, auf deinen Arm!“*

In dieser Haltung aufgenommen, passt er genau seitlich auf die Hüfte von Mut-ter oder Vater, stabilisiert diesen Sitz aktiv mit und wird allein durch die auf-rechte Körperhaltung wahrnehmungsbereiter für die eintreffenden Umge-bungs-Reize. Babykörpergerechte Tragetücher und Tragebeutel vergrößern bei gleichem Effekt den Tragekomfort für Eltern und Kind.

Die Auflistung der Kompetenzen könnte fortgesetzt werden. Doch soll eine kleine Sensation hier den Schluss bilden.

Der Säugling macht Gesichtsausdrücke seiner Eltern nach. Die Fähigkeit zur Mimik-Imitation ist bei wenige Tage, selbst wenige Stunden alten Neuge-borenen nachgewiesen. Sie sind in der Lage, sich bewegende Mimik-Vorbil-der – wie zum Beispiel den Mund öffnen, die Zunge herausstrecken und die Lippen bewegen, mit identischen eigenen Bewegungen zu beantworten. Und zwar, ohne für diese Mimikpräsentation bereits über individuelle Erfahrungen zu verfügen.

Das ist zweifellos eine angeborene Fähigkeit des Säuglings. Aber wozu ist sie gut? Denn nach einigen Wo-

> ➤ *Säuglinge sind beeindruckende Interaktions-Partner.*

chen ist das Imitieren in dieser auto-
matisierten Form nicht mehr auslös-
bar. Erst wenn mit fast einem Jahr eigene   Mimikerfahrung   vorliegt,
beginnt das Kind wieder – nun aber
bewusst – Gesichter nachzumachen.
Viele Wissenschaftler gehen davon
aus, dass die Natur hier mal wieder
mit List arbeitet, um die physische
wie emotional aufwendige Versor-
gung eines hilflosen Wesens zu sichern. Durch Mimik-Imitation erscheint   das   Kind   aufmerksamer,
interaktiver und sozial attraktiver. Es
„belohnt" sozialen Kontakt in einer
Zeit, in der derartige Signale noch relativ begrenzt sind. Belohnend, bandstiftend, beziehungsaufbauend wirkt
diese Spezialfähigkeit: *„Schau mal,
wie wichtig du mir bist, wie aufmerksam ich dich betrachte. Ich bin ernst
zu nehmen – also kümmere dich auch
um mich!"*
Fassen wir noch mal zusammen: Die
Babyforschung hat im Säugling einen
beeindruckenden   Interaktions-Partner entdeckt – ausgestattet mit diffe-
renzierten   Einzelfähigkeiten   und
überzeugenden Leistungen, mit einem   reichen   Verhaltens-Repertoire

*„Nimm mich ernst –
und kümmere Dich um mich"*

zum sozialen Austausch und mit einer fast grenzenlosen Lernkapazität. Vorausgesetzt, die „Umwelt" bietet die für einen Erfahrungs-Gewinn nötigen Sin-
nes-Eindrücke liebevoll zugewandt und angemessen.

Der Säugling ist also keineswegs hilflos, sondern ein absoluter Spezialist mit allen damit verbundenen Vor- und Nachteilen. Sein Spezialgebiet: Den Kontakt mit seinen Bezugspersonen dank immer mehr Erfahrung immer besser zu regulieren.

Voraussetzungen für seinen ungestörten Einsatz als Spezialist sind seinerseits eine gut funktionierende Verhaltens-Ausstattung zur Kommunikation und das dazu passend angelegte Verhaltens-System auf Seiten der erwachsenen Bezugspersonen. Die Passung und beeindruckende Dialogstruktur der Interaktionen zwischen Säugling und Eltern sollten aber nicht vergessen lassen, dass die Beziehungs-Qualität in überwiegendem Maße von den erwachsenen Interaktions-Partnern bestimmt wird. Sich an zumindest eine Person zu binden, ist eine biologische Vorgabe in der kindlichen Entwicklung. Ob sich

> ***Säuglinge sind Spezialisten für Kontakt-Aufbau und -Regulierung.***

eine sichere Bindung entwickelt oder die Bindung des Kindes an die Bezugsperson von Unsicherheit und Verlustangst geprägt und nur durch spezielle Anpassungen – auch Verhaltens-Störungen genannt – erträglich wird, hängt von der Gestaltung dieses Beziehungs-Aufbaus ab. Und der wird weitgehend von der Feinfühligkeit der Eltern bestimmt.

Ist diese Beziehung in frühester Kindheit aber bereits stabil und sicher, ist schon ein wichtiger Bestandteil der **Schutz-Erziehung** geleistet. Denn ein Kind, das in einem geborgenen Elternhaus aufwächst, kennt bereits eigene Stärken und hat Sicherheit erfahren und es muss sich erst gar keinen Ersatz oder Ventile dafür suchen.

So lernt Ihr Kind,
sich selbst zu mögen

Erst mit Vertrauen in sich selbst gewinnt ein Kind Vertrauen ins Leben – und damit die Unabhängigkeit von Angst, Gewalt und Sucht. Deshalb müssen Kinder von Anfang an lernen, sich selbst zu mögen.

> ➤ *Das Kind braucht seine Eltern als „Spiegel", um zu sich selbst zu finden und sich zu akzeptieren.*

Und dazu braucht jedes Kind am Anfang die Hilfe „von außen". Eltern sind in ihren Startfunktionen durch nichts zu ersetzen. Seine Säuglings-Kompetenzen und die Resonanz seiner Eltern unterstützen das Kind bei Selbstfindung und bei Selbstakzeptanz. Hier einige Stationen dieses entscheidenden Weges:

Kinder ahmen in den ersten Lebenstagen das Gesicht ihrer Eltern nach. Schaut man Eltern und Kind bei ihren Interaktionen etwas länger zu, bemerkt man plötzlich, dass auch Eltern häufig dazu neigen, kindliche Verhaltens-Äußerungen nachzuahmen. Wie ein „biologischer Spiegel" formen die Eltern den Gesichts-Ausdruck nach, den das Baby gerade macht: das Lächeln, den Schmollmund, das Gähnen – immer unterstützt durch eine passende Gestik oder Lautäußerung, meist begleitet durch einen erklärenden Kommentar. Nicht selten übertreiben Eltern dabei ein bisschen, wiederholen die Sequenz immer wieder und machen unerwartet kleine Abwandlungen, die das Kind zum erneuten Nachmachen und zur Korrektur der bisherigen Mimik reizen.

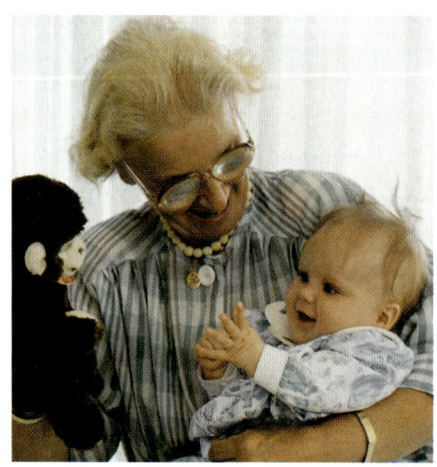

Selbstfindung im biologischen Spiegel

Der biologische Spiegel ist übrigens eine optimale Möglichkeit, um Instruktionen zu erteilen und Erfahrung weiterzugeben.

Ein Beispiel aus dem Alltag:
Die unterschiedliche Konsistenz unserer Nahrung erfordert viele verschiedene Ess-Methoden, die ja alle zuerst einmal gelernt werden müssen. Am besten lernt man, wenn man etwas vorgemacht bekommt. Erwachsene, die ein Kind füttern, demonstrieren auf ihrem Gesicht unbewusst die Bewältigung der jeweiligen Ess-Situation – und zwar weltweit in der gleichen Weise. Vor den Augen des Kindes läuft ein Kurzfilm ab, in dem es abschauen kann, wie diese Ess-Hürde zu bewältigen ist: Also zum Beispiel den Mund öffnen, wenn sich ein Löffel nähert. Hat dieser dann seine Ladung abgeliefert, schnell den Mund wieder schließen, vor allem bei flüssiger Nahrung. Es wird aber auch gezeigt – und das genauso unbeabsichtigt – wie man mit der Zunge ein entwischendes Stückchen wieder reinholen kann, wie man ein Eis leckt oder gar – bereits Akrobatik, mit der Zunge – einen Kern aus dem Fruchtfleisch löst, diesen nach außen befördert, das Fruchtfleisch aber zum Aufessen im Mund behält.

Durch Vor- und Nachmachen fördern Eltern die Nachahmungs-Bereitschaft ihres Kindes und bieten ihm zahlreiche Variations-Möglichkeiten an. Aber das ist nur *ein* Aspekt – der sofort offensichtliche.
Der Elternspiegel ermöglicht noch weiter reichende Einblicke. Eltern tragen nämlich durch das Widerspiegeln kindlicher Verhaltens-Äußerungen auch zur Entwicklung der kindlichen Selbstwahrnehmung bei: Sie ermöglichen ihrem Kind, sich in ihrem Gesicht selbst zu erblicken.
Das heißt für das Kind: Ein anderer Mensch stellt ihm seine Wahrnehmung und seine Ausdrucks-Möglichkeiten zur Verfügung – und dadurch bekommt es ein Bild von sich selbst. Deckt sich das rückgemeldete Bild mit seinen eigenen Empfindungen?

Auf dieser Vermittlungs-Arbeit bauen viele weitere Entwicklungs-Prozesse auf, die für die Selbstfindung jedes Menschen wichtig sind. Bei jeder Interaktion geht es nämlich nicht nur um den Austausch von Informationen, sondern auch von wichtigen Botschaften – zum Beispiel, wie beide (Kind und Eltern) die gemeinsame Beziehung empfinden: *„Wie sieht der andere mich?"* · *„Wie versteht und interpretiert er mich?"* · *„Passt seine Rückmeldung zu meinem Empfinden?"*

Eins ist klar: Die hin- und hergesendeten Botschaften sind nie frei von Gefühlen. Und ein und dieselbe Situation kann emotional von beiden Interaktions-Partnern völlig unterschiedlich eingeschätzt werden. Die Frage ist nur: Akzeptiert man die Sichtweise des anderen – oder versucht man, ihn davon zu überzeugen, alles mit den eigenen Augen zu sehen?

Für ein Kind kommt es darauf an, dass die Reaktion seiner Mutter nicht zu weit vom eigenen Erleben abweicht. Sonst erlebt das Kind zwei unterschiedliche Versionen der Realität, die an der Echtheit seiner eigenen Gefühle zweifeln lassen: *„Kann ich mir und meinen Empfindungen denn vertrauen?"*

Natürlich kann es im Dialog zwischen Baby und Mutter nicht immer optimal laufen. Das macht aber nichts. Denn auch kleine Frustrationen können für ein Kind durchaus entwicklungsfördernd sein. Auch sie muss man verkraften lernen. Aber entscheidend ist, dass beide „Gesprächs-Partner" insgesamt ein stimmiges gegenseitiges Miteinander erleben.

Dafür ist es ausschlaggebend, prompt, zuverlässig und angemessen zu reagieren. Der Erwachsene muss bereit sein, das subjektive innere Erleben des Kindes zu teilen. Ungeheuer wichtig ist es dabei, die „Dialog-Beiträge" des Kindes sprachlich zu bestätigen, damit eine gemeinsam gelebte Wirklichkeit entsteht. Denn gemeinsame Erlebnisse geben den kindlichen Erfahrungen Konturen und Orientierung. Je breiter die Skala der gemeinsamen Aktionen,

> ➤ *Gemeinsame Erlebnisse geben den kindlichen Erfahrungen Konturen und Orientierung.*

Emotionen, der Aktivierung und Vitalität ist, die ein Kind mit seinen Bezugspersonen erleben darf, desto farbiger und lebendiger wird seine Welt. Es erfährt immer mehr über sich, es versteht immer mehr Teile seines Befindens –

und es kommt immer besser damit zurecht. Und das macht Ihr Kind schon in frühester Kindheit stark für sein späteres Leben.

Wenn Sie die folgenden Sätze laut lesen und dabei in die Rolle der Mutter schlüpfen, merken Sie sofort, dass Lautstärke, Sprech-Geschwindigkeit und Betonung sich der jeweiligen Stimmungs-Situation Ihres Kindes anpassen:

„Jetzt ist unsere Stefanie aber müde!" · „Warum musst Du Dich denn so aufregen?" · „Das ist toll, das macht Dir Spaß!" · „Nein, das findet Mama nicht gut!" · „Oh nein, du brauchst doch keine Angst zu haben. Schau, die Mama ist schon da!"

In welchen Dialogen erfährt ein Kind am meisten über sich?
- Wenn seine Gefühle und Wahrnehmungen einfühlsam erfasst und sprachlich passend bestätigt werden
- Wenn alle Erfahrungen und Emotionen in den Dialog einbezogen werden. Alles darf angesprochen werden, nichts wird ausgeklammert
- Wenn das Kind merkt, dass vergleichbare Empfindungen in ganz unterschiedlichen Situationen erlebt werden können – dass es zum Beispiel viele Anlässe für Freude gibt

Wenn ein Kind allerdings erleben muss, dass es auf bestimmte Teile seiner Empfindungen nie eine Antwort bekommt, wird es problematisch. Ganz egal, ob es Zärtlichkeit, Ärger oder Wut äußert. Die von den Erwachsenen ausgeklammerten Empfindungen nimmt das Kind als nicht mitteilbar wahr. Sie sind aber nach wie vor als Gefühle und Erlebnisweisen vorhanden. Doch sie bleiben vom zwischenmenschlichen Erleben ausgeschlossen. Hier passiert für das Kind ein Erlebnis-Raub, der sprachlos macht. Weil seine Empfindungen und die seiner Eltern eben nie adäquat in Worte umgesetzt worden sind.

Problematisch wird es auch, wenn Eltern nur auf das reagieren, was ihnen gefällt oder was ihnen gerade passt. Dabei ignorieren sie automatisch, was ihrem Kind wichtig ist. Das führt dazu, dass das Kind selbst ein ganz anderes Bild von sich hat als das Bild, das ihm von seiner Umwelt zurückgespiegelt wird.

In dieser Situation hat es ein Kind schwer, sich selbst zu finden und mit sich zurechtzukommen. Das von außen übergestülpte falsche Selbst passt nie richtig und kann langfristig verhindern, dass ein Kind sich wirklich kennen und vor allem mögen lernt. Zu verwirrend ist die Verrechnung der höchst unterschiedlichen Meldungen von innen und außen.

Der Therapeut *Helmut Kuntz* weist darauf hin, dass man nach vielen derartigen Erlebnissen den Eindruck von sich gewinnen muss, nie in der Lage zu sein, seinen Willen bekunden zu können, der Urheber für etwas Wichtiges zu sein oder – wenn es darauf ankommt – wirken und Einfluss nehmen zu können. So ohnmächtig und hilflos kann man sich nicht mögen.

Dafür ist Vertrauen in sich selbst nötig, die Sicherheit, sich auf seine eigenen Gefühle verlassen und erfolgreich handeln zu können. Erst mit Vertrauen in sich selbst gewinnt ein Kind Vertrauen ins Leben. Und dieses Vertrauen braucht jedes Kind, um stark genug zu sein – um nicht in Angst, Gewalt und Sucht zu flüchten.

> ➤ **Erst mit Vertrauen in sich selbst gewinnt ein Kind Vertrauen ins Leben.**

Schutz-Erziehung beginnt also damit, dass Sie Ihrem Kind die Chance geben, sich selbst kennen zu lernen und selbst zu mögen.

„Ich bin so stark, dass ich auch mal schwach sein kann"

So sehr alle die Babyzeit genießen, freut sich doch die ganze Familie über jeden Entwicklungsschritt hin zum großen Kind: Wieder etwas weniger Abhängigkeit bei der Tagesgestaltung, ab und zu ein bisschen Freizeit – und das Wichtigste: deutliche Anzeichen, dass das Kind gedeiht. Das sind Ursachen für viel Freude.

- *„Stellt euch vor, der Max hat heute Nacht sieben Stunden am Stück durchgeschlafen! Wenn ich da an die ersten Nächte denke – da sind wir jetzt aber ein ganzes Stück weiter."*
- *„Jeden Nachmittag liegt Marie neben meinem Schreibtisch-Stuhl auf ihrer Kuscheldecke am Boden und spielt mit ihren Händchen und Füßchen. Sie kann sich wirklich schon toll allein beschäftigen."*
- *„Es war genau richtig, dass wir mit der Eingewöhnung so vorsichtig waren. Lena freut sich jeden Morgen auf ihre Freundinnen in der Krippe. Sogar wenn sie beim Abschied noch ein bisschen jammert, winkt sie mir dann auf dem Arm ihrer Erzieherin schon wieder fröhlich durchs Fenster zu und will dann schnell zu den anderen Kindern."*

Die Kinder selbst nehmen vor allem ihre körperlichen Veränderungen wahr – besonders, wenn sie voll Bewunderung darauf aufmerksam gemacht werden. Bald merken sie, dass der Satz *„Du bist aber groß geworden!"* ein Lob ist, auf das man stolz sein kann. In fast allen Familien kennt man das Spiel *„Wie groß ist denn unser Schatz?"*. Das rufen die Eltern oder Geschwister. Und das kleine Kind reckt sich und streckt die Ärmchen, so weit es nur kann, in die Höhe, um mit strahlendem Gesicht zu verkünden: *„So groß!"* Etwas später ist es nicht mehr das bloße Wachsen, das mit Stolz erfüllt. Jetzt kommt die Begeisterung über die flinken Beine und die geschickten Hände dazu. Jeder Ausruf *„Sarah, du kletterst ja schon prima!"* · *„Martin, fängst du denn schon an Stelzen zu laufen?"* signalisiert begeisterte Aufmerksamkeit. Das stärkt die Motivation und das Selbstbewusstsein. Das ist **Schutz-Erziehung**, die Kinder stark macht.

Solange die Entwicklung eines Kindes von außen betrachtet kontinuierlich verläuft – also immer mehr Können dazu kommt – sind alle beruhigt. Das Kind bekommt den steten Aufwärtstrend als Erfolg gutgeschrieben: *„Du machst das gut, du bist stark!"*

Doch dann kommt es unerwartet zu einem eindeutigen Rückfall: Das Kind verliert an Selbständigkeit und wird scheinbar wieder abhängiger von der Mutter.

Es weint plötzlich viel mehr, will immer Körperkontakt, dauernd auf den Arm, kann sich nicht trennen, akzeptiert keinen Babysitter, schläft nicht mehr allein, isst schlechter – und alle kriegen es mit der Angst zu tun. Was ist passiert? Wer oder was ist schuld an diesem Entwicklungs-Einbruch?

„Das ist der ganz normale Entwicklungs-Verlauf" lautet die Antwort. Niemand ist schuld. Für einige Abschnitte in den ersten drei Lebensjahren ist keine gleichmäßige Vorwärts-Entwicklung zu beobachten. Hier zeichnet sich ein auffällig ungleichmäßiger Entwicklungs-Verlauf ab. Er kommt durch altersgemäße Veränderungen im Gehirn zustande, das immer mehr ausreift und immer differenzierter arbeitet. Zu bestimmten Zeiten – meist im Abstand von einigen Wochen – finden fundamentale Umorganisationen im Zentralnervensystem statt. Sie haben zur Folge, dass ein Kind plötzlich schlagartig neue Lernformen, neue Wahrnehmungs-Praktiken und neue Fähigkeiten zur Verfügung hat: Es versteht mehr, nimmt mehr wahr und kann einiges – wie von Zauberhand geführt – besser und geschickter als noch einige Tage zuvor.

Ein großer Entwicklungs-Schritt ist passiert. Doch damit kann das Kind zunächst gar nichts anfangen. Die neuartigen Fähigkeiten wirken erstmal verunsichernd und befremdlich, weil plötzlich alles anders ist, als es ihm bisher vertraut war und ihm Sicherheit gab. Sehr typisch reagieren Kinder auf dieses Kuddelmuddel im Innern. Sie werden wieder „babyhaft". Die Fachleute sagen dazu: Sie zeigen regressives Verhalten.

> ➤ *Manche Entwicklungs-Schritte sind für Kinder erst einmal eine Nummer zu groß.*

- **Mona** (1 1/2 Jahre alt) kann die Treppe nicht mehr allein bewältigen. Bei **Pedro** (2 Jahre alt) klappt das Anziehen nicht mehr. Und abends will er plötzlich wieder sein „dickes" Fläschchen statt belegter Brote und Salat. Beide sind weinerlich und hängen im Spielkreis wie Kletten an ihren Mamas. Und für jeden Handgriff brauchen sie Hilfe. In den letzten Wochen sah das noch ganz anders aus: Da musste man sie noch dauernd von Privatexkursionen in die Nebenräume zurückholen. Und beim Auf-den-Arm-Nehmen protestierten sie heftig.

Warum traut sich ein Kind plötzlich einige Aktivitäten nicht mehr zu und fordert Hilfe? In Situationen, die es eigentlich selbständig bewältigen könnte? Warum wirkt es plötzlich so schwach und verletzlich, gar nicht mehr stark und anpackend?

Es ist ein Schutz-Mechanismus, der zum Einsatz kommt, bevor zuviel Neues die innere Stabilität gefährden würde. Um den Fortschritt zu verkraften, wird Hilfe geholt – und zwar bei den schon für Schutz bekannten Bezugspersonen. Bei Mama und Papa rückversichert sich das Kind, dass zumindest in

> ➤ **Nur wer mal klein sein darf, kann groß werden.**

der Beziehung zu ihnen alles beim Alten geblieben ist – auch wenn sich die Welt um es herum unerwartet verändert, sich vorerst noch unüberschaubar vergrößert hat. Nur mit dieser Rückendeckung, wieder ganz klein und hilflos sein zu dürfen, verkraftet es die Umstellungen.

Soweit, so gut. Aber ein weiteres Element muss dazukommen, wenn ein Kind nicht für immer an Mamas schützendem Rockzipfel hängen bleiben und nur in ihrem Arm liegen und davon träumen möchte, was es inzwischen alles bewerkstelligen könnte – wenn es nur den Mut zum Absprung hätte.

Dieses Element kommt: Es gibt Krach, und zwar einen heilsamen.

- Die Mutter gewährt wieder mehr Nähe, aber dann entzieht sie sich genervt, das Kind fordert sie mit Nachdruck zurück, sie willigt kurz ein, entzieht sich dann wieder, das Kind fordert nach usw. Dieser Interessens-Konflikt ist der Motor, der das Entwicklungs-Geschehen weiter bringt.
- Das Kind signalisiert: *„Ich brauch' dich, ich kann das nicht, ich will das nicht ohne dich machen."*
- Die Mutter meldet: *„Du brauchst mich nicht, du kannst das prima allein. Ich weiß das. Ich kenn' dich, du wirst sehen, dass es geht."*

Das Wunder geschieht: Es geht. Der Sprung ist getan und damit die Hürde genommen. Jetzt geht es wieder aufwärts.

Der mütterliche Widerstand – den Rückfall nicht längerfristig, sondern nur zum kurzfristigen Verschnaufen zu akzeptieren, dabei aber schützende Nähe und vor allem Vertrauen in die erweiterten Fähigkeiten des Kindes zu signalisieren – hat das Wunder geschehen lassen. Die schwache Phase ist überwunden. Sie war aber wichtig, um den Sprung zu tun. Sie auszulassen käme einem Erfahrungs-Entzug gleich. Das Kind hat gelernt: Man darf auch mal schwach sein. Und es findet Rückhalt und Hilfe beim Wiederdurchstarten.

➤ *Wer seine Schwächen kennt, kann seine Stärken stärken.*

Zum Umgang mit Schwäche haben wir in den letzten Jahren viel gelernt. Es geht nicht vorrangig darum, Schwäche zu beseitigen, sondern die Stärken und Vorlieben zu stärken, um sich Erfolgs-Erlebnisse zu verschaffen, die dann wiederum die Quelle für Mut für neue Vorhaben sind. Auch zum Beispiel schwache Seiten anzugehen und diese zu stärken, gilt besonders für Kinder. Auch sie müssen ihre Schwächen nicht fürchten. Sie sollten sie nur kennen, um nicht unvorbereitet „von außen" schmerzlich daran erinnert zu werden.

Hier scheint uns eine besonders gute Gelegenheit, auf drei so oft im Alltag herumliegende **Stolpersteine** aufmerksam zu machen: *„Nimm dich zusammen"* · *„Stell' dich nicht so an"* · *„Wehr' dich"*.

- **Tamara** (4 Jahre alt) fliegt beim Kinderfest ihr Luftballon davon. Sie schaut ihm mit schreckensgeweiteten Augen nach und fängt an zu weinen. Ihr Vater versucht sie zu trösten, doch sie weint und weint. Der Vater zieht sie durch die Menge zum Luftballonmann und kauft einen neuen Ballon. *„Jetzt halt ihn aber richtig fest, damit wir nicht gleich wieder das Theater haben."* Tamaras Hand verkrampft sich um die Schnur, sie schaut den neuen Ballon gar nicht an. Sie schaut nur auf die Schnur und schluchzt immer noch vor sich hin. Eine Frau beugt sich zu ihr hinunter und fragt dann den Vater: *„Was hat denn die Kleine?"*. *„Nichts, die spinnt!"*. Zu Tamara sagt er: *„Alle Leute schauen schon her. Hör' jetzt auf und nimm dich zusammen, sonst ist ein für alle Mal Schluss mit Kinderfesten!"*

„Nimm dich zusammen!" Wenn das so einfach wäre, würde Tamara es sicher machen, denn so aufgelöst fühlt sich niemand wohl. Auch wenn das Mädchen getröstet wird, kann das Weinen einige Zeit anhalten. Der Luftballon ist weg. Nur *ihr* ist das passiert, alle anderen Kinder haben ihren noch an der Hand. Vielleicht war sie auch etwas traurig, weil Mama heute Nachmittag nicht dabei sein kann. Wollte sie überhaupt einen neuen Ballon? Auf jeden Fall hat sie Angst, dass mit dem neuen dasselbe Unglück passiert. Eigentlich ist das Kinderfest für sie schon vorbei – und sie glaubt, sie habe es sich selbst kaputt gemacht.

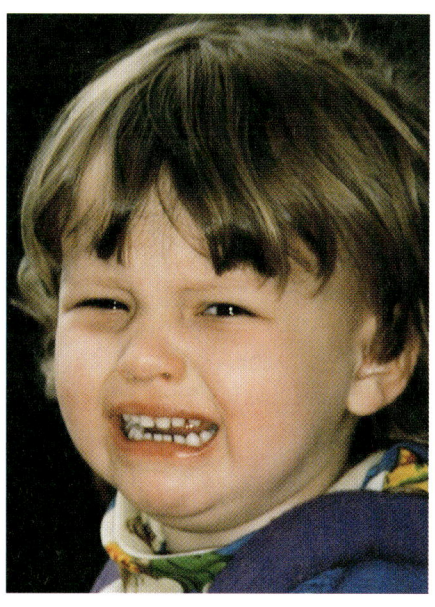

Kleines Kind – großer Kummer: „Wer hält zu mir?"

Das hätte durchaus auch anders laufen können – und zwar viel besser. Die zwei hätten sich irgendwo setzen und ausruhen können, gemeinsam überlegen, wo der Luftballon wohl jetzt hinfliegt – über welches Meer, in welches ferne Land – und dann, was man nun zusammen machen könnte, was wieder Spaß machen würde. Zum Beispiel einen neuen Luftballon kaufen oder rutschen gehen. Dann hätte Tamara das Gefühl gehabt, ihr sei ein guter Nachmittag geglückt – obwohl ihr Luftballon davongeflogen war.

Leider führen bei Erwachsenen Wut- oder Verzweiflungs-Reaktionen von Kindern in der Öffentlichkeit – also vor aller Augen – schnell zu Kurzschluss-Reaktionen. Das Kind muss möglichst schnell wieder ruhig sein, nicht auffallen und „passen".

Was passiert? Der verunsicherte Erwachsene entscheidet sich für eine Handlungsweise – nach dem Motto: *„Jetzt, wo du schwach bist, nehme ich dich in den Griff, anders geht das nicht!"*. Er sagt, wo es lang geht, wie das Kind zu reagieren hat, und versucht, seinen Aussagen durch Drohungen (*„Wenn nicht, dann!"*) noch mehr Nachdruck zu verleihen. *Eine* Wirkung hat dieses Verhalten auf das Kind: Es fühlt sich machtlos, bevormundet und von der Situation so überfordert, dass es aus eigenen Stücken keine gute Lösung erkennen kann. Außerdem spürt es die Hilflosigkeit der Eltern. Eine Situation mit bitterem, lange wirkendem Nachgeschmack.

Unser Vorschlag – das Kind zu Ende weinen lassen, gemeinsam über die neue Freiheit des Ballons nachdenken und so weiter – steht unter einem anderen Motto: *„Ich gebe dir Halt, ohne dich dabei noch kleiner und hilfloser zu machen."* Unter diesem Motto hätte das Kind die Situation ganz anders erlebt. Und seine Chance, seinen eigenen Weg aus dem Stimmungs-Tief herauszufinden, wäre viel größer gewesen.

● **Noah** (3 Jahre alt) ist beim Stadtbummel hingefallen und hat sich die Handflächen aufgeschlagen. Natürlich weint er. Seine Mutter läuft herbei, hebt ihn vom Boden auf und wischt über die Hände. *„Das ist doch nicht so schlimm, wärst halt nicht so gerannt. Jetzt stell' dich nicht so an. Wenn du ruhig bist, gibt es auch ein Eis."*

„Stell' dich nicht so an!" Es stellt sich nur jemand (blöd) an, der eben gar nichts richtig macht. Zuerst der Sturz – und dann auch noch der Vorwurf, zu schnell gerannt zu sein. Die Mutter meint es gut, wenn sie den Sturz herunterspielt und Noah durch ein Eis den Übergang ins Normalleben erleichtern will. Aber Noah hört vor allem den Vorwurf, zu schnell gerannt zu sein. Zu dem Schmerz kommt also noch der Vorwurf. Er braucht kein Eis, sondern Trost.

Nach einem Sturz weint ein Kind und braucht Trost. Etwas kann auch weh tun, ohne dass man es sieht. Vielleicht war der Schreck über den Sturz größer als der Schmerz. Wer weiß, ob Enttäuschung dazu kam, kaum gerannt und schon wieder hingefallen zu sein? Das muss man als Kind zuerst für sich selbst klären, sich trösten lassen und dann aus eigenem Entschluss weiterlaufen, bummeln, Eis essen. Doch die Mutter beantwortet schon alle Fragen im voraus – auf ihre Weise: *„Schlimm war es nicht. Selbst schuld, du weißt, dass du nicht rennen sollst. Mach' nicht so ein Theater, Eis nur bei Wohlverhalten."* Punkt.

Niemand hat Noah gefragt, wie er die Situation einschätzt. Sicher ganz anders. Und das ist keineswegs unwichtig. Denn nur Noah weiß, wie ihm zumute ist. Allein *seine* Empfindungen sind relevant dafür, wie er jetzt und all die nächsten Male mit vergleichbaren Situationen umgehen kann.

Wenn Erwachsene kindlichen Erlebnissen immer *ihren* Empfindungs-Stempel aufdrücken, trauen die Kinder bald ihren eigenen, meist sehr abweichenden Empfindungen nicht mehr: *„Ich muss mich irren. Nur andere wissen, was für mich gut ist."* Da kann keine eigene Stärke aufkommen, die so groß ist, dass sie auch mal eine Schwäche bei sich akzeptieren lässt.

- **Jonas** (4 Jahre alt) ist mit seiner Mutter auf dem Spielplatz. Nachdem er fast eine Viertelstunde neben ihr auf der Bank gesessen und alle anwesenden Spielgrüppchen beobachtet hat, steht er auf und geht Richtung Schaukel. Er wartet, bis ein Mädchen eine der Schaukeln verlässt, geht dann drauf zu, schaut sich nochmal um und wird von einem anderen Jungen zur Seite geschoben, der mit einem Sprung auf der Schaukel sitzt. Jonas wartet. Wieder wird eine Schaukel frei. Jonas steigt auf und schaukelt gerade los, als ihn ein anderer Junge beim Schwungholen bremst und von der Schaukel zieht.

  Jonas bleibt unschlüssig stehen, holt dann Sandschaufel und Eimer aus Mamas Korb und steigt in den Sandkasten. Als die Mutter kurz danach wieder aufschaut, sitzt Jonas am Rand ohne Eimer und ohne Schaufel – und sieht zwei Kindern zu, die mit seinen Spielsachen im Sand spielen. *„Die haben mir die Sachen weggenommen!"* erklärt er seiner Mutter. *„Mein Gott, dann wehr' dich eben, sonst können wir ja gleich nach Hause gehen!"* schimpft die Mutter, deutlich wütend auf Jonas.

„Mama, die haben mir die Sachen weggenommen"

„Wehr' dich!" So gern die Eltern nach diesen Vorfällen ein selbstsicheres Auftreten sehen würden und ein Sieg sie beruhigen würde – einfordern kann man das nicht. Das Gegenteil wird dadurch bewirkt: Das Kind fühlt sich nach seinem Misserfolg unter den Gleichaltrigen auch noch von seinen Eltern gedemütigt. Denn sie verlangen gerade das von ihm, was es gern täte – aber eben nicht kann. Sonst wäre es ja nie zur Niederlage gekommen. Außerdem wissen Kinder wie Jonas sehr genau selbst, woran es ihnen fehlt. Der Satz *„Wehr' dich!"* aktiviert nicht ihren Mut, sondern ihre Angst. Dieser Weg ist also vorerst, bis neue Erfahrungen gemacht werden, blockiert. Die Lösung muss über einen Umweg erfolgen.

Wie sieht echte Hilfe aus, die solche punktuellen Schwächen zuerst ertragen und später sogar bewältigen lässt?

Zum Beispiel könnte man zu unüblichen Zeiten zum Spielplatz gehen, wenn der Andrang an den Schaukeln schwächer ist. Oder zur Schaukel mitgehen, bei mehreren Bewerbern einen Abwechselmodus vorschlagen und die anderen ins Gespräch einbeziehen: *„Jetzt schaukelt Katja, jetzt Jonas, nach Jonas kommt Leon und dann wieder Katja."* Notfalls wird das Recht von Jonas zu schaukeln, Eimer und Schaufel wiederzubekommen etc. klar und deutlich formuliert – für die Ohren der anderen und für Jonas' Ohren. Damit alle begreifen: *„Aha, das scheint klar zu sein. So geht das."*

Oder man verschafft seinem Kind ein „Heimspiel": Mit einzelnen Kindern bei sich zu Hause klappt das Sich-Verteidigen und Sich-Durchsetzen nämlich besser. Hier kann man üben und durch positive Wirkung Sicherheit gewinnen. Es muss ein paar Mal klappen – vor allem in den eigenen Spezialdisziplinen. Dann wird die Angst zu versagen kleiner. Zu wissen, dass man beim Fußballspielen gut, beim Klettern unschlagbar ist und alle immer lachen müssen, wenn man einen Witz erzählt, dass Papa und Mama fast ein bisschen streiten, wer von beiden abends vorlesen darf – das verändert die Einstellung den Schwächen gegenüber. Es macht sie kleiner, unwesentlicher und deshalb bearbeitbar.

Seine Schwächen kennt jeder von allein. Aber auf seine Stärken muss man manchmal aufmerksam gemacht werden. Wenn ein Kind weiß, dass immer jemand hinter ihm steht – dann braucht es nicht in allem perfekt zu sein. Sehr beruhigend.

So lernt Ihr Kind,
seine Bedürfnisse selbst zu regeln

Um Ihr Kind stark und unabhängig zu machen, müssen Sie ihm von Anfang an die Chance geben, möglichst alle seine vorhandenen Fähigkeiten zur Entfaltung zu bringen. Sein Entwicklungs-Verlauf braucht die Befriedigung vielfältiger Bedürfnisse. Das ist uns inzwischen an einigen überzeugenden Beispielen klar geworden. Es gibt Bedürfnisse, die eine notwendige Entwicklung erst ermöglichen. Dazu gehört das Bedürfnis aktiv zu werden, um nicht das Gefühl aushalten zu müssen, machtlos und hilflos zu sein – sondern erleben zu dürfen, tatsächlich selbst etwas Neues, anderes veranlassen zu können. Ihr Kind hat das Ziel, ungeliebte Situationen in die von ihm selbst gewünschte Richtung verändern zu können.

Anfangs geht es darum, …

- sich Gehör zu verschaffen
- die Blicke auf sich zu ziehen
- zu erreichen, dass sich jemand einem zuwendet
- sein Interesse zu wecken
- seine Zuneigung zu gewinnen
  und ihn zu wohltuenden Handlungen veranlassen zu können.
- *„Ist da jemand?"* (*„Bin ich nicht allein?"*)
- *„Hallo, hört mich jemand?"* (*„Hat mich jemand bemerkt?"*)
- *„Kann ich mich ausdrücken?"* (*„Versteht jemand meine Signale?"*)
- *„Bekomme ich eine Rückmeldung?"* (*„Zeigt mir jemand, dass er/sie begriffen hat, was mir wichtig ist?"*)
- *„Kann ich eine Richtung vorgeben, an meiner Situation etwas ändern?"* (*„Gelingt es mir, zu überzeugen, damit jemand meine Sache zu seiner Sache macht?"*)

Das sind Kernfragen, deren Beantwortung einem Kind zeigt, ob es in der Lage ist, etwas zu bewirken – ja sogar auf sein eigenes Befinden Einfluss zu nehmen: *„Ich war es, der etwas in Bewegung brachte und den weiteren Ablauf mitgestaltete. Mir ist es gelungen, mich einzubringen und mich wohl zu fühlen."*

Dann wird es immer wichtiger, …
- auf sich aufmerksam zu machen,
- jemanden zu überzeugen,
- jemandes Vertrauen und Zutrauen zu gewinnen,
- anerkannt und geschätzt zu werden,

…um seinen Platz zu finden und seinen Weg zu gehen.

Das sind stark machende Erfahrungen, die …
- **ein Säugling** nach einer passend beantworteten Blickaktion
- **ein Kleinkind** nach einem selbst entdeckten Spiel und neuen Erkenntnissen
- **ein Schulkind** nach einem ohne Hilfestellung selbst erarbeiteten Erfolg
- **ein Jugendlicher** nach einer von ihm initiierten – mal nicht fremdbestimmten – und dann in eigener Verantwortung zu Ende geführten Aufgabe

genießt und als dicken Haben-Posten auf seinem Kompetenz-Konto verbucht.

Von den ersten Lebens-Tagen an speichern wir die Erinnerungen, wie etwas sein sollte – mit gleicher Intensität auch die, wie etwas *nicht* sein sollte. Beide Sorten von Gedächtnis-Inhalten sind wichtig:
- die eine, um entsprechend gute Erfahrungen immer wieder aktiv zu suchen
- die andere, um Negatives schnell zu erkennen und möglichst zu vermeiden

Wir lernen, womit wir Erfolg haben und wie der aussieht – aber auch, was nicht klappt und unbefriedigend ist, was Frustration, Angst oder Wut erzeugt.

„Meine Eltern nehmen mich ernst"

Zum Start eine Szene, die deutlich macht, worum es bei diesem Thema geht:

- **Helena** (5 Jahre alt) ist von ihren Eltern in ein feines Lokal mitgenommen worden, um Mamas Geburtstag mal ganz anders zu feiern. Es soll für alle ein besonders toller Abend werden. *„Kein Stress, keine schlechte Stimmung"* hatten die Eltern beschlossen. Erwartungsvoll tritt Helena ein und schaut sich um. Ein Kellner führt die Familie an einen schön gedeckten Tisch. Helena setzt sich, zupft ihr Kleid zurecht und ist still. Die Eltern unterhalten sich leise. Sie beobachten ihre Tochter immer wieder aus dem Augenwinkel, lassen sie aber möglichst unbeachtet, damit sie weiterhin so herrlich ruhig bleibt.

Helena fängt an zu summen, *„Pssst"* macht der Vater, *„bitte leiser"*. Jetzt lesen die Eltern die Speisekarte. Helena wippt auf dem Stuhl, ein strenger Blick von Mama trifft sie. Als Helena mit dem Besteck Mikado spielt und die Gabel zu Boden fällt, werden die Eltern immer unruhiger. Nach strafenden Blicken wenden sie sich betont ih-

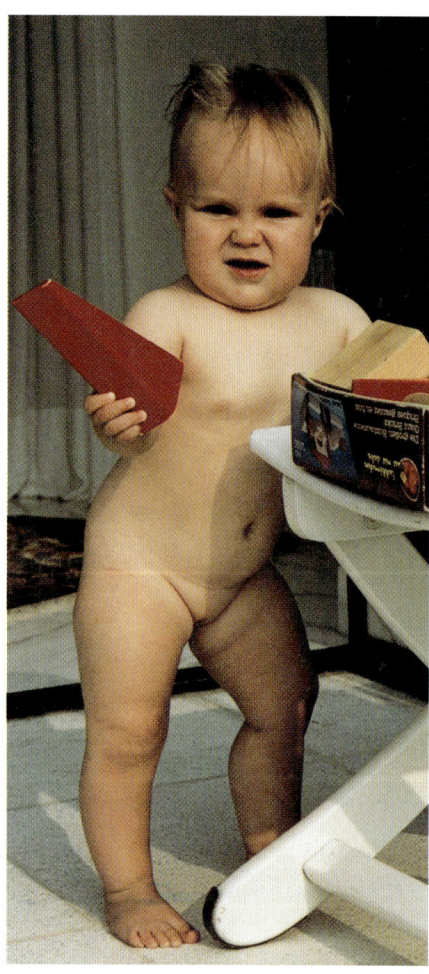

„Nehmt mich ernst!
Ich sage Euch meine Bedürfnisse."

rer Karte zu und ignorieren ihr Kind, um es ja nicht „zum Aufdrehen" zu motivieren. Helena fragt einige Dinge, bekommt aber immer die Antwort: *„Sei bitte mal ruhig, wir wollen in Ruhe wählen."* Auf die Frage: *„Was gibt es denn?"* kommt gar keine Antwort. Nun steigt Helena auf den Stuhl und sieht sich im Raum um. Dann beginnt sie, den Leuten am Nachbartisch mit ihrer großen Stoffserviette zuzuwinken.

Die Mutter spürt gerade noch rechtzeitig, dass jetzt etwas schief zu laufen droht. Sie fängt Helena – bildlich gesprochen – wieder ein. *„Komm, mein Geburtstagsgast, jetzt lesen wir mal zu dritt die Speisekarte. Wetten, wir finden was, was Du besonders gern magst?"* Ein lustiges Speisekartenlesen beginnt, gut gelaunt wird bestellt, man rückt näher zusammen, unterhält sich – und das Essen nimmt einen fröhlichen Verlauf. Helena malt zwischen zwei Gängen in aller Ruhe, und die Eltern unterhalten sich. Helena hört zu und ist zufrieden. *„Ohne dich wäre es nur halb so schön gewesen"* flüstert Mama ihr auf der Heimfahrt ins Ohr.

Als Helena merkte, dass sie dazugehörte und für einen gelungenen Ablauf des Festes auch wichtig war, brauchte sie kein *„Hallo-Eltern-kümmert-Euch-um-mich"*-Programm mehr zu starten – und alle konnten den Abend genießen.

Da haben alle gerade noch mal Glück gehabt. Fast hätte Helena ausprobieren müssen, ob sie vielleicht erst Theater machen muss, bevor sich jemand um sie kümmert. Ganz unbekannt ist ihr dieses Muster nämlich nicht.

- Sie kennt es von **Robin** (5 Jahre alt) im Kindergarten, zu dem alle nur hinschauen, wenn er mal wieder brüllt wie ein Stier, so dass jeder sein Spiel unterbricht. Nur in diesem Zusammenhang hört man den Namen „Robin" – und zwar gleich mehrmals und ziemlich laut. Nur immer dann wird Robin angesprochen und gefragt, was denn mit ihm los ist. Ist Robin ruhig, ignorieren ihn alle, damit es möglichst lange gut geht und er bloß nicht anfängt zu spinnen.

Genau hier läuft alles schief: Wenn Robin nicht in Vergessenheit geraten will, muss er toben. Ein zwar unangenehmes, aber zumindest auf den zweiten Blick durchaus verständliches Verhalten. Denn niemand möchte ignoriert werden, jeder braucht Aufmerksamkeit. In diesem Fall etwas am Verhalten der Umgebung zu ändern – nämlich mit dem „ruhigen" Robin zu sprechen, mit ihm Kontakt aufzunehmen und den anderen Kindern seine Anwesenheit bewusst und verlockend zu machen – ist weit wirkungsvoller, als immer am „lauten" Robin rumzudoktern. Sein Verhalten ist nichts anderes als der im Laufe der Zeit aus Verzweiflung gestartete lautstarke Versuch, wenigstens auf diesem ungewöhnlichen Weg – wenn sonst nichts klappt – Aufmerksamkeit zu erregen oder „Zuwendung" zu erzwingen, wie diese dann auch immer aussehen möge.

▶ Wie seine Eltern mit seinen Bedürfnissen und Wünschen umgehen, verschafft einem Kind wichtige Erfahrungen.

Wie gehen Eltern mit den an sie herangetragenen Bedürfnissen und Wünschen um? Das ist eine sehr wichtige Erfahrung für ein Kind, die in alle seine künftigen Bedürfnis- und Wunschäußerungen und in seine kindlichen Erwartungen einfließen wird.

„Bekomme ich Wünsche erfüllt – und wenn ja, nach welcher Vorgeschichte?" · „Wie befriedigend ist mein Erfolg?" · „Wird er meinen Erwartungen gerecht?" · „Oder bin ich enttäuscht, wie es lief?" · „Falls meine Wünsche abgelehnt werden – bekomme ich dann erklärt, warum das nicht geht, oder warum es vielleicht jetzt gerade nicht geht?"

Gute, einsichtige Gründe werden von Kindern übrigens meistens – wenn auch nach kurzem Murren – akzeptiert. Weil das Kind sie versteht – vor allem, wenn sie sich automatisch aus einigen Familienregeln ergeben, für die man gemeinsam beschlossen hat, dass sie immer gelten.

Interessant ist es für ein Kind natürlich auch zu erfahren, ob sich jemand die Mühe macht, mit ihm nach einer Alternative zu suchen, bei der es ihm fast so gut, vergleichbar gut, vielleicht sogar besser geht.

Im Alltag lernen Kinder viel und Nachhaltiges über die Möglichkeiten, ihre Bedürfnisse zu äußern – und sie erfahren Wichtiges über machbare Wege, sie zu befriedigen. Hier entsteht eine Bilanz, wie und ob man sich selbst Wohlbefinden verschaffen kann.

Gar nicht so selten kommt es aber gerade in der Alltagsroutine zu fatalen Lernprozessen, die sich schrittweise stabilisieren, ohne dass es jemand merkt – und deren Ergebnis mit Sicherheit niemand beabsichtigt hat. Als Stolpersteine liegen sie trotzdem auf dem Weg des Sich-selbst-kennen-und-mögen-Lernens.

Es fängt alles ganz unspektakulär an: Kinder – seit mindestens zwei Jahren dem Babyalter entwachsen – jammern, quengeln und schreien, wenn sie etwas gegen den Widerstand der Eltern durchsetzen wollen. Genauso aber auch, wenn sie etwas Bestimmtes partout nicht wollen. Das Jammern, Quengeln und Schreien ist ein Versuchs-Ballon. Denn es könnte ja sein, dass die Eltern sich durch dieses „Leid" überzeugen und umstimmen lassen. Versuchen kann man es ja mal. Wie dieser Versuch ausgeht, entscheidet jetzt darüber, ob diese Strategie in vergleichbaren Situationen wieder angewandt wird, sich also – zumindest auf den ersten Blick – als erfolgreich erwiesen hat. Klappt es ein paar Mal, heißt das Lernprogramm: *„Wenn Du auf Widerstand triffst, führt Jammern, Quengeln und Schreien zum Erfolg"*

Erfreulicherweise reagieren viele Eltern gar nicht oder mit Entrüstung auf das Jammerprogramm. Mit wenigen Worten und eindeutiger Ablehnung unterbinden sie es und bleiben unerschütterlich bei ihrer Meinung. Das Jammern geht ins Leere – und verschwindet. Am wirkungsvollsten ist es übrigens, wenn zu Hause, bei den Großeltern, im Kindergarten – also überall – vergleichbar unnachgiebig mit Jammerei umgegangen wird. Unter diesen Voraussetzungen begreift ein Kind schnell, dass der Einsatz dieses Verhaltens-Pakets nicht geeignet ist, seine Wünsche erfüllt zu bekommen. Also streicht es dieses Programm aus seinem Repertoire.

Fatal wird die Sache aber, wenn die Erwachsenen zwar die meiste Zeit signalisieren, dass sie Jammern, Quengeln und Schreien nicht akzeptieren, dann aber immer mal wieder nach einer quälenden Jammerzeit entnervt nachgeben und mit dem Satz *„Dann mach doch, was du willst. Nur gib jetzt eeeendlich Ruhe!"* die scheinbar erlösende Genehmigung (etwa zum Fernsehen) erteilen. Geschafft! Aber hat es sich gelohnt? Kann man sich jetzt entspannt hinsetzen und das Fernsehen genießen?

Sicher ist: Das Kind lernt: *„Ich muss bei Widerstand beharrlich weiter jammern und verstärkt quengeln, wenn ich noch eine Chance haben will, meinem*

Ziel näher zu kommen." Diesen Zusammenhang wollte bestimmt niemand lehren, er wurde gar nicht gesehen. Deshalb muss jetzt schnell eingegriffen werden.

Jammerei darf sich nicht lohnen. Dafür müssen alle noch so kleinen, aber günstigeren Strategien des Kindes, Kontakt aufzunehmen und Wünsche zu äußern, von den Eltern wahrgenommen und bereits im Ansatz unterstützt werden. *„Ich habe verstanden, was Du möchtest. Lass uns mal überlegen, wie es klappen könnte.*" Dann muss es natürlich auch Erklärungen geben, warum etwas nicht machbar ist oder verschoben werden muss.

Was passiert eigentlich, wenn niemand den Jammer-Weg bremst? Dann wird eine inadäquate und nirgendwo gut ankommende Verhaltensweise wieder und wieder belohnt. Und das Kind setzt sie deshalb in Zukunft immer dann erneut ein, wenn es sich etwas wünscht. Es startet sein Jammertheater, sobald sich Widerstände regen. Es jammert mehr, die Weigerung wird schroffer – wahrscheinlich eher wegen der Jammerei als wegen des Wunsches.

Manche Kinder tragen ihre Wünsche bereits jammernd vor. Dann ist es häufig so, dass niemand richtig hingehört hat, was das Kind überhaupt wollte, und somit auch nicht genauer nachdenkt, ob die Bitte erfüllbar ist. Die Eltern sagen vorsichtshalber schon *„Nein*" – aber eigentlich wollten sie mit dem Verbot nur die Jammerei abstellen. Jetzt eskalieren Jammern und Widerstände,

> ▶ *Jammerei darf sich nicht lohnen.*

bis die Widerstände aus pädagogischer Ohnmacht aufgegeben werden. Der Wunsch ist nun zwar durchsetzbar – aber nach dieser Vorgeschichte ist er nichts mehr wert. Das Ergebnis ist enttäuschend. Keine Spur von Befriedigung für das Kind.

Wie fühlt sich ein Kind, das minutenlang, vielleicht stundenlang jammert und quengelt? Höchst unwohl, denn es hat die Rolle der Nervensäge übernommen, die nirgends gut ankommt. Es findet sich wahrscheinlich selbst „blöd". Überall rufen seine Störungen ablehnende Reaktionen hervor. Es geht ihm schlecht. Während der „Wunscherarbeitungs-Zeit" leidet das Kind: Es kann nicht spielen, nicht unbefangen Kontakt aufnehmen, nicht zwischendurch so tun, als ob nichts wäre. Danach übrigens meist auch nicht, weil es den negativen Nachgeschmack dieser letztlich misslungenen Interaktion kaum los wird. Und es nimmt aus jeder dieser ungeliebten Bettelsituationen die ungute Erfahrung mit, dass es ihm erst schlecht gehen muss, bis jemand seine Wünsche erfüllt. Davor muss jedes Kind geschützt werden. Denn das ist die Basis für Verzweiflung und Rache.

Erfüllen Sie die Bedürfnisse Ihres Kindes – oder manchmal aus guten Gründen auch nicht. Aber reagieren Sie, bevor es die „Jammernummer" bringen muss, um überhaupt ein Ergebnis zu erreichen.

Der Weg zur Befriedigung und das Ergebnis müssen stimmen, sonst ist es am Ende nicht wirklich befriedigend. Das ist auch der Grund, weshalb Pauschalbefriedigungen letztendlich unbefriedigend, höchstwahrscheinlich sogar gefährlich sind. **Schutz-Erziehung** kann diese Risikopunkte vermeiden. Hier ein paar Beispiele für Pauschalbefriedigungen, die jeder von uns kennt:

Beim Stadtbummel fallen viele Kinder etwa im Alter zwischen zwei und vier Jahren auf, die eine Flasche mit

> ➤ *„Es muss mir erst schlecht gehen, damit meine Wünsche erfüllt werden." Diese Negativ-Erfahrung ist die Basis für Verzweiflung und Rache.*

sich tragen. Sie haben „heiße" Techniken entwickelt, sie in allen Lebenslagen zu halten, um sie ja nicht zu verlieren. Beim Gehen, beide Hände voll, gelingt es ihnen, sie im Mund zu halten, mitunter sogar dabei zu sprechen. Die Flasche ist ihr ständiger Begleiter. Ab und zu dient sie dazu, mit einem kräftigen Schluck den Durst zu stillen. Meist aber ist sie in völlig anderen Funktionen im Einsatz – als Pauschalbefriediger.

Dieser Dauernuckel ist zunächst einmal aus rein medizinischen Gründen in Verruf geraten. Zahnärzte warnen seit langem vor massivem Kariesbefall, besonders wenn Säfte oder gesüßte Tees in der Flasche sind. Doch auch bei Mineralwasser geben sie keine Entwarnung, weil das Dauernuckeln die Speichel-Zusammensetzung verändert, was den Zahnschmelz für Bakterien angreifbarer macht. Kieferorthopäden befürchten bei einem Nuckelflaschen-Dauereinsatz Kiefer-Deformationen und veränderte Zahnstellungen, die aufwändige Korrekturen nötig machen werden.

Seit einigen Jahren beschäftigen sich auch die Experten für Suchtprävention mit den Nuckelflaschen. Wo setzen die Bedenken der Spezialisten an? Und wie begründen sie ihre Bedenken?

Da gilt es zuerst die Frage zu klären, wie die Flasche in den Mund kam und zum Dauernuckel wurde.

Ein Blick zurück: Ein Säugling bekommt die Brust oder die Flasche, wenn er schreit, weil er hungrig oder unruhig ist. Wir nähren und beruhigen das Kind dadurch, wir „stillen" es. Es gelingt recht leicht, ein Kind mit Brust oder Flasche zufrieden zu stellen – zumindest ruhig zu stellen. Aber was wollte das Kind überhaupt? Hatte es Hunger, oder brauchte es Zuwendung? Etwa die Hälfte aller Mund-Brustwarzen-Kontakte dienen nicht der Nahrungs-Aufnahme, sondern der Beruhigung.

Eine für kindliche Signale sensible Mutter nimmt die Erregung ihres Kindes wahr und kann sie bald von Hunger unterscheiden:

- Ist das Baby zum Trost und zum Erregungs-Abbau an der Brust, verhält sich die Mutter ganz speziell: Sie spricht mit besänftigender Stimme, streichelt ihr Kind, hält ein Händchen. Manche Mütter bewegen dann ihren Oberkörper beim Stillen leicht rhythmisch hin und her.
- Ganz anders ist es, wenn eine Mutter ein hungriges Kind anlegt: Nach Einnahme einer möglichst optimalen Stillposition verhält die Mutter sich ruhig. Sie spricht wenig, streichelt und tätschelt nicht, um die Saugphasen nicht zu stören. In den kurzen Saugpausen zwischen dem intensiven Trinken suchen Mutter und Kind Blickkontakt. Die Mutter spricht ihr Kind kurz an, streichelt es mitunter – aber nur, bis ihr Kind wieder zu trinken beginnt. Dann ist wieder Ruhe.

Das unterschiedliche mütterliche Verhalten bei der Nahrungs-Gabe und beim Beruhigen erleichtert es dem Kind, auch zwischen seinen beiden unterschiedlichen Empfindungen „Hunger" und „Aufregung" zu unterscheiden. Ist anfangs die orale Befriedigung dafür ausschlaggebend, den Erregungs-Pegel zu dämpfen, so nehmen im Laufe der Zeit die das Anlegen begleitenden Beruhigungs-Maßnahmen – wie Sprechen, Streicheln, auf dem Arm gewiegt werden – immer mehr an Bedeutung zu. So lange, bis sie das Trost-Saugen vollständig ersetzen. So ist gewährleistet, dass die kindlichen Bedürfnisse alters- und situationsgemäß befriedigt werden.

Eine Nahrungs-Gabe ist ein beliebter Versuch, die unterschiedlichsten Bedürfnisse eines Kindes mit einer einzigen Sorte Befriedigungs-Angebot zu beantworten – mit der Pauschalbefriedigung durch Flasche oder Brust. Dass hier letztendlich unbefriedigend, höchstwahrscheinlich sogar gefährlich gearbeitet wird, zeigt uns der Dauernuckel Flasche.

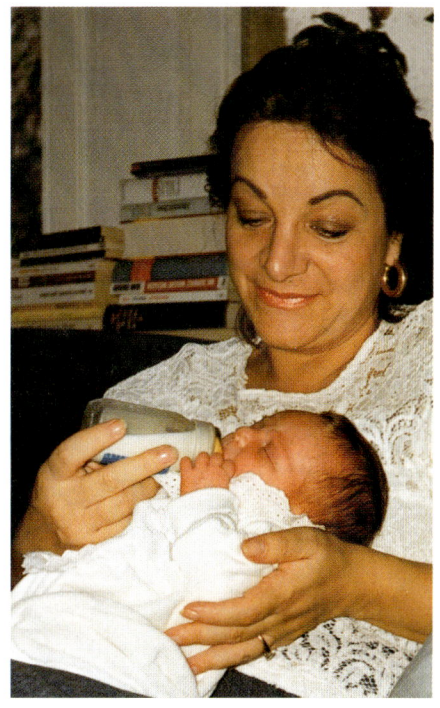

Das Fläschchen:
Hunger stillen oder ruhig stellen?

Für die Eltern wird das Kind mit Flasche pflegeleichter als ohne. Sie stellt recht zuverlässig das Schreien und Weinen ab, erspart lange Auseinandersetzungen und macht Aktionen, Besichtigungen, ausgedehnte Spaziergänge, endlose Einkaufsbummel usw. möglich, die ohne Flasche nicht denkbar gewesen wären. Sie verleitet aber auch dazu, nicht mehr genau hinzuhören. Sie erlaubt Unaufmerksamkeit gegenüber kindlichen Signalen, weil das Ergebnis in den meisten Fällen einfach Ruhe ist. Somit besteht auch keine Notwendigkeit mehr, sich genauer nach den kindlichen Bedürfnissen und Wünschen zu erkundigen.

Die Flasche scheint anfangs auch für das Kind von Vorteil zu sein. Es beruhigt sich und muss offensichtlich nicht mehr nach etwas anderem suchen. Doch hat es tatsächlich das bekommen, was es wollte?

Das Kind macht die Erfahrung: Mit der Flasche gehen unangenehme Gefühle, Unruhe und Erregung weg. *„Sie hilft mir über schwierige Zeiten hinweg. Ich muss gar nichts tun, nur Flasche trinken. Etwas läuft mir die Kehle hinunter – und schon geht es mir besser, ich werde wieder ruhiger."* In welchem Alter ein Kind das erste Mal versteht, dass die Flasche nur ein Tröster, aber keine echte Lösung ist, wissen wir nicht genau – zumal es dabei von Kind zu Kind erhebliche Unterschiede gibt. Aber irgendwann wird es

> ➤ *Das Kind bekommt sein Fläschchen. Aber hat es wirklich das bekommen, was es wollte?*

merken, dass sich an den Ursachen für sein Unwohlsein (falls es nicht Durst oder Hunger war) nichts ändert: Kein primärer Wunsch ging durch die Flasche in Erfüllung.

Das ist für das Kind desillusionierend und entmutigend. Denn womöglich hat es bis dahin schon oft feststellen müssen, dass es nicht in der Lage ist, an seinem Unwohlsein selbst etwas zu verändern oder mitteilen zu können, was ihm wirklich fehlt – um auf diesem Weg an der Lösung beteiligt zu sein. Bis dahin kann es auch schon verinnerlicht haben, dass die orale Befriedigung unangefochten die Bedürfnisbefriedigung Nummer eins darstellt: Bei Problemen etwas zu essen oder zu trinken sei immer das Richtige.

Spätestens jetzt sind Ess-Wünsche und emotionale Bedürfnisse nur noch schwer zu trennen.

Der Schnuller nimmt in diesem Gefüge einen harmloseren Platz ein. Schließlich bietet er dem falschen Lernprozess keine „Nahrung". Doch auch er sollte in den Kleinstkindjahren möglichst bald geeigneteren und vielseitigeren Strategien zur Eigenberuhigung Platz machen.

Bleiben wir bei der offenbar als Dauerberuhiger wichtigen Flasche. Sie hat über diesen (wiederum erlernten) Weg eine gewaltige Bedeutung erhalten. Deshalb ist es auch so schwer, sie wieder los zu werden. Den Eltern geht mit ihr ein schneller Allround-Helfer verloren – den Kindern jedoch noch viel mehr: Die vermeintliche Lösung aller Probleme.

Wenn Eltern versuchen, ihren Kindern das Fläschchen abzugewöhnen, können die Kinder das erstmal gar nicht verstehen. Hatten sie früher geschrieen und waren unruhig, war ihnen die Flasche mit den Worten: *„Sei lieb, trink ein bisschen aus der Flasche"* in den Mund geschoben worden. Nuckelten sie dann, jetzt wieder ruhig, hieß es: *„So ist es lieb".* Von einem Tag auf den anderen sind sie jetzt angeblich unter völlig neuen Voraussetzungen lieb – nämlich dann, wenn sie die Flasche hergeben und auf sie verzichten. Das ist schwer zu begreifen.

Hinzu kommt, dass das „Flasche-weg"-Alter häufig mit dem Trotzalter zusammenfällt, das um jede Forderung kämpfen lässt. Es geht dem Kind dann nicht nur um seine Flasche, sondern auch um die Angst vor Machtverlust, um seinen Handlungs-Spielraum, um seine Einfluss-Möglichkeiten und um seine Grenzen. Darüber muss man sich auseinandersetzen.

Was kann die Lücke füllen, die eine Flasche hinterlässt? Oder: Was bekommt eine Chance, wenn die Flasche ihren eroberten Platz räumen muss? Zuerst einmal helfen sehr wichtige Fragen – zum Beispiel: *„Tatjana, was hast Du?"* · *„Leonie, was fehlt Dir?"* · *„Marcel, was ist los, was möchtest Du?"*

Hier zwei Beispiele, wie man die Lücke füllen kann, die das verweigerte Fläschchen hinterlässt:

● Die Mutter schiebt **Nick** (2 Jahre alt) durch die Stadt. Er liegt zusammengesunken im Wagen und weint vor sich hin: *„Flasche, Flasche, meine Flasche".* Ein Gläschen Apfelsaft hat er erst vor kurzem getrunken. Aber er bettelt weiter nach der Flasche. Seine Mami sagt: *„Schatz, ich glaub' gar nicht, dass Du noch Durst hast, Du bist unheimlich müde. Und hier ist alles so laut und unruhig. Jetzt fahren wir zu einem ruhigen Plätzchen. Ich setze mich neben den Buggy, streichle dein Ärmchen – und du schläfst ein bisschen. Danach geht es dir wieder besser und wir können vielleicht noch eine kleine Einkaufs-Runde drehen. "* In einer ruhigeren Nebenstraße fallen Nick bereits die Augen zu. Als Mama in einem kleinen Passagencafé einen Espresso trinkt und sich ausruht, schläft Nick fest und entspannt – ohne das „Beruhigungs-Fläschchen.

- **Moritz** (2 Jahre alt) ist mit Papa einkaufen im Supermarkt. Er sitzt erst wenige Minuten im Kindersitz des Einkaufswagens, wo er auch noch einige Zeit sitzen bleiben soll – da fängt er an zu wimmern. *„Trinki, Trinki!"* Der Vater betrachtet seinen Sohn und streichelt ihm die Wange. *„Ist Dir vielleicht langweilig? Findest Du es doof, nichts machen zu können? Ich habe eine Idee."* Moritz schaut Papa mit erwartungsvollen Augen an. Papa wühlt in seiner Hosentasche und findet ein kleines Auto. Schnell schiebt er Moritz in die Obst- und Gemüseabteilung und reißt eine Plastiktüte von der Rolle. Das Auto wandert in die Tüte, dann das kleine Päckchen in Moritz' Hand. Der ist begeistert und fängt an zu spielen. Der Einkauf und zwei Stimmungen sind gerettet – ohne das „Beruhigungs-Fläschchen":

Aufmerksamkeit ist gefragt: Besser hinsehen und genauer hinhören. Sich reindenken ins Kind und ihm nicht bei jedem Quengeln böse Absicht unterstellen. Das bedeutet aber auch, sich mit den kindlichen Bedürfnissen und Ansprüchen auseinander zu setzen, sie in die Planung des Tagesablaufs einzubeziehen. Zugegeben: Die Flaschen-Lösung erscheint zuerst einmal viel einfacher und bedeutend praktischer. Doch die Flasche ist eine Ruhigstell-Lösung, keine echte Lösung. Da sind weiterhin die Bedürfnisse der Eltern – und auf der anderen Seite die Bedürfnisse des Kindes, die nicht immer zueinander passen. So ergeben sich einfach Konflikte, die nicht immer dadurch gelöst werden können, dass einer (das Kind) mundtot gemacht und (mit dem Fläschchen) zeitweilig in eine Dämmerwelt versetzt wird, in der seine wirklichen Bedürfnisse untergehen.

> **► Das Fläschchen ist eine Ruhigstell-Lösung – keine echte Lösung.**

Dieser Punkt hat viel mit Ernstnehmen zu tun. Wer bei Entscheidungen berücksichtigt wird, am Lösungs-Prozess beteiligt wird, kann auch bald von sich aus aktiv werden. Es ist ein gutes Gefühl zu spüren: *„Es interessiert sich jemand dafür, was in mir vorgeht, was ich wirklich will und brauche. Und ich bekomme Hilfe bei der Suche. Mama und ich sind meinem echten Bedürfnis auf der Spur. Nach ein paar Mal weiß ich selbst, was es ist. Und bald kann ich es dann auch sagen. Dann wird es viel leichter, eine gute Lösung zu finden."*

Das Kind weiß dann:

„Etwas bedrückt mich" · „Ich bin müde" · „Ich habe keine Lust" · „Mir ist langweilig" · „Alles ist zu viel" · „Ich habe tatsächlich Durst" · Oder – auch das ist erlaubt: *„Ich muss jetzt einfach mal ein bisschen weinen oder schreien, danach geht es dann wieder besser."*

**Schutz-Erziehung hilft einem Kind zu begreifen,
was in ihm vorgeht und welche echten Bedürfnisse es hat.
Und vor allem, was an Lösungen seinerseits möglich ist.**

Zum Entscheiden erziehen, zum Handeln befähigen

Eltern bereiten ihr Kind in vielen Situationen auf das Leben vor, ohne sich dessen überhaupt bewusst zu sein. Sie helfen ihm durch den Dschungel der möglichen Alternativen und bringen ihm bei, sich für einen nächsten, zu seinen Vorstellungen passenden Schritt zu entscheiden, um handlungsfähig bleiben zu können. Sie erlösen ihr Kind von der lähmenden Qual der Wahl und wirken so als Starthilfe für neue Aktionen. Wie wichtig es für Ihr Kind ist, entscheiden zu dürfen, um auch handeln zu können, sehen Sie an folgenden Beispielen.

Etwa im Alter von sieben Monaten beginnen Kinder, sich von ihren Bezugspersonen kurzfristig eigenständig zu entfernen. Eine neue Dimension des Erkundens und Lernens steht an. Vorausgesetzt, eine feste Bindung zu den Bezugspersonen hat die für eine beginnende Unabhängigkeit notwendige Sicherheit entstehen lassen. Solche Exkursionen finden anfangs nur innerhalb des Sichtbereichs der Eltern statt. Der Aktions-Radius wird dann mit zunehmendem Alter immer größer und auch kurzzeitig auf Gebiete außerhalb des Blickfeldes der Mutter ausgedehnt. Die Kinder kehren bei Unsicherheit und Angst sofort zur Mutter – ihrer Sicherheits-Basis – zurück. Sie kommen aber auch – ohne erkennbaren äußeren Anlass – regelmäßig zu ihr zurückgekrabbelt oder -gelaufen, um sich ihrer Anwesenheit zu versichern. Sie lächeln, lehnen sich kurz an ihr Knie und verschwinden wieder.

Dieses kurze emotionale Auftanken geht **mit etwa 1½ Jahren** immer mehr von einer direkten körperlichen Annäherung in eine optische oder akustische Rückversicherung über. Ein kurzer Blick oder ein Anrufen reicht – nach dem Motto: *„Ist meine Zuflucht noch da, jederzeit erreichbar und immer ansprechbar? Kann ich weiterspielen, oder muss ich in der fremden Umgebung Angst haben?"* Diese Art der Rückversicherung ist eine Kontakthalte-Strategie auf Entfernung.

Lassen wir unsere Beispiel-Kinder **noch etwas älter** werden. Jetzt holen sie sich ihre Informationen zur Spielsituation immer öfter über abfragende Blicke zur Bezugsperson – ein Phänomen, das als „soziale Bezugnahme" bezeichnet wird. Wenn etwas unerwartete Geräusche von sich gibt, ein fremdes Kind sich immer näher spielt oder ein Hund auftaucht, schaut das Kind seine Mutter an und versucht, mit Hilfe ihres Gesichtsausdrucks die Lage einzuschätzen. Je nachdem traut es sich, allein weiter zu erkunden oder nicht. Dann kommt es notfalls sogar angerannt. Das Kind holt sich Informationen zur Situation und überprüft, ob die eigenen und die mütterlichen Empfindungen vergleichbar sind.

Auf Spielplätzen kann man, wenn man sich etwas Zeit nimmt, eine überraschende Beobachtung machen: Der Start eines Kleinkindes im Sandkasten lässt Voraussagen über den weiteren Spielverlauf beim Buddeln zu.

Kinder, die nach der Ankunft am Spielplatz noch ein Weilchen bei ihren Eltern sitzen, sich umschauen, schmusen oder direkt neben der Bank ein kleines Spiel beginnen und dann von sich aus in den Sandkasten krabbeln, spielen dort bedeutend länger für sich allein oder auch mit anderen Kindern zusammen als

„Meine Entscheidung: Jetzt wird gespielt!"

die Kinder, die von ihrer Mama oder ihrem Papa nach der Ankunft recht schnell in den Sand zum Spielen gesetzt werden. Die kommen nämlich oft sofort wieder angekrabbelt oder spielen nur ganz kurz und suchen ganz schnell wieder den Kontakt zu Mutter oder Vater.

Der Unterschied: Fasst das Kind *selbst* den Entschluss und bestimmt den Zeitpunkt, von den Eltern weg in den Sandkasten zu gehen? Oder geben die Eltern den Startschuss zur Trennung und für ein neues Spiel – zu einem Zeitpunkt, der *ihnen* der richtige zu sein scheint?

> ➤ *Auf dem Spielplatz sollten Kinder selbst entscheiden können, wann sie in den Sandkasten wollen oder nicht.*

Vielleicht könnte das Kind nach einigen weiteren Minuten in Elternnähe besser vorbereitet aufs Alleinspiel oder einen Kontakt mit anderen Kindern starten. Es ist klar, dass eine Trennung genau dann für das Kind am besten ist, wenn es sich orientiert hat und kaum mehr Bedürfnis nach Elternkontakt verspürt – wenn seine emotionalen Akkus voll aufgeladen sind und es gleichzeitig maximal spielbereit ist. Dann kann es losmarschieren und sich auf ein langes, genussvolles Spiel einlassen. War es *seine* Entscheidung, spielen zu gehen, dann kann es auch aktiv werden.

Eine geringfügige Änderung des elterlichen Verhaltens hat eine große Wirkung.

Alleinsein lernt man zu zweit

Eine 1990 von japanischen Psychologen veröffentlichte Untersuchung zum Säuglingsverhalten überraschte die Fachkreise: Bereits im zweiten Lebensmonat zeigen Kinder Stress-Anzeichen, wenn ihre Mutter den Raum verlässt und eine fremde Person hereinkommt – und zwar in Form von Temperatur-Veränderungen ihrer Stirnhaut. Derartige Reaktionen hatte so kleinen Säuglingen niemand zugetraut. Die ersten Differenzierungs-Leistungen zwischen „bekannt" und „fremd" hatten vorher alle erst im sogenannten Fremdelalter – frühestens mit sechs oder acht Monaten erwartet. Dann ist bekanntermaßen bei vielen Kindern auf das Näherkommen von nicht bekannten Personen mit Fremden-Abwehr-Reaktionen zu rechnen. Dieses Abwenden des Kopfes, Weinen, Wegstoßen und lautstarkes Verlangen nach der Mutter sind nicht Zeichen einer übergroßen Ängstlichkeit, sondern Signale einer nun erreichten Entwicklungs-Stufe – nämlich der des individuellen Erkennens und somit der Unterscheidung zwischen einem bekannten, vertrauten Gesicht und einem bislang unbekannten Gesicht.

Bis zu dieser aufsehenerregenden Beobachtung in Japan war man davon ausgegangen, dass ein Säugling, der nicht zu schreien beginnt, wenn die Mutter weggeht, ihre kurze Abwesenheit entweder überhaupt nicht registriert, die Situation als nicht aufregend einstuft oder die Präsenz einer beliebig anderen Person als ausreichend beruhigendes Anwesenheits-Signal akzeptiert. Nach diesem Ergebnis war aber klar, dass Säuglinge bereits kurz nach der Geburt – der ersten großen Trennung – kleine Trennungen von einem vertrauten Menschen durchaus wahrnehmen und physiologisch messbaren Stress erleben.

Sollten Eltern ihrem Kind diesen speziellen Stress ersparen? Sollten sie versuchen, jegliche Trennung zu vermeiden – bis …? Und ab wann ist ein Kind eigentlich trennungsfähig, das heißt nach einer Trennung auch wieder handlungsbereit? Eine absolute Trennungs-Vermeidung ist unmöglich und scheint, auf den weiteren Entwicklungs-Verlauf bezogen, auch nicht angebracht zu sein, da schon die frühen Jahre immer wieder automatisch kleine Trennungen mit sich bringen. Und auf die sollte ein Kind vorbereitet werden. Den Umgang mit Trennungen muss man lernen.

„Alleinsein lernt man zu zweit" – ein Leitsatz der Interaktions-Forschung. Die beste Vorbereitung stellt eine feste Bindungs-Erfahrung zu einem engen Kreis vertrauter Bezugspersonen dar. Es ist schon ein großer Schritt an Autonomie getan, wenn ein Kind sich im Beisein seiner Bezugsperson(en) allein beschäftigt. Typisch für das erste Lebensjahr ist, etwas allein *machen* zu wollen – das bedeutet aber nicht gleichzeitig, allein *sein* zu wollen. Es gehört zum Entwicklungs-Programm der ersten Lebensjahre zu lernen, dass Bezugspersonen auch dann noch existent sind und weiterhin Sicherheit vermitteln können, wenn sie im Moment gerade nicht da sind. Mit mehr Verständnis für das Geheimnis von Beziehungen nehmen

> ► *Den Umgang mit Trennungen muss man lernen.*

auch die selbstregulatorischen Fähigkeiten zu. Wer über eine gute Bindung verfügt, erlebt sie nicht als einschränkende Abhängigkeit, sondern genießt und begreift sie als gestaltbaren Freiraum, der Autonomie erst möglich macht.

Man könnte mittlerweile den Eindruck gewonnen haben, dass ein Trennungs-Wunsch immer nur auf Seiten der Bezugsperson besteht. Dem ist aber nicht so. Bereits von Anfang an haben auch Kleinstkinder den Wunsch, sich hin und wieder zu distanzieren. Das zeigt sich bereits in einer typischen Blickinteraktion zwischen Säugling und Bezugsperson: Nach Phasen intensiven Blickkontakts folgen immer wieder Phasen deutlicher Blickabwendung durch das Baby. Bereits Säuglinge brauchen diese Momente des „Für-sich-Seins", der Abgrenzung, in denen sie sich von den Anstrengungen einer Interaktion – die ja auch sehr fordernd sein kann – erholen und sich auf sich selbst und auf eigene Aktivitäten konzentrieren können.

Ältere Kinder kokettieren mit ihrer zunehmenden Autonomie. Sie spielen mit der Trennung, indem sie gezielt Interaktionen herbeiführen,

Eigene Aktivität:
Aktion ohne Interaktion

während der sie zeitweilig eigenbestimmt verschwinden, um dann wieder aufzutauchen. Sich die Augen zuhalten, sich ein Tuch über den Kopf ziehen oder sich irgendwo im Haus oder Garten verstecken – das sind Spiele, die sie für einen kurzen Moment in eine ganz eigene Welt transportieren. Diese spielerische Trennung behält jedoch nur so lange ihren Reiz, solange klar ist, dass die Mutter auch wieder da ist,

► *Auch Säuglinge brauchen schon Momente des „Für-sich-Seins".*

wenn man die Augen öffnet oder das Tuch abzieht. Verstecken ist nur dann witzig, wenn man zuerst deutlich geäußert vermisst wird, dann intensiv und leicht erregt gesucht und schließlich voll Freude und Erleichterung wiedergefunden wird.

Kindliche Trennungs-Spiele haben feste Regeln: Das Kind muss die Kontrolle über die Situation behalten, jederzeit Einfluss nehmen und *„Stop"* sagen können. Sonst nimmt die Angst überhand – und es ist nur noch erschreckend. Die Momente des selbstgewählten Alleinseins dehnen sich im Laufe der Entwicklung zu immer längeren Phasen aus, in denen sich ein Kind mit sich selbst spannend und voll Spaß beschäftigt. Mit sich selbst etwas anfangen zu können, verstärkt Kompetenz-Gefühle. Es ist auch toll, eigene Ideen zu haben, sie durchführen zu können und sich dabei wohl zu fühlen. Durch eine Un-

> ### ➤ *Kindliche Trennungs-Spiele haben feste Regeln.*

zahl gewinnbringend verarbeiteter kleiner Trennungs-Erfahrungen erlebt ein Kind viele Male, dass es auch gut sein kann, mal allein zu sein – eine wesentliche Voraussetzung, sich selbst zu mögen.

Ein gelungener Umgang mit Nähe und Distanz, mit Bindung und Autonomie lässt sich jedoch nicht von außen oder auf Elternwunsch beschleunigen. Das zeigen die oben beschriebenen Spielplatz-Beobachtungen und neue Ergebnisse aus Kinderkrippen. Zu frühe, zu wenig vorbereitete, vom Kind ungewollte, von Erwachsenenseite jedoch forcierte Trennungen führen nicht zu einer schneller gesteigerten Autonomie, sondern nur zu einem – auch hormonell messbaren – Stress-Anstieg.

Wichtig bei einer Trennung ist nicht nur, wer geht – sondern auch, wer beim Kind bleibt. „Alte" und „neue" Bezugsperson müssen für das Kind zuerst einmal gemeinsam eine Brücke zwischen seinen Welten schlagen. Gelingt es der Krippenerzieherin, Tagesmutter oder Babysitterin während einer behutsamen Eingewöhnung, im Beisein von Mutter oder Vater eine Beziehung zum Kind aufzubauen – mit ihm zu spielen, zu streiten und zu lachen – dann kann das Kind eine vorübergehende Trennung von der Haupt-Bezugsperson akzeptieren, ohne großen Stress und ohne lähmende Trauer. Die Trennungs-Zeit wird dann nicht nur überstanden, sondern genussvoll erlebt. Aber genau das will erst einmal gelernt sein. In kleinen Häppchen muss die Trennung serviert werden, damit sie für das Kleinstkind verdaulich wird.

In der Eingewöhnungs-Phase dienen kurze Trennungen von der Mutter zum Austesten, …

- ob der Trennungs-Schmerz zu bewältigen ist
- ob die neue Bezugsperson vom Kind akzeptiert wird
- ob sie in der Lage ist, als vorübergehende Sicherheits-Basis zu fungieren, die es dem Kind erlaubt, auch in der neuen Umgebung aktiv zu werden

Klappt das – und nur dann – kann man langsam die stundenweisen Trennungen zu halb- oder sogar ganztägigen Trennungs-Phasen verschmelzen lassen.

Um die Zeit des Getrenntseins besser verkraften zu können und um das Band zur geliebten Person noch einmal zu bestärken, bevor es auf seine Festigkeit getestet wird, haben sich Abschieds-Rituale entwickelt. Bereits kleine Kinder winken, wenn sie sich verabschieden. Ihr Abschieds-Spektrum wird durch Zärtlichkeiten und verbindende Worte immer größer. Kinder, die in der Lage sind, Abschieds-Gesten zu zeigen, akzeptieren die nun anstehende Veränderung. Sie haben gelernt, mit kleinen Trennungen umzugehen, und sind nach dem Fortgang der Bezugsperson weniger angespannt und spielfreudiger.

Am schwersten fallen Kindern Trennungen im Alter von 12 bis 15 Mona-

Große Geste – kleine Trennung

ten. Jetzt wissen sie schon, was eine Trennung bedeutet, verfügen aber noch über zu wenig Trennungs-Know-How, um locker damit fertig zu werden. Wenn sie etwas älter und erfahrener mit Abschieden und Rückkehr sind, können sie allmählich immer besser damit umgehen. Der Abschied wird in der Gewissheit, sich „in alter Form" wiederzusehen, leichter zu bewältigen. Jetzt erzählen sie ihren Eltern auch stolz, dass sie nach der Trennung am Morgen eigene Wege gegangen sind und in der Zwischenzeit etwas Tolles ohne sie erlebt haben. Das sollen die Eltern bewundernd zur Kenntnis nehmen.

> ➤ *Kinder, die Abschieds-Gesten zeigen, haben gelernt, mit kleinen Trennungen umzugehen.*

„Ich bin Teil meiner Umgebung. Ich gestalte sie mit"

Bei Beratungs-Gesprächen berichten Eltern mitunter von beeindruckenden Veränderungen im Familienleben, die durch eines ihrer Kinder angeregt und vom Rest der Familie aufgegriffen worden sind.

● *„**Pit**, unser jüngster Sohn, hat in den sechs Jahren, die er inzwischen auf der Welt ist, bei uns zu Hause mehr verändert, als wir uns das je vorgestellt hatten. **Larissa**, die Große, sagt manchmal beim Heimkommen: ‚Na, leben wir heute wieder in Pithausen?' Pit ist unser Künstler. Und das ist noch nicht alles. Er hat auch den Künstler in jedem von uns gesucht und wieder erweckt. Als er noch ein ganz kleines Baby war, bemerkten wir, dass er sofort aufhorchte und jedes Spiel, sogar Weinen unterbrach, sobald er irgendwo Musik hörte. Pit sammelt Musik. Wenn er in der Stadt peruanischen Flötenspielern zuhört, kommt er nach Hause und muss der Musik mit einem seiner Instrumente nachrennen, wie er es nennt. Erst dann kann er etwas anderes spielen oder essen oder schlafen gehen. Inzwischen musizieren die drei Geschwister jeden Nachmittag fast eine Stunde lang miteinander, improvisieren und erspielen sich neue Stücke mit verschiedenen Instrumenten. Ich selbst habe aus meinem Elternhaus meine Geige geholt – seit dem Abitur hatte ich nicht mehr gespielt. Und mein Mann spielt nach vielen Jahren Abstinenz wieder Saxophon in einer privaten Jazzgruppe. Am meisten hat es uns überrascht, dass wir plötzlich trotz unserer vielen anderen Aktivitäten Zeit fürs Musikmachen hatten. Den Höhepunkt erlebten wir am letzten Silvester-Abend, als sich meine Schwiegermutter spontan ans Klavier setzte und einen Walzer spielte. Mein Mann hatte bis dahin gar nicht gewusst, dass seine Mutter Klavier spielen kann."*

Entwicklungs-Forscher kennen das Phänomen. Sie sagen, jede Person wirke auf ihre Umwelt, indem sie spezielle Aspekte daraus für sich auswählt, diese gestaltet und auf sich zurückwirken lässt. So wird auch die Umwelt verändert.

Es würde zu weit führen, all die spannenden Konsequenzen dieses neuen Ent-wicklungs-Verständnisses aufzuzählen. Wir sprechen hier die Aspekte an, die im Zusammenhang mit **Schutz-Erziehung** wichtig sind.

Wenn Ihnen in nächster Zeit jemand erzählt, seine Kinder seien so verschie-den, verschiedener gehe es gar nicht mehr – obwohl sie bei denselben Eltern im selben Haus groß geworden und sicher auch durchaus vergleichbar erzogen worden sind – dann können Sie dieses Wunder erklären: Geschwister können sich unter identischen Familienbedingungen tatsächlich ganz unterschiedlich entwickeln, weil jedes sich seinen speziellen Ausschnitt aus dem familiären Gesamtangebot wählt, sich seine eigenen Freunde sucht, diese auch findet und wiederum andere Umgebungs-Reize verlockend erlebt. Es entsteht ein höchst individuelles Potpourri. Jedes Kind sucht nach dem, was zu ihm passt, was es bestätigt und befriedigt. Durch diese Wahl legt es einzelne Bereiche fest, in de-nen man auch recht bald seine Einflussnahme spürt. Und seine Umgebung ver-ändert sich in seinem Sinne.

Leider wirkt sich eine derartig Einfluss nehmende Umgebungs-Gestaltung nicht immer positiv aus. Heute weiß man, dass Verhaltens-Auffälligkeiten ei-nes Kindes nicht unbedingt nur die Folge eines ungeeigneten Erziehungs-Ver-haltens der Eltern sein müssen. Auch das Kind selbst bietet durch sein „Ant-wort-Verhalten" Voraussetzungen für Fehlläufe. Jeder Mensch – also auch ein Kind – kann seine Umwelt und seine eigene Entwicklung negativ ge-stalten, wenn er sich in der Beziehung

> ► *Jedes Kind sucht nach dem, was zu ihm passt, was es bestätigt und befriedigt.*

zu anderen Menschen immer nur die negativen Aspekte herauspickt. Wenn sei-ne Umwelt entsprechend negativ reagiert, kommt es zwangsläufig zu immer mehr Missverständnissen und zu immer neuen Konflikten. Mit der Zeit finden beide Seiten immer öfter die Bestätigung, dass es nicht gut läuft – und daraus ziehen sie den Schluss: *„Wir können nicht miteinander."*

Wenn keine positiven Erfahrungen gelungener Interaktionen da sind und der „Negativ-Spirale" entgegenwirken können, existiert auch kein gemeinsames Konfliktlösungs-Know-How. So arbeiten beide Seiten weiter ausschließlich an einer „Negativumgebung". Hier gibt es nur eine tragfähige Lösung: Sich Hilfe von außen holen, die weitere Eskalation verhindert und beiden Seiten – Eltern wie Kind – positive Ansätze vor Augen führt, die meist recht schnell als neue Gestaltungs-Elemente zur positiven Umgebungsveränderung eingesetzt werden können. Dann erleben Eltern und Kinder: *„Wir können doch miteinander."*

Kontakt aufnehmen und sich auseinander setzen

Haben Sie sich schon einmal überlegt, auf welchem Weg ein Kind erfährt, was es darf und was es nicht darf?

● Wie lernt es zu unterscheiden, was *immer* möglich ist (sagen, wovor man Angst hat, was man möchte), was *mitunter* (Quatsch machen, Eis essen) und was mit Sicherheit *nie* in Ordnung ist (sich losreißen und über die Straße rennen, nach anderen treten)?
● Was muss ein Kind in Bewegung setzen, damit es mit seiner Umgebung die Erfahrungen sammeln kann, die es braucht, damit die Reaktionen der anderen vorhersehbar und dadurch auch die Auswirkungen für sich selbst berechenbar werden?

Das Kind muss aktiv werden. Ohne penetrantes Nachfragen, unangenehmes Nachhaken, nervige Wiederholung und Variation von Probeläufen, erneutes Provozieren, massive Grenzverletzungen und anmaßende Versuche mit all ihren Konsequenzen bliebe einem Kind ein wertvoller Erfahrungs-Schatz unerreichbar und damit nicht nutzbar.

➤ *Kinder müssen die Auseinandersetzung suchen, um ihren Handlungs-Spielraum auszuloten.*

Jedes Kind muss gegen alle Widerstände aggressiv angehen, um zu erfahren, wo sein Wille durchsetzbar ist, und wo es auf unüberwindbare Grenzen stößt. Und das geschieht entwicklungsgemäß im Trotzalter. Ein Kind muss die Aus-

„Wie weit kann ich gehen?"
Orientierung durch Provokation

einandersetzung suchen, aktiv gegen soziale Regeln verstoßen und Reaktionen provozieren, um seinen alterstypischen Handlungs-Spielraum auszuloten. Das ist der einzig erfolgreiche Weg, um bei der sozialen Orientierung Hilfe zu bekommen.

Bleibt man dem „fragenden" Kind die Antwort schuldig, weil man ihm Frustrationen oder sich selbst die Auseinandersetzung ersparen will, weil man lieber einem Konflikt ausweichen möchte, dann kehrt keine Ruhe ein. Im Gegenteil: Es kommt zu verschärften Provokationen. Das Kind wird unausstehlich, denn es braucht die Antwort: Entweder ein freiraumschaffendes *„Ja"* oder ein eindeutig bremsendes *„Nein"*, mit dem von jetzt an immer an dieser Stelle zu rechnen ist.

Nur das Setzen konsequenter, aber auch einsichtiger Grenzen schafft die so wichtigen klärenden Verhältnisse. Denn wenn dienstags etwas erlaubt wird, was montags verboten war, wäre es kein lernbereites Kind, wenn es nicht mittwochs noch einmal das gleiche versuchen würde. Es könnte nämlich diesmal klappen – vielleicht ist sogar noch mehr drin.

Diese aggressiven Vorstöße – in der Fachliteratur *aggressive soziale Exploration* genannt – sind nicht etwa möglichst schnell abzudressierende Ungezogenheiten, sondern ein wichtiger Teil des sozialen Lernens während der kindlichen Entwicklung. Das Kind nimmt am Sozialleben teil, indem es die hier

➤ Ein klares „Ja" oder ein klares „Nein" schaffen klare Verhältnisse.

geltenden Normen abfragt, um sich in dieser Welt einrichten zu können. Wenn ein Kind sich also zeitweilig aufdringlich und aufmüpfig verhält, erhöht es die Chancen auf eine schnelle und zweifelsfreie Antwort. Die braucht es, um die Verhältnisse klar zu sehen und wieder zur Ruhe zu kommen. Nicht nur seine Umgebung, auch seine Beziehungen gestaltet ein Kind nach Möglichkeit aktiv, um wohltuende Grenzen und damit auch Sicherheit zu erfahren.

Wie sieht diese Sicherheit aus? Es ist die Sicherheit, …

- dass es Regeln gibt, die immer gelten – egal welcher Tag heute ist
- dass Reaktionen der anderen für das Kind vorhersehbar werden und es sein Verhalten danach ausrichten kann
- dass es keine Angst vor unklaren Situationen hat, weil ihm immer einige Dinge bekannt sind und der Erfolg versprechende Umgang damit vertraut ist
- dass es eine Grob-Orientierung hat und nicht darauf hoffen muss, dass immer ein anderer ordnende Strukturen vorgibt
- dass es durch Neues, noch Unbekanntes eine positive Verunsicherung spürt, die es motiviert, der Sache auf den Grund zu gehen. Es will verstehen, um wieder aktiv werden und mitgestalten zu können

Wissenschaftler sprechen hier *vom Konzept der Impulsgebung zur handelnden Selbstentfaltung*. Das nächste Kapitel stellt Ihnen dieses Konzept anwendungsbereit für den Erziehungsalltag mit Kindern vor.

Kapitel 2: Das Wichtigste in Kürze

- Kindliches Verhalten ist Frage an die Eltern. Die elterlichen Reaktionen sind die Antwort

- Die Natur unterstützt den gegenseitigen Kennenlern-Prozess, indem sie Kind und Eltern neugierig aufeinander und besonders aufmerksam füreinander macht

- Wie ein Kind sich selbst und seine Familie einzuschätzen lernt, hängt davon ab, wie prompt, zuverlässig und feinfühlig seine Eltern reagieren

- Kinder in jedem Alter haben das Bedürfnis, aktiv zu werden und etwas beeinflussen und notfalls verändern zu können

- Eine Nuckelflasche hindert Ihr Kind daran, seine wirklichen Bedürfnisse zu äußern. Und sie hält Sie davon ab, aufmerksam hinzusehen und genau hinzuhören, was Ihrem Kind im Moment wirklich fehlt

- Aggressives Provozieren ist eine notwendige Voraussetzung, sich als Kind in einer Gemeinschaft einleben zu können – vorausgesetzt, die Gemeinschaft reagiert konsequent, vorhersehbar und mit Verständnis darauf

- **Schutz-Erziehung** zeigt einem Kind, was in ihm vorgeht, und wie es aktiv werden und seine Lage verbessern kann

3

So entdeckt Ihr Kind seine Fähigkeiten und macht Erfahrungen fürs Leben

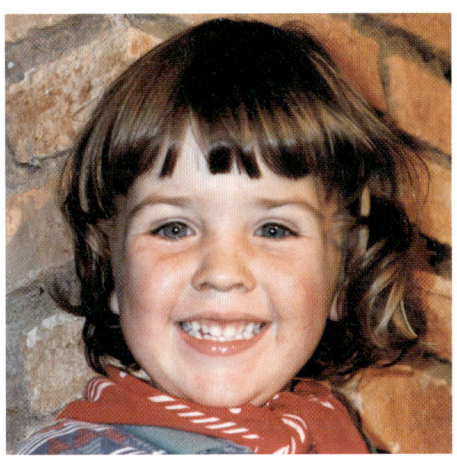

In diesem Kapitel erfahren Sie, …

- wie wichtig es ist, sich in der Kindheit so oft wie möglich frei zu bewegen und ungestört zu spielen
- welche Voraussetzungen es braucht, damit Spielbegeisterung aufkommt
- dass Kinder, sobald sie die nötigen Freiräume haben, Entdecker, Erfinder und ihre eigenen Lehrmeister sind
- dass für Kinder im Spiel vieles selbstverständlich ist, was für Erwachsene im Beruf anstrengend ist
- wie Sie die Selbstbildungs-Prozesse Ihres Kindes erkennen und unterstützen können
- dass Kinder gute Gründe haben, mit Fehlern anders umzugehen als Erwachsene

Selbstgemachte Erfahrungen fördern die Entwicklung

Erzählen Erwachsene über ihr Leben und blicken dabei auf ihre Kindheit und Jugend zurück, wird es immer dann besonders spannend, wenn es um Erlebnisse geht, bei denen sie Erfahrungen sammeln konnten, die weit über den Augenblick hinaus für sie von Bedeutung waren.

Ein bekannter Kinder- und Jugendpsychiater sieht es als wichtigen Grund für seine spätere Berufswahl an, sich einmal gegen die ganze Klasse für seinen zu Unrecht bedrängten Freund eingesetzt und dann zu zweit dem Ansturm der Mitschüler standgehalten zu haben. Mit dem Ergebnis, dass der Ansturm sich angesichts zweier offensichtlich unerschütterlich Verbündeter in Luft auflöste.

„In dieser Situation habe ich viel über Aggression und Angst gelernt. Wie oft habe ich später an diese Minuten gedacht und immer wieder gespürt, welche Gefühlswechsel von Wut über Angst bis zu höchster Siegesbefriedigung ich damals empfunden habe. Dieses Erlebnis habe ich als Erfolg verbucht – als echte Stärke

> ➤ *Kindheits-Erfahrungen können ein ganzes Leben prägen.*

– und es hat mich geprägt. Es hat mich bei anstehenden Entscheidungen und Reaktionen immer wieder nach dieser Stärke in mir suchen lassen. Denn dass sie da ist, das weiß ich seit damals."

Aktiv Erfahrungen zu sammeln und sie, wenn es darauf ankommt, als Wissen und Fähigkeiten zur Verfügung zu haben – das ist eine wesentliche Voraussetzung, um auf Anforderungen vorbereitet zu sein. Das bedeutet im Alltag nichts anderes, als sich nicht schnell verunsichern oder einschüchtern zu lassen und jede Gelegenheit, sich zu beweisen, wahrnehmen und nutzen zu können.

- **Kevin** (5 Jahre alt) war erst vor wenigen Wochen mit seinen Eltern in eine neue Wohngegend gezogen. Obwohl zwei der Nachbarskinder mit ihm in den selben Kindergarten gingen, hatte er beim Spiel auf der Straße noch keinen richtigen Kontakt gefunden. Als die Kinder eines Nachmittags auf jeder Baumscheibe auf dem Bürgersteig einen dicken Belag grob geschredderter Rindenstücke vorfanden, war Kevins Stunde gekommen. Dank seiner Erfahrungen mit Treibholzstückchen am Strand konnten die Kinder unter seiner Regie mit größtem Vergnügen eine Hafenanlage mit Schiffen bauen und stundenlang spielen. Einer seiner Kindergarten-Kameraden begleitete Kevin gegen Abend nach Hause. *„Ich will mal sehen, wo deine Klingel ist. Sollen wir morgen im Kindergarten draußen zusammen spielen?"*

Kevin kam in die Gruppe rein, weil er eine Idee hatte und diese offensichtlich geschickt unter die Kinder brachte. Das hat ihm die Eingliederung erleichtert – sicher nicht nur die akut anstehende, sondern auch die nächste

> ➤ *Wer schon früh Anforderungen meistert, ist auf spätere Anforderungen vorbereitet.*

und die übernächste. Denn Kevin wird ähnliche Anforderungen nicht mehr als unüberwindbare Hürde ansehen.

Mit Anforderungen zurechtgekommen zu sein, schafft ein Sicherheits-Polster, das in schwierigen Situationen – wenn überhaupt – viel seltener und dann auch erst viel später ausrasten und verzweifeln lässt.

Es ist gut zu wissen:
- *„Ich habe schon so viel geschafft, also schaffe ich das auch!"*
- *„Ich weiß mir zu helfen, notfalls hole ich mir Hilfe!"*
- *„Ich kenne mich!"*
- *„Ich kann mich auf mich verlassen!"*

Aktiv Erfahrungen sammeln ist *eine* Sache – Erfahrungen sammeln können und dürfen die *andere*. Die Dinge unserer Umgebung schaffen „Lebens-Bedingungen". Was einen großen oder kleinen Menschen umgibt, beeinflusst sein Leben. Damit ist nicht nur das Haus gemeint, in dem er wohnt mit seiner Ausstattung und mit den anderen Grundstücken und Gebäuden in nächster Nähe, oder die Straße und die Stadt, in der dieses Haus steht. Damit sind auch die Aktivitäten gemeint, die dieser Lebensraum zulässt, die Kontakte, die dort zu anderen Menschen möglich sind. Handelt es sich dabei um Angebote, mit denen Kinder etwas anfangen können, mit denen sie groß werden können?

> ### ➤ *Der Lebensraum unserer Kindheit beeinflusst unser Leben.*

Sich frei bewegen und spielen – das sind zwei große Erfahrungs-Schatzkisten, die eine **Schutz-Erziehung** während der ganzen Kindheit füllt.

Sich bewegen: Lust pur

„Bewegt es sich?" fragen Kinder aufgeregt, wenn sie ein kleines Tier am Boden finden. Denn wenn es sich bewegt, lebt es. Bewegung – das bedeutet Leben und Aktivität. Die Kinds-Bewegungen sind für die werdende Mutter die ersten, eindeutig wahrnehmbaren Signale ihres Kindes. In den Armen von Mutter oder Vater gewiegt zu werden, stillt das Kontakt-Bedürfnis und vertreibt die Verlassenheits-Angst des Säuglings. Selbstverständlich verschafft sich ein gesundes Kind schon im Säuglings-Alter selbst Bewegung. Mit der eigenen Hand etwas bewirken zu können, sich etwas herbeiholen oder vom Leib halten zu können, darf zu den ersten großen Erfolgs-Erlebnissen gezählt werden.

Menschen haben eine starke Motivation, sich zu bewegen. Worte wie „Bewegungs-Freude", „Bewegungs-Lust" oder „Bewegungs-Drang" zeugen davon. Kinder müssen sich bewegen. Nicht weil Erwachsene Bewegung für gesund und für pädagogisch wichtig halten, sondern weil Kinder sich bei und nach motorischer Aktivität wohl fühlen, befriedigt und bereit für neue Aktivitäten sind. Plötzlich können sie wieder konzentriert nachdenken, vertieft lesen, auf andere zugehen und aufkommende Langeweile mit Ideen besiegen.

Jede motorische Aktivität lässt Kinder mehr über ihren Körper erfahren, über seine Beweglichkeit und seine sich durch Wachstum und Übung verändernden

> ### ➤ *Bewegung bedeutet Leben und Aktivität.*

Möglichkeiten. Ein ungestörter Entwicklungs-Ablauf braucht Bewegungs-Anreize, hat Bewegungs-Viel-

Seinen Körper kennen lernen:
Erfolgs-Erlebnis „Bewegung"

falt eingeplant. Deshalb wird Springen, Rennen, sich drehen, Hüpfen und Schaukeln als schön, spannend und lustvoll empfunden.

Dieser körpereigene Belohnungs-Effekt hat seinen Grund: Während all dieser Bewegungs-Abläufe formen und verknüpfen sich Neuronen-Muster in den verschiedenen Gehirn-Arealen und werden durch Üben stabiler. Kaum jemand weiß, dass beim Klettern, Malen, Nussknacken, Balancieren, Fußballspielen und Tanzen großteils dieselben Schaltstellen gebahnt werden, die auch beim Sprechen, Rechnen, Lesen und Nachdenken in Aktion sind. Je häufiger sie alle aktiviert sind, desto stärker und leistungsfähiger werden die Verschaltungen. Das bedeutet: Man „schaltet" also auch geistig schneller und besser. Viele Bewegungs-Erfahrungen lassen also körperlich und geistig beweglicher werden.

Zuerst einmal motiviert Kinder die reine Bewegungs-Freude selbst. Dann wird der Vergleich verlockend,

> ➤ *Viel Bewegung macht körperlich und geistig beweglich.*

wer von den anderen Mädchen und Jungen auch so schnell laufen, so weit springen oder bei den tollkühnsten Kletterpartien mithalten kann – und mit wem es am meisten Spaß macht, sich zu messen und auszupowern. Erst viel später – meist auch von außen angeregt – geht es um in Metern und Sekunden messbare Leistung. Der wahre Erfahrungs-Schatz, der für die kindliche Entwicklung relevant ist, liegt auf den ersten beiden Stufen.

Kinder mit Bewegungs-Defiziten reagieren alarmierend, denn sie sind arm dran. Ihre Reaktionen sind Notsignale der Natur, damit der schnell gefährlich

Kleinkinder besiegen Zehnkämpfer

Kinder wollen sich bewegen. Beobachten Sie einmal in der Reisezeit, wie die Kinder auf den Rastplätzen aus den engen Autos purzeln. Sie explodieren fast. Kein Körperteil will unbewegt bleiben. Bewegungs-Abläufe im Übermaß sind angesagt – keineswegs alle dafür gedacht, sich in kürzester Zeit von Punkt A nach Punkt B zu bewegen. Sondern einfach nur mit dem Zweck und Ziel, beweglich zu sein. Erst wenn sie sich ein bisschen ausgetobt haben und atemlos geworden sind, sind Kinder wieder auf andere Bedürfnisse ansprechbar: Erst dann nehmen sie wieder wahr, dass sie hungrig oder durstig sind oder Pipi machen müssen.

Die Bewegungs-Ressourcen eines Kleinkindes sind beeindruckend. Seine kurzfristige Regenerations-Fähigkeit lässt Erwachsene geradezu neidisch werden. Seit einem Test in den 70er Jahren wissen wir, dass ein trainierter Zehnkämpfer nur etwa vier Stunden lang in der Lage ist, die körperlichen Aktivitäten drei- bis vierjähriger Kinder mitzumachen. Danach ist er geschafft – während die Kinder immer noch, von kurzen Pausen unterbrochen, weiter agieren können, wollen und müssen.

werdende Bewegungs-Entzug, der den ganzen Erregungs-Haushalt durcheinander bringt, nicht noch länger anhält.

Mittlerweile verstehen viele Fachleute diese vehementen Hilferufe richtig und können den Eltern beim Übersetzen helfen. Die Botschaft der Kinder heißt:

„Lasst uns draußen toben, damit es nicht drinnen in uns wütet!"

Krach machen und Bewegung sind für Kinder oft eng gekoppelt. Lärm und Bewegung sind starke Ausdrucks-Mittel, mit denen man ein Revier abstecken und etwas Eindrucksvolles unüberhörbar und unübersehbar produzieren kann. Wer regelmäßig im Freien toben darf, dem fällt es auch leichter, drinnen leiser zu spielen. Denn diese Ausdrucks-Komponente ist als Kontrast dann auch wieder spannend.

Kinder leiden, wenn ihr altersgemäßer Bewegungs-Drang unterdrückt wird. Am meisten, wenn sie womöglich für mobile Aktivitäten auch noch mit Bewegungs- und Liebesentzug bestraft werden.

Diesen Kindern widerfährt Schlimmes, sie werden motorisch depriviert. Das heißt: Sie werden einer für ihren Entwicklungs-Verlauf wichtigen Erfahrungs-Möglichkeit beraubt. Dagegen revoltieren sie lautstark, setzen sich mit Händen und Füßen zur Wehr, sobald sie festgehalten werden, still sitzen müssen und nicht rumrennen dürfen. Ruhe wird zum verhassten, gefürchteten Zustand, der – wenn man Glück hat – über einen aufwändigen Umweg nach Jahren wieder zu etwas Erstrebenswertem werden kann.

Aggression ist die erste Reaktion auf diese verhinderte Trieb-Befriedigung. Völlig gerechtfertigt begehrt ein Kind gegen diese folgenschweren Einschränkungen auf. Doch auf den ersten Blick sieht sein Verhalten zunächst einmal nur böse und ungezogen aus. Das Kind gefährdet andere – oft auch sich selbst – bis endlich jemand den wahren Grund für diese extremen Reaktionen erkennt und sich die Mühe macht, die zugrunde liegenden Zusammenhänge zu verstehen – und dann noch für Änderung sorgt.

➤ *Kinder mit Bewegungs-Defiziten reagieren alarmierend.*

- Gefahr für Kind und Familienleben droht, wenn zum Beispiel ein zweijähriges Kind jede unbewachte Gelegenheit ausnützt und auszubüchsen versucht, um endlich mal ungebremst losrennen zu können, was die kleinen Füße hergeben.

- Es ist ein Problem, wenn ein dreijähriges Kind sich im Autositz aufbäumt und keinen Gurt mehr akzeptiert, weil es kein Fest- und Zurückhalten mehr ertragen kann. Denn zu oft erlebt es diese Zwangs-Situation im Alltag, wenn dafür keine Notwendigkeit zu seinem Schutz besteht.

- Unnötig belastend ist es, wenn ein vierjähriges Kind keine Mahlzeit ohne Theater und schließlich Tränen hinter sich bringen kann, weil es nicht an den appetit- und stimmungsanregenden Vorbereitungen zum Essen beteiligt, sondern nur vom Spielen weg zum Stillsitzen und Essenmüssen verdonnert wird. Das lässt keine erfreuliche und entspannende Mahlzeiten-Atmosphäre aufkommen, an der jeder gern teilnimmt und mit Genuss etwas isst.

- Für alle Beteiligten unbefriedigend ist die Situation, wenn ein fünfjähriges Kind morgens als unausgeschlafenes, unausgeglichenes Störpaket im Kindergarten erscheint, das alle Konflikte wie ein Magnet anzieht, weil es den Nachmittag und Abend vor dem Fernseher statt im angeregten Spiel verbracht hat. *„Aber Ruhe vor dem Fernseher! Kein Gehample und keinen Ton! Sonst geht's sofort ab ins Bett!"* Der Schlaf lässt dann oft noch eine oder zwei Stunden lang auf sich warten, weil das Kind zwar todmüde, aber keineswegs entspannt genug zum Einschlummern ist.

- Es muss ganz schnell etwas passieren, wenn ein sechsjähriges Kind beim Rennen auf dem Schulhof alle anrempelt oder durch Rumstehen stört – keineswegs aus Absicht, sondern aus Ungeschicklichkeit, weil es ihm an Bewegungs-Erfahrungen fehlt. Doch egal welche Ursache zugrunde liegt – Unfälle und Wut sind die Folge. Mit diesem Kind will niemand spielen, weil der nächste Aufprall bereits vorprogrammiert ist. Ausweichen kann man nämlich nur in den Situationen lernen, in denen man selbst mobil den Aktionsraum eines anderen kreuzt und dessen Bewegungen in die eigenen Überlegungen und nächsten Schritte oder Sprünge mit einbezieht. Man muss schon oft mit anderen gerannt sein, um elegant aneinander vorbei huschen zu können. Man darf auch nicht – mangels fehlender Übung – ausschließlich auf die eigenen Bewegungen konzentriert sein, so dass keine Kapazität für die Wahrnehmung der anderen übrig bleibt.

Nach aggressivem Widerstand, wenn alles Aufbegehren nicht mehr Bewegungs-Freiheit gebracht hat, folgt eine gefährliche Ruhe. Jetzt ist Bewegungslosigkeit angesagt. Das Kind beginnt, sich seinen Bewegungs-Drang abzugewöhnen. Bewegungs-Unlust ist traurig anzusehen. Sie passt nicht zu einem Kind, macht Zuschauer sogar aggressiv. Besonders schlimm ist, dass sie Konsequenzen für den Stoffwechsel und auf das Spiel- und Lernverhalten, also auf Körper und Geist des Kindes hat.

„Couch-potatoes" nennt man nicht besonders freundlich Kinder (genauso auch Erwachsene), denen jede Bewegung zu viel ist. Kein Anreiz ist groß genug, die Bewegungs-Strapaze eines Spaziergangs auf sich zu nehmen. Beim passiven Konsumieren, Fernsehen usw. versuchen sie sich die gegen Langeweile dringend nötigen neuen Anreize zu verschaffen – ohne Ortswechsel durch die Zufuhr besonderer Nahrungsmittel, die ihnen zumindest im Gaumen noch Abwechslung bieten: Extrem

> ➤ *Kinder leiden,*
> *wenn ihr Bewegungs-Drang*
> *unterdrückt wird.*

scharf, salzig, bitter, aber auch widerlich süß bis an die Ekelgrenze müssen die selbst zugeführten Sensationen sein, um als stimulierende Abwechslung zu wirken und den Mangel an Bewegung auszugleichen.

Natürlich gibt es Übungs-Programme mit therapeutischem Hintergrund, die einem Kind das Sich-Bewegen wieder interessant erscheinen lassen. Doch darauf kann man gut verzichten, wenn man bereits im ersten Anlauf und ganz spontan Bewegungs-Erfahrungen gemacht und dabei Freude empfunden hat, ohne vorher massenhaft Misserfolge gesammelt zu haben.

Bewegungs-Erfahrung:
Die neue Rutschbahn

Manche Erwachsene behindern nicht dadurch die motorische Entwicklung ihres Kindes, dass sie seine Bewegungsversuche einschränken oder schlimmstenfalls schon in den Ansätzen unterbinden – sondern allein dadurch, dass sie die kindlichen Aktionen entsprechend kommentieren. Was in derartigen Situationen eigentlich gesagt wird und welche Botschaften das hellhörige Kind zwischen den Zeilen wahrnimmt und verarbeiten muss, überlegt man sich meist nicht. Ganz zu schweigen davon, dass oft *kein* Kommentar weit besser wäre, als die Tatsache, dass der

Erwachsene schon wieder kommentiert, kontrolliert, organisiert, terminiert usw. Hier liegen Stolpersteine zu wahren Steinwällen aufgehäuft im Kinderalltag herum. Wir werden uns daran machen, sie zu suchen und beiseite zu schaffen.

Hier einige der beliebtesten Bewegungs-Kommentare:

- *„Fall' nicht hin! Stolpere nicht!"*
- *„Du wirst gleich stürzen!"*
- *„So weit kannst du nicht springen! Wehe, du fällst rein!"*
- *„Pass' auf, das geht nicht gut!"*
- *„Du wirst dir weh tun!"*
- *„Das kann nur schief gehen!"*

Und was kommt beim Kind an?

- *„Man traut mir nichts zu."*
- *„Man hält mich und meinen Körper für nicht fit genug."*
- *„Ich kann das nicht."*
- *„Ich bin ungeschickter und weniger leistungsfähig als die anderen Kinder."*
- *„Auf mich muss man dauernd aufpassen und mit dem Schlimmsten rechnen."*
- *„Ich werde es nicht schaffen. Entweder tue ich mir weh, oder ich bekomme Schimpfe, wenn nicht sogar beides."*

Die elterliche Angst – die Befürchtung, dass etwas schief geht – steht an erster Stelle und dominiert alle Empfindungen. Wenn das nicht bremst, ängstlich macht und den Mut nimmt, mal etwas auszuprobieren oder zu wagen – was dann?

Wenn Kinder sich an neue Bewegungs-Grenzen herantasten, sollten die Eltern keineswegs mit versteinerter Miene und zusammengebissenen Zähnen dabei stehen und fatalistisch abwarten, was passieren wird. Unterstützen und bestär-

*Hoch hinaus –
unterstützt und bestärkt*

ken sollen sie, wenn möglich – auf Gefahren aufmerksam machen, wenn nötig. Keinesfalls aber sollen sie von vornherein bremsen und demoralisieren. Erwachsene sollen Lösungen anbieten – nicht Horror-Szenarien skizzieren. *„Es ist machbar, du bekommst das hin."* · *„Das sieht mir schwierig aus, meinst du, das kriegst du gebacken?"* · *„Kann ich vielleicht helfen?"* · *„Achte besonders auf die scharfen Kanten am Fels!"*

Aber Eltern müssen auch eindeutig einschreiten, wenn das Vorhaben zu riskant ist, noch drei Nummern zu groß und deshalb die Verletzungsgefahr zu hoch. Dann helfen nur ein klares *„Nein"* und eine ruhige Erklärung, wo das Problem liegt. Vielleicht kann man das Ziel auch auf anderem Wege erreichen – etwa so: *„Lass uns mal zusammen überlegen."*

- *„Fall' nicht hin! Stolpere nicht!"*
  Besser: *„Hier wird's rutschig! Achtung, große Steine!"*
- *„Du wirst gleich stürzen!"*
  Besser: *„Etwas langsamer, hier ist es sehr steil!"*
- *„So weit kannst du nicht springen! Wehe du fällst rein!"*
  Besser: *„Nimm doch den großen Stein als Zwischenstation."*
- *„Pass' auf, das geht nicht gut!"*
  Besser: *„Pass' gut auf, halt' dich lieber noch mit den Händen, dann geht's bestimmt!"*

- *„Du wirst dir weh tun!"*
  Besser: *„Hier liegen Glasscherben, da musst du besonders gut aufpassen!"*
- *„Das kann nur schief gehen!"*
  Besser: *„Halt, mach' das nicht, das ist zu riskant! Ich erklär' dir auch, warum."*

Spüren Sie den Unterschied? Es ist der Unterschied zwischen *„Fall' nicht runter"* und *„Bleib' oben"*. Der Unterschied zwischen einer negativen und einer positiven Botschaft. Wer *„Fall' nicht runter"* hört, fällt wahrscheinlich runter. Wer *„Bleib' oben"* hört, bleibt wahrscheinlich oben.

Dieser „Sprachkurs" öffnet einen neuen Zugang zum Kind. Denn es fühlt sich ernstgenommen und lernt seine Möglichkeiten – aber auch Risiken – immer realistischer einzuschätzen. Jetzt kann es sich in der Welt der Bewegung selbstbewusster und sicherer zurechtfinden.

Wecken die Kommentare der Erwachsenen immer nur Angst, geht ein Kind bald allen Bewegungs-Verlockungen aus dem Weg. Es stellt sich keinen Herausforderungen mehr, die Beweglichkeit, Schnelligkeit, Sprungkraft oder Klettervermögen von ihm verlangen. Es fehlt ihm zuerst an Übung, dann an Zutrauen und schließlich tatsächlich an Beweglichkeit. Das bedeutet aber für ein Kind, nicht mehr aktiv zu sein. Es fehlt ihm an Power, es erlebt sich nicht einsatzbereit und leistungsfähig. Dieses Defizit betrifft bald nicht nur den körperlichen Leistungs-Bereich. Parallel stellen sich oft aufbrausende Reaktionen ein, Wutanfälle – allein vor sich hintobend oder in Form unerwartet auftretender und unerwartet heftiger Angriffe gegen andere. Ein unerfüll-

➤ **Unerfüllter Bewegungs-Drang und fehlende Belohnung durch Bewegungs-Genuss werden oft mit Aggressionen beantwortet.**

ter Bewegungs-Drang und fehlende Belohnung durch Bewegungs-Genuss werden nicht selten mit Aggressionen beantwortet.

- **Kristin** (gerade 4 Jahre alt) sitzt im Sandkasten und spielt nicht. Sie beobachtet ohne Pause eine Hängebrücke, über die viele Kinder balancieren. Immer wieder zeigt sie mit dem Finger Richtung Brücke. *„Kommt gar nicht in Frage! Denk mal an letzte Woche, als ich dann hoch musste und dich mal wieder runterholen, weil du wie ein verreckter Fisch im Netz hingst"*, beantwortet ihre bedeutend größere Schwester von der Bank aus eine nicht mit Worten gestellte Frage. Kristin sinkt in sich zusammen. Plötzlich schlägt sie mit ihrer Schaufel wild auf den Sand. Einem gerade in den Sandkasten steigenden Kind schleudert sie eine Schaufel Sand entgegen. Die Schwester geht dazwischen: *„Mit dir zum Spielplatz zu gehen, ist der Horror!"*

Das alles wissen wir über Bewegung und deren Bedeutung für das Leben von Kindern und von Erwachsenen. Was machen wir mit diesem Wissen in einer Zeit, in der wir uns selbst immer weniger bewegen, dank techni-

> ### ➤ *Erwachsene sollten Bewegung anbieten, um auch Ruhe möglich zu machen.*

scher Hilfsmittel dennoch immer mobiler und vor allem schneller werden? Im Buggy schieben wir unsere Zweijährigen durch die Stadt, um mit weniger Unterbrechungen voranzukommen. Wir setzen sie in Kindersitze, um mit ihnen Fahrrad fahren oder über die Autobahn rasen zu können. Später fahren wir sie in die Schule, bringen sie zu Freunden, holen sie vom Klavier-Unterricht oder vom Chor ab und managen Fahrgemeinschaften, um uns beim Transportieren abzuwechseln. Unser größter Mobilitäts-Traum ist das „Beamen", die Übertragung von Lebewesen und Dingen ohne Zeitverlust von einem beliebigen Ort zum anderen.

An diesen Wunschvorstellungen wird sich kaum etwas ändern. Da hilft kein Lamentieren. Denn zu viele neue Werte, darunter auch erfreuliche und genussvolle, hängen inzwischen an unserer veränderten Lebens-Geschwindigkeit und an unserem riesig vergrößerten Aktions-Radius.

Doch vor diesem Hintergrund müssen wir mit Bewegung noch viel bewusster umgehen. Nicht nur mit der unserer Kinder, sondern auch mit unserer eigenen. Bei den Kindern heißt das, Bewegung zuzulassen, sie nicht als Störelement zu brandmarken und zu verbieten. Bei uns heißt das, Bewegung als eines unserer ureigensten Lebens-Elixiere wiederzuerkennen. Ein Großteil unseres Tages, fast alle geistigen Aktivitäten, vollbringen wir im Sitzen. Und das, obwohl den großen Köpfen ihre Aha-Erlebnisse meist beim Spazierengehen

➤ *Kinder, die sich bewegen, können mehr bewegen.*

oder bei der Gartenarbeit kamen. In Bewegung wird gedacht. Von unseren Kindern verlangen wir – bereits ab dem Kindergartenalter – Lernen und Konzentration fast ausschließlich auf Stühle fixiert, oftmals als Vorbereitung auf das „Sich-Konzentrieren-Können" in der Schule gedacht.

Lassen wir sie doch etwas bewegen, indem sie sich bewegen. Selbstgewähltes Spielen, Erkunden, kreatives Gestalten und das, was dann sogar Erwachsene als „Arbeit" verstehen, geschehen bei ihnen naturgemäß immer in Bewegung. Verschiedene Positionen wechseln sich ab, die freie Bewegungs-Wahl erlaubt zu jeder Situation passende Unterschiede im Aktivitäts-Muster und in der Geschwindigkeit. Dem Wunsch sich auszuruhen geht bei Kindern immer der Wunsch, sich genussvoll ausgepowert zu haben, voraus. Wissenschaftler gehen davon aus, dass Kinder dem natürlichen Wechsel von Ruhe- und Aktivitätsphasen folgen, wenn ihnen eine Selbstregulierung möglich ist.

Ein Kind, das mit Bewegung umgehen kann, …

- weiß, dass auf seinen Körper Verlass ist. Mit diesem Wissen wird es ganz anders auf ihn aufpassen
- weiß, wann ihm Bewegung gut tut und wann sie ihm fehlt
- weiß, auf welchen verschiedenen Wegen es sich den Genuss „Bewegung" bereiten kann

Spielen: Eine Zukunfts-Investition

● **Anna** liegt mit **Olivia** (beide 5 Jahre alt) im Gras und knüpft Gras-Blüten-Kränzchen. Die beiden Mädchen summen ein Lied. Die Kränze werden aufprobiert. Zwei Königinnen mit Kronen wandeln durch den Garten. *„Sind wir eigentlich liebe oder böse Königinnen?"* *„Liebe, dann können wir uns ausruhen."* Die Königinnen legen sich in die Hängematte. *„Jetzt täten wir geraubt werden, von Piraten. Die täten unsere schönen Königinnenkleider verkaufen und unsere Edelsteinkronen",* schlägt Olivia vor. Kleider und Blütenkränze werden hinter einem Baum versteckt. Zwei Mädchen huschen übers Gras, legen sich hin und rollen den Abhang hinunter. Ein Stein stoppt Anna. Sie reibt ihr Bein. *„So, jetzt sind wir in einem neuen Land angekommen, an den Strand gespült. Jetzt müssen wir eine Höhle für die Nacht bauen."* Steine und Bretter werden an die Gartenmauer gelehnt. Ein Unterschlupf entsteht, in den sofort zwei Mütter mit zwei Babys einziehen und eine Abendsuppe aus den Gras-Blüten-Kränzen kochen.

Spielend Erfahrungen sammeln und die Welt kennen lernen

Beim Spielen kann sich ein Kind mit Hochgenuss Vorräte an Erfahrungen anlegen. Mit Materialien, Mitmenschen und Situationen kommt es im Spiel in Kontakt, kann alles ausprobieren und bekommt Einblicke in deren jeweilige Besonderheiten.

- *„Was kann ich damit machen?"*
  Mit Wollfäden, mit Knete, mit dem Xylophon, mit Mamas Geduld und mit einem anderen Kind …
- *„Was klappt gut?"*
  Sandburgen bauen, mit anderen Kindern fangen spielen, auch mal ganz allein ein Bilderbuch anschauen, jemanden ansprechen …
- *„Was kann ich noch nicht?"*
  Schweinchen falten, rückwärts rutschen, den Papa gleich beim Heimkommen überzeugen, mit mir zu spielen, allein meinen Roller aus dem Keller holen …
- *„Was geht so nicht, gibt immer Schwierigkeiten?"*
  Wasser in der Hand transportieren, immer der Boss sein wollen, Katrin ihre tollen Perlen wegnehmen, andere nicht mitspielen lassen, toben, wenn etwas nicht gleich klappt …

Spielen muss man nicht lernen. Das kann jedes Kind – wenn seine Lebens-Bedingungen stimmen. Wenn man das Spielen fördern will, muss man für die richtigen Umgebungs-Bedingungen und für das richtige Umfeld sorgen.
Spielen ist wichtig, denn es macht glücklich und befriedigt kindgemäße Bedürfnisse. Ein Kind kann dabei die Welt kennen lernen – noch wichtiger: Es lernt Zusammenhänge verstehen, seine Beteiligung an den Geschehnissen rundherum und seine Möglichkeiten, gezielt Einfluss zu nehmen. Ganz früh spürt es schon seinen aktiven Part im Leben. Nicht *mit* ihm geschieht etwas, sondern *durch es* passiert etwas!

➤ Beim Spielen legen Kinder sich Erfahrungs-Vorräte an.

- Ein Baby spielt mit seinen Händchen und Füßen, mit der Ecke seines Kissens, dem Finger von Mama und den Licht- und Schattenflecken auf seiner Decke.
- Ein Kleinstkind spielt, sobald es auf den Boden gesetzt wird, mit den Teppichfransen, mit einem Stein, der Geräusche auf den Badfliesen macht (ganz andere Geräusche als beim Klopfen am Regal), mit Sand, Erde, Laub, Stroh, Papierschnitzeln, Wasser, Brotkrumen …
- Ein Kind spielt mit allem in seiner Reichweite, natürlich mit Spielzeug, aber auch – sogar oft noch lieber – mit „Echtzeug" aus Keller, Küche und Büro, weil das auch anderen wichtig zu sein scheint, deshalb seltener freizügig angeboten und dadurch kostbarer wird.
- Im Freien etwas zum Spielen zu entdecken, es selbst zu sammeln, ihm eine Funktion zu geben und auf Spieltauglichkeit zu überprüfen, das ist für Kinder jeden Alters faszinierend. Der Reiz des Besonderen und die Lust des Suchens, Findens, Bestimmens und Eroberns wirken hier zusätzlich verlockend und belohnend.
- Wenn Sie genau aufpassen, fällt Ihnen auf, dass ein Kind manchmal mit gar nichts spielt – nur mit sich und seiner eigenen Phantasie. Wir haben während Verhaltens-Beobachtungen auf Spielplätzen schon öfter beobachtet, dass Vier- oder Fünfjährige gleichzeitig in vier Rollen schlüpfen können und ganze Stücke mit sich selbst spielen.

Ein Kind spielt aber nur, wenn es ihm gut geht – wenn seine Lebens-Bedingungen stimmen. Ausgeschlafen, gesund, wohl genährt und in der beruhigenden Nähe vertrauter Personen spielt es am besten. Müdigkeit, Krankheit oder gar Schmerzen, Hunger und vor allem aber Angst verhindern jedes Spiel. Das ist zwar schade, für manche Kinder sogar verhängnisvoll, aber dennoch verständlich. Denn in diesen Fällen gilt es, momentan Wichtigeres wieder auf die Reihe zu bringen. Ist dann alles in Ordnung, wird auch wieder gespielt.

> **➤ Ein Kind spielt nur, wenn es ihm gut geht.**

- Alle atmen auf und freuen sich, wenn ein Kind nach langer schwerer Krankheit wieder am Spielen Interesse findet. Denn dann ist es über den Berg. *„Wir haben es geschafft!"*
- *„Sie spielt mit den anderen Kindern und interessiert sich für das, was sie machen"* gilt als gutes Zeichen für die gelungene Eingewöhnung eines Kleinkindes in eine Einrichtung wie Kinderkrippe oder Kindergarten.
- *„Unsere Kinder spielen schon miteinander!"* Dieser Satz lässt Eltern sich bei einer Einladung gemütlich zurücklehnen. Denn einem schönen Besuchs-Nachmittag dürfte jetzt eigentlich nichts mehr im Wege stehen.

Im Zweikampf zwischen Spiel und Ernst zieht das Spiel immer den Kürzeren. Diese Besonderheit hat ihre Gründe:

Spielen ist ein naturgegebenes Aktions-Programm:

- Zum Kennenlernen der Umwelt, die aus Gegenständen, Personen und Gegebenheiten besteht
- Zum Bekannt-und-vertraut-Werden mit sich selbst, dem eigenen Körper und seinen individuellen Verhaltens-Besonderheiten
- Zum Sammeln vielfältiger Erfahrung
- Zum Erlernen nahezu unbegrenzter Fähigkeiten

Doch Spielen findet nur im entspannten Feld statt – nur wenn im Moment nichts Wichtigeres zur Bearbeitung ansteht. Das heißt nicht, dass Spiel nicht wichtig wäre – sondern nur, dass es Situationen gibt, in denen seine Bedeutung zweitrangig, weil kurzfristig aufschiebbar wird. Für alle Kinder ist zu hoffen, dass das nicht allzu oft geschieht.

Überlegt man sich diese Zusammenhänge etwas genauer, so scheint die leichte Verdrängbarkeit der Spiellust durch ernste Probleme von der Natur durchaus gut geregelt zu sein. Es wird zwar viel gelernt beim Spielen – und es bereitet auch großen Genuss – doch wird dabei vor allem für die Zukunft gelernt. Das Spielen ist auf mögliche zukünftigen Nutzen zugeschnitten. Sein Wert liegt nicht im Augenblick. Es ist ein Lernen für später. Zukunftsbezogenes Verhalten füllt aber sinnvollerweise nur die Pausen zwischen dem Verhalten aus, das der aktuellen Lebensbewältigung dient. Die Zukunfts-Investition Spiel ist wichtig, doch sobald momentan Dringenderes ansteht, muss das Vorrang haben – zum Beispiel: Schlafen, wieder gesund werden, keine Schmerzen mehr haben, satt sein, sich nicht mehr fürchten müssen und sich geborgen fühlen. So etwas muss zuerst „abgearbeitet" werden.

Wenn Sie also wollen, dass Ihr Kind über Jahre hinweg spielend seine Erfahrungs-Schatzkiste füllt, unterstützen Sie das am wirkungsvollsten, wenn Sie sein situatives Wohlbefinden an die erste Stelle setzen, es von Anfang an Zuwendung und Verlässlichkeit spüren lassen und ihm auch beim Älterwerden immer noch Sicherheit und Geborgenheit geben. Denn dann ist der innere Freiraum da, um sich Wissbe-

> ***➤ Beim Spielen lernt ein Kind vor allem für die Zukunft.***

gierde und Spiel hinzugeben, sich von Neuem, Überraschendem faszinieren und aus der Reserve locken zu lassen. Ihr Kind will alles genau wissen und dann auch selbst ausprobieren.

Die leichte Verdrängbarkeit der Spielbegeisterung mag verständlich sein, doch bringt sie auch Probleme mit sich. Für ein Kind, das unter gesteigerter Angst leidet, weil sein Lebens-Start ihm die so wichtige Sicherheitsbasis nicht bieten konnte und weil es zu allem Unglück auch in den Kinderjahren noch Lieblosigkeit und Ablehnung erfahren musste, kann die leichte Unterdrückbarkeit der Freude am Erkunden und Spielen zum Risiko werden.

Die ständig vorhandenen Ängste – oft auch ein jede Handlung bestimmendes Misstrauen – lassen nur selten so viel Entspannung aufkommen, dass sich die Spielbereitschaft durchsetzen kann. Bleibt eine derartige Situation lange unbemerkt und ohne engagiertes Gegensteuern durch Kindergarten oder Schule – genauer: durch das aktive Eingreifen einer dem Kind zugewandten Erzieherin oder Lehrerin – kann es tatsächlich dazu kommen, dass ein wichtiger kindlicher Verhaltens-Bereich, nämlich der aktive Erfahrungs-Erwerb, in seiner Entfaltung behindert wird.

Viel zu viele Kinder ohne feste Bindung, belastete Kinder mit Angst als ständigem Begleiter, haben uns gelehrt, was es heißt, nicht spielen zu können. Diese Not schmälert nicht nur den momentanen Lebens-Genuss, sondern lässt auch eine Vielzahl normalerweise durchaus möglicher Erfahrungen unerreichbar werden. Die geistige und soziale Entwicklung kann trotz guter Anlagen beeinträchtigt werden. Der Gewinn von Lern- und Konzentrations-Fähigkeit, Selbständigkeit, Kreativität und sozialer Kompetenz kann darunter leiden.

Spielraum zum Spielen:
Es muss nicht immer Kinderzimmer sein

Diese Kinder und Jugendlichen, die in jungen Jahren keinen sicheren Spielraum zum Spielen hatten, werden schneller schwach als erfahrungsstarke junge Menschen. Sie lassen aus Angst oder vermeintlicher Ausweglosigkeit fast alles mit sich geschehen oder werden angesichts ihrer Defizite, mit denen sie dauernd konfrontiert wer-

> ➤ *Spielraum zum Spielen ist ein wesentliches Element der Schutz-Erziehung.*

den, aggressiv und gewalttätig. Sind nicht diese zu befürchtenden Konsequenzen bereits überzeugend genug, jedem Kind seinen „Spielraum" zu gewähren?

Spielraum haben: Spielbegeisterung entwickeln

Wenn die Voraussetzungen stimmen, braucht ein gesundes und sich wohl fühlendes Kind fast keine Zutaten zum Spielstart. Spiellust ist unter diesen Bedingungen sofort zur Stelle. Spielen wirkt als Belohnung – deshalb wird jede Gelegenheit genutzt. Wenn man gut drauf ist, lohnt nahezu alles, entdeckt zu werden und regt zum Spielen an. Es reicht, dass etwas auffällt, neu oder noch fremd aussieht oder unerwartete Reaktionen zeigt, noch nie bespielt wurde oder an etwas erinnert, was schon einmal höchst genussvoll war. Das Kind sieht, hört, spürt oder riecht etwas, was aufmerksam und neugierig macht und zum gezielten Erkunden reizt: *„Sind noch mehr Informationen zu bekommen?"* · *„Was ist denn das?"* *„Was kann ich damit machen?"* · *„Was passiert, wenn ich …?"*. Zuerst wird untersucht, dann geht das Spielen richtig los.

Spielatmosphäre schaffen und Spielraum geben.
Das sind wichtige Aufgaben für die Erwachsenen –
und wichtige Aspekte der Schutz-Erziehung.

Und wie geht das?

- **Ein spielendes Kind sollte beschützt werden,** damit es möglichst wenig gestört, irritiert, geängstigt oder entmutigt wird. Denn sonst ist das Spiel vorbei, und alle lustvollen und geistreichen Gedanken sind verschwunden. Das müssen wir verhindern, damit das Kind den selbst geschaffenen Lebens-Genuss empfindet – und wir Erwachsenen uns den mit der Welt versöhnenden Anblick spielender Kinder gönnen können.
- **Einen Platz zum Spielen braucht man.** Das kann in der Küche sein – unter dem Tisch, während Gemüse geschnippelt oder Tortenboden belegt wird – oder irgendwo sonst im Haus. Das muss fast nie in einem Kinderzimmer sein. Ein Spielplatz ist dort, wo Erwachsene darauf achten und Wert darauf legen, dass ein Kind spielen kann. Wo sie Rücksicht auf den Spielverlauf nehmen und bei der Abwägung kindlicher und erwachsener Interessen auch mal nachgeben – oder zumindest kompromissbereit sind und nach Lösungen suchen, die ein Weiterspielen ermöglichen. Ebenso lassen sich im Hof, im Garten, auf einem öffentlichen Spielplatz oder im Wald Spielgelegenheiten finden oder schaffen.

Immer mehr – aber immer noch viel zu wenig – wird erkannt, wie wichtig variationsreiche Spielräume für die kindliche Entwicklung sind. Hier geht es nicht darum, Pseudowelten zum Probehandeln zu schaffen, sondern Bereiche der Lebens-Praxis so zu gestalten, dass Kinder ungestresst nach ihren eigenen Ideen arbeiten können.

Die besten Spielräume sind die, die möglichst vielfältige Aktionen erlauben und in denen man das Kind geschützt aber auch unkontrolliert gewähren lassen kann. Mit „unkontrolliert" ist nicht „ohne jede Aufsicht" gemeint – das ist zumindest in den ersten Lebensjahren kaum möglich und für größere Kinder auch nur an ausgesuchten Orten. Gemeint ist: ohne direkte Einflussnahme, ohne begleitenden Kommentar, ohne zweifelnd-fragenden Blick im Hinblick auf das Endergebnis, ohne den immer vorhandenen allwissenden Überblick der Erwachsenen.

Wenn ernste Gefährdungen ausgeschlossen sind (soweit das möglich ist), müssen wir nicht alles mitbekommen und nicht immer unsere Meinung zum Besten geben – weder zu in unseren Augen misslungenen Aktionen, noch zu erfolgreich scheinenden Versuchen. Wir müssen nicht jede Aktion beobachten und auch noch bewerten. Sich zurücknehmen, Geheimnisse akzeptieren, sich Einmischung verkneifen und Entwicklungen auf sich zukommen lassen, vom Ergebnis selbst überrascht sein – das sind spielförderliche Zutaten der Erwachsenen.

Sicher haben Sie von Großeltern schon folgenden Satz gehört: *„Lass sie spielen, da kann nichts passieren. Da können sie höchstens was anstellen"*. Hier spürt man etwas von der „Bullerbü-Sehnsucht" in uns allen. Das ist der Grund, weshalb sich Kinder (und Kinderforscher) über große alte Gärten zum Rumstromern freuen, über Ferien auf dem Bauernhof oder an anderen Plätzen aktiver Freiheit – zum Beispiel Besuche bei Tante Alice in einem Haus mit einem großen Keller und einem noch größeren Speicher voll unerforschter Schätze. Oder bei Papas Freund, der immer Zeit und eine Werkstatt hinter der Garage hat. Kinder freuen sich selbst über Computerspiele, in denen ein alter, unaufgeräumter Tischlerschuppen und ein verwunschener Garten die Hauptattraktionen darstellen.

Überrascht sein, stutzen, staunen – das regt die Gedanken an und lässt Spiel aufkommen. So kommt es weit eher zu ideenreichem, begeistertem

> ➤ *Wenn Kinder spielen, sollten wir Erwachsene uns nicht einmischen.*

Spiel als bei einer gezielten Anregung oder einem konkreten Angebot, bei dem Ablauf und Höhepunkt oder Endprodukt bereits abzusehen sind. Denn dabei hat ein Erwachsener organisiert, kommentiert und terminiert. Und das sind eher ungünstige Zutaten für einen Spielablauf. Erwachsenen-Arrangements klappen natürlich auch mal. Aber sicher kennen Sie von Ihren Kindern den Unterschied zwischen der recht langsam erwachenden Spielstimmung auf einer vorgeplanten Geburtstags-Feier und dem schlagartigen Zauber einer Spielszene, die sich an irgendeinem Nachmittag ganz von selbst mit höchst zufälligen Zutaten entwickelt hat.

Alles dafür tun, damit die Spielstimmung bei Kindern von selbst kommen kann – das ist der beste Weg der Spielförderung. Er ist auch weit erfolgreicher als alle aktiven Versuche, die Spielbegeisterung „von außen" zu locken.

An das von Erwachsenen vorprogrammierte Spielen können Kinder sich übrigens gewöhnen. Und schließlich können sie gar nicht mehr von allein spielen. So als hätten sie vergessen, dass sie selbst die tollsten Ideen haben, die ihnen den größten Spaß machen. Wenn Kinder sich erst einmal daran gewöhnt haben, dass ihre Spiele von den Erwachsenen vorprogrammiert werden, dann braucht jeder Spielstart den Einsatz der Erwachsenen als Impulsgeber, Ideenlieferant und Materialien-Goldesel. Dann braucht das Kind immer anfangs und auch zwischendurch dasselbe Beiprogramm, um spielen zu können: *„Spielen?"* · *„Hilfe, wo ist meine Spielstarthilfe?"* · *„Ohne sie geht es nicht, dann brauche ich gar nicht erst anzufangen."* Das ist das Ende der Kreativität.

- **Mareike** hat zu ihrem zweiten Geburtstag eine Lego-Eisenbahn bekommen. Sie und ihre Mama freuen sich riesig. Lego-Bauen ist schließlich Mamas Lieblings-Beschäftigung als Kind gewesen. Begeistert bauen die beiden alles auf und spielen. So geht das einige Tage lang. Mama hat immer eine Menge Spielideen. Aber irgendwann möchte Mareikes Mama auch mal wieder etwas anderes machen – zum Beispiel in Ruhe telefonieren. Mareike will wieder Eisenbahn spielen, aber allein? Sie weiß nicht, wie alles aufgebaut war. Sie bekommt es nicht wieder so hin wie Mama – aber die reagiert nicht auf ihr Rufen.

  Mareike fängt an zu jammern. Mama schimpft, sie habe aber auch nie ihre Ruhe. Mareike feuert die Lego-Teile in die Ecke. Die Mutter schreit, das Kind brüllt.

Wie hilflos muss sich ein Kind fühlen, das sich nicht selbst beschäftigen kann! Diese Erfahrung macht – je nach Vorgeschichte und Häufigkeit – entweder immer ängstlicher und noch gehemmter: *„Ich kann nicht spielen, ich trau mich nicht"*. Oder sie macht wütend: *„Bei mir läuft es nicht gut, also brauchen die*

Spielen ohne Erwachsenen-Vorgabe:
Gleich geht's wieder los

anderen auch nicht toll zu spielen". Das Kind – ohne Zutrauen in sich – zieht sich immer mehr zurück. Das gefrustete Kind beginnt zu stören, kaputt zu machen oder gar andere anzugreifen.

Typisch ist, dass bei Kindern, die regelmäßig eine Starthilfe von Erwachsenen brauchen, die Anfangs-Begeisterung zwar meist recht groß ist, aber ganz schnell nachlässt, wenn die Startideen aufgebraucht sind und für den Fortgang nun eigene Einfälle geliefert werden müssten. Tauchen womöglich noch Schwierigkeiten auf, die eine Überarbeitung des Ursprungs-Plans nötig machen, ist die Luft raus. Diese Hürden werden nur genommen, wenn Kinder selbst ins Spielgeschehen eingestiegen sind und sich mit Begeisterung darauf eingelassen haben. Dazu muss man spielen wollen, den Kopf frei zum Spielen haben. Sonst heißt es gleich: *„Jetzt habe ich keine Lust mehr, ich bin fertig. Das geht auch nicht richtig. Was soll ich jetzt machen?"*

Schon ist die Stimmung auf dem Nullpunkt – und mit Sicherheit ist keine weitere Spielidee in Sicht. Über diese Situation sind beide Seiten unglücklich: Die Kinder, weil sie von der Ansprechbarkeit, der Laune und dem Einfallsreichtum der Erwachsenen abhängig sind und das auch spüren. Die Erwachsenen jammern, weil sie sich als Animateure gefordert sehen und die kindliche Einfallslosigkeit und Anspruchs-Haltung für schlecht halten. Mit Recht befürchten sie, dass sich Motivations- und Phantasielosigkeit nicht nur beim Spielen, sondern womöglich auch noch in der Schule negativ bemerkbar machen werden. Weil dann jedes Angebot von außen kommen muss, und zwar in schneller Folge, weil Abwechslung gefragt ist, weil sonst sehr schnell die Begeisterung weg ist und die gefürchtete Langeweile kommt.

Es ist wichtig, dass ein Kind selbst ins Spiel hineinfindet, weil der Eigenstart den Spielgenuss vergrößert. Denn die Ideen sind dann von ihm selbst oder von mitspielenden Kindern, also auch „von uns". Die Kinder haben den Ablauf selbst in der Hand, können dauernd etwas ändern und Neues anregen.

Und wichtige Erfahrungen packen sie in ihre Schatzkiste, die Jahre später zu einer wichtigen „Schutzkiste" werden kann:

- *„Ich weiß am besten, wann es mir nach Spielen ist"*
- *„Von mir kam die Initiative: Ich kann agieren, reagieren, etwas bewegen"*
- *„Meine Freunde und ich beeinflussen den Ablauf selbst. Wir schneidern ihn nach Maß, damit er zu unseren Ideen und Vorstellungen von Spielspaß passt"*
- *„Ich kann Einfluss darauf nehmen, ob der Nachmittag nach meinem Geschmack verläuft"*
- *„Ich kann mich durch Spielspaß selbst belohnen und mir was Gutes tun"*
- *„Ich kann mich glücklich machen. Ich muss nicht immer darauf warten, dass andere Zeit und Lust haben, etwas dafür zu tun, damit es mir gut geht."*

Erinnern Sie sich an Henrik, der – wenn „seine" Erzieherin nicht da war – gar nicht mehr in den Kindergarten wollte? Eine Möglichkeit ihm zu helfen, aus seiner Sackgasse heraus zu kommen, ist der „Ideenstuhl". Ein Ideenstuhl ist ein Stuhl, der ganz normal aussehen kann. Eindeutig wirkungsvoller ist er aber, wenn er anders als gewöhnliche Stühle aussieht – angemalt, beklebt, vielleicht hängt auch ein Glitzerglas-

> ### ➤ *Kinder müssen selbst in ihr Spiel hineinfinden, damit es Spaß macht.*

tropfen oder eine Glühbirne über ihm. Auf ihn setzt man sich, wenn man eine Idee braucht. Zuerst atmet man durch und entspannt sich, macht vielleicht kurz die Augen zu, dann schaut man sich um und – eine Idee kommt.

Ideenstühle wirken zum Beispiel im Wohnzimmer, im Kinderzimmer, im Gruppenraum im Kindergarten oder im Klassenzimmer. Sie müssen natürlich „eingeweiht" werden. Das heißt: Der Stifter des Stuhles sollte sich anfangs mal draufsetzen und eine besonders gute Idee haben, an die gerade eben sicher niemand gedacht hat, über die sich nun aber alle sehr freuen. Jeder, der die Einweihung erlebt hat, weiß: Was einmal wirkt, wirkt immer.

Mit etwas Geduld merken eigentlich alle Kinder, dass ihnen auf diesem Stuhl rettende Gedanken kommen – ihnen, die bislang nie eine gute Idee hatten, sondern warten mussten, ob jemand zufällig mit seinem Vorschlag in etwa das traf, was sie sich vorstellen konnten. Jetzt ist es *ihre* Idee, auf die sie *selbst* gekommen sind. Sie ist von vornherein besser und wertvoller. Die Motivation aktiv zu werden ist viel größer als bei einem fremden Vorschlag. Wenn Kinder nach Einsatz des Ideenstuhls loslegen, haben sie bereits einen ersten Spielplan – eine gute Voraussetzung zum Starten.

Bei Kindern, die von allein ins Spiel finden können, kann das zum Beispiel so aussehen:

- **Moritz**, **Steffen**, **Kai** und **Freddy** (alle 6 Jahre alt) werden nicht umsonst „das Kleeblatt" genannt. Sie sind ein eingespieltes Team. Zum Treffpunkt am Nachmittag bringt mindestens einer, oft aber mehrere von ihnen bereits eine Spielidee mit. Sie setzen sich zusammen, überlegen, planen, sprechen

Die Suche nach Glück – eine Strategie der Natur

- Die Glücks-Forschung wird gemeinsam von Hirnphysiologen, Philosophen, Psychologen und Biologen betrieben. Sie versucht, die Wege zu erforschen, über die sich ein Mensch – egal ob jung oder alt – Glücks-Gefühle vermitteln kann.
- Die Glücks-Forschung zeigt uns, dass
  - unmittelbare, hautnahe Erlebnisse
  - das Herantasten an neue Grenzen
  - ständiges maßvoll anstrengendes Lernen von Zusammenhängen
  - das Erleben von Bestätigung neben Überraschendem
  höchst erfolgreiche Wege sind, unsere Glücks-Gefühle zu vermehren.
- Die Suche nach Glück ist womöglich eine äußerst geschickte Strategie der Natur, um erfolgreich den Kampf gegen die menschliche Trägheit aufzunehmen. Sie verspricht uns eventuelles Glücksempfinden, wenn wir nur aktiv werden und bleiben. Möglicherweise will sie uns anspornen, Neues in Angriff zu nehmen, uns an die Bearbeitung von bislang Unverstandenem zu machen.

schon mal einzelne Dialoge ihrer Rollen auf Probe und haben dabei bereits den größten Spaß. „ ,Hast du meine Freunde gefangen?' fragt Freddy mit schrecklicher Stimme den Sultan." Spannend muss es natürlich werden, irgendein Geheimnis muss dahinter stecken. Läuft das Spiel, werden dauernd Ideen nachgelegt. „Jetzt käme so starker Nebel auf, dass wir gar nichts mehr sehen könnten." Mit geschlossenen Augen tasten sich Moritz und Freddy weiter auf der Suche nach ihren verlorenen Kameraden. Eine nächste Schwierigkeit wird eingebaut: Moritz wird von einer Schlange gebissen und kann nur noch auf einem Bein hüpfen. Als die Kameraden trotz Behinderung fast gefunden sind, dieser Spielabschnitt also unweigerlich seinem Ende zugehen würde, kommt Kai der rettende Gedanke für einen neuen Höhepunkt. „Wir sind aber gefesselt und mit Blattsaft betäubt. Ihr könnt uns nicht einfach rausholen, wenn ihr uns gefunden habt."

So sieht ein gelungener Spielverlauf aus. Der Spielgenuss entschädigt für jeden anstrengenden Einsatz. Aufregungen und Herausforderungen werden geradezu gesucht. Lustvoll nimmt man unnötige Strapazen auf sich.

Eine genaue Beobachtung solcher Spielverläufe zeigt: Sobald etwas zu sehr nach gewohntem Muster abläuft und das Ende vorhersehbar wird, bringt mit Sicherheit ein begeistertes Kind eine neue Idee ins Spiel, die den Ausgang wieder in Frage stellt und erneut die Aufmerksamkeit und das Engagement aller erfordert. Die neue Idee ist bandstiftend – gibt sie doch jedem Mitspieler das Gefühl, weiterhin gefragt zu sein und dazu zu gehören. Das spornt an. Gefordert will man sein, fast ein bisschen überfordert. Es darf auch ruhig zwischendurch mal so aussehen, als ob alles schief ginge. Es dann irgendwie mit vereinten Kräften oder dank tragfähiger Kompromiss-Lösungen doch noch zu schaffen – das wird als Belohnung empfunden.

- Lernen bedeutet das Anlegen neuer Nervennetze. Das kostet den Organismus Energie. Unser überaus effizientes Gehirn versucht aber, Anstrengung und Aufwand möglichst klein zu halten.
- Dass das Gehirn hier offensichtlich eine Ausnahme macht, liegt an der erwarteten Belohnung: daran, dass neue, selbständig in Angriff genommene Aufgaben, bei denen der Weg zum Erfolg anstrengend war, durch Glücks-Empfinden beantwortet werden – dank ausgeschütteter „Glücks-Hormone" (Endorphine).
- Sich anzustrengen wird belohnt. Die Suche nach Glück unterstützt lebenslanges Lernen: wissbegierig auf der Jagd nach neuen Lerninhalten und neuem Verständnis, das glücklich macht.
- Das müssen wir Kindern und Jugendlichen nicht nur vermitteln, sondern es sie erleben und erfahren lassen.

Schutz-Erziehung hat die Aufgabe, das Spielen zu ermöglichen, Spielräume und Spielatmosphäre zu schaffen. Weil Kinder im Spiel Erfahrungen sammeln, die sie später stark und unabhängig machen. Spielen – und dabei Spielräume auf verschiedenste Art gestalten – das lässt Erlebnisse möglich werden, von denen reiche Erfahrungen und eine ungeheuer wichtige Beruhigung zu-

> ➤ *Spielgenuss entschädigt für jeden anstrengenden Einsatz.*

rück bleiben: *„Mir bleibt immer ein Spielraum, in dem ich nach meinen Vorstellungen handeln kann, wenn ich nur will und mich darauf einlasse."* · *„So schnell bin ich nicht in die Enge zu treiben."* · *„Der rettende Einfall wird mir kommen."*

Selbst gesteuerte Entdeckungen machen klug und stark

In Kindergärten haben wir immer wieder erlebt, dass Kinder unabhängig voneinander – an völlig verschiedenen Orten und zu verschiedenen Zeiten – denselben Gegenstand zweimal erfanden.

In einem Kindergarten war gerade spielzeugfreie Zeit. Ein höchst kreatives Erlebnis, bei dem das sonst gewohnte Spielzeug von den Kindern durch selbst erfundenes oder gefundenes Material ersetzt werden muss, wenn man dieselbe Funktion damit erfüllen will. So war ein kaputter, luftleerer und daher eingedellter Ball zum einzigen Wasser-Transportmittel geworden. Ein Junge hatte ihn zufällig unter der Hecke gefunden. Dieser Ersatzeimer war plötzlich so wertvoll, dass er jeden Mittag bei Kindergarten-Ende ins „Schatz-Versteck" gebracht wurde.

Einige Monate später beobachteten wir Ähnliches in einem anderen Kindergarten, mehrere hundert Kilometer vom ersten entfernt. Eine Gruppe intensiv spielender Kinder hatte ein Kanalsystem in der Erde ausgehoben, das nun mit Wasser gefüllt werden sollte. Alle suchten nach dem Schlüssel für den Schuppen, in dem die Gartengerätschaften, also auch Gießkannen und Eimer, aufbewahrt wurden. Doch der Schlüssel war nicht aufzutreiben.

> **➤ Wenn Sie Ihr Kind fördern wollen, sollten Sie froh über jede Frage und jede Initiative sein.**

Nach Gejammere, Schimpfen und Wutausbrüchen sah man einige Kinder intensiv nachdenken. Da fiel einem Mädchen ein, dass es auf dem Weg zum Kindergarten an einem Müllsack für Plastikabfall vorbeigekommen war, in dem durch die Folie ein „eingedellter Ball" zu sehen war. Eine Erzieherin zog mit dem Mädchen los – und beide kamen wenige Minuten später mit dem Ball zurück, mit dem nun das Kanalsystem mit Wasser gefüllt werden konnte.

Im kindlichen Spiel herrscht eine Denk- und Arbeits-Atmosphäre besonderer Art. Deshalb konnte der berühmte Nürnberger Trichter, mit dem Menschen das Wissen im Schlaf eingetrichtert werden sollte, nicht funktionieren. Denn Kinder sind nicht im Schlaf, anonym, belehrbar – schon gar nicht ohne ihr Zutun. Sie folgen ihren eigenen Fragen.

Das ist der Grund, warum Erwachsene auf kindliche Aktionen und Fragen achten und sie möglichst immer zulassen und beantworten sollten. Wollen Sie Ihr Kind tatsächlich fördern, müssen Sie seine Eigeninitiativen aufgreifen. Denn gerade dann, wenn es eine derartige Initiative zum Lernen startet, sind seine Aufmerksamkeit und sein Lernvermögen besonders groß. Jetzt müssen Sie nicht gegen Konzentrations-Mängel ankämpfen. In diesen aufnahmebereiten Momenten ist Ihr Kind für jede Erfahrung offen. Es fordert mit Nachdruck Antworten und saugt die Informationen auf wie ein Schwamm. Es ist wissensdurstig.

Jetzt wird auch das neu Erfahrene und plötzlich Verstandene bestmöglich gespeichert. Das heißt: Es steht bei der nächsten passenden Gelegenheit abrufbereit als Wissen zur Verfügung.

Das Eingehen auf kindliche Fragen und Initiativen ist echte Förderung. Denn es geht um eigenes Ausprobieren und gezieltes Abfragen – jedes Mal ein wichtiger Etappensieg auf dem Weg zur Selbständigkeit. Durch die zunehmende Selbständigkeit und Wissens-Erweiterung entsteht ein Gefühl von Eigenkompetenz, das in immer neuen Situationen gestärkt und durch neue Erfahrungen erweitert wird.

Wenn Sie Ihr Kind so fördern, machen Sie Ihr Kind stark.

Jedes Kind sollte das Rad nochmal neu erfinden dürfen

Sie erinnern sich: Es geht um selbstgesteuerte Entdeckungen, die klug und stark machen. Ein Kind ist aktiv, es sucht sich seine Entdeckungs-Möglichkeiten selbst. Wenn es in Suchstimmung ist, wirkt alles anregend – sehr geschickt eingerichtet von der Natur. Denn durch diese Offenheit für Neues erhöht sich automatisch die Chance, dass einem nichts entgeht und man sich nicht unnötig einschränkt.

Ein „Beobachtungsjuwel" möchten wir Ihnen in diesem Zusammenhang nicht vorenthalten:

● Zwei sechsjährige Mädchen, **Lisa** und **Kim**, sitzen am Rand eines Sandkastens, erzählen sich etwas und graben mit den nackten Zehen im Sand. Weil es kurz zuvor geregnet hat, ist der Sand noch feucht. Die Fußbewegungen hinterlassen Muster auf der Sandoberfläche. Die Erzählungen stoppen. Und immer aufmerksamer betrachten die beiden Mädchen die entstehenden Linien und Kreise. *„Sieht aus wie Zauberschrift!" „Oder wie Zeichen auf ganz alten Grabsteinen, die nur Indiana Jones lesen kann."* Kim steigt aus dem Sandkasten und kniet sich auf die feuchte Erde. *„Lisa, komm, ich mache uns eine bessere Tafel."* Durch seitliche Einkerbungen leitet sie aus einer Pfütze das Wasser ab. Zurück bleibt eine glänzende, glatte Oberfläche. Ganz vorsichtig malen beide Mädchen Muster in den feuchten Schlamm. *„Sieht man unsere Geheimschrift noch, wenn der Boden trocknet?"* Lisa überlegt, ihr Blick wandert durch den Park. Plötzlich springt sie auf und holt eine Handvoll weißen Sand aus der Kakteenecke. Sie füllt den Sand in die mit den Fingern gezogenen Gräben, so dass sich helle Rillen vom dunklen Schlammuntergrund abheben *„Sieht aus wie geschrieben, aber mit weiß auf schwarzem Papier."*

> ➤ *Ohne die Erfahrungen der Kindheit gäbe es keinen Fortschritt.*

In Kinderaktivitäten kann echte Teamarbeit ablaufen. Das haben wir schon beim Rollenspiel von Moritz, Kai, Steffen und Freddy mit Spannung verfolgen können. Gegenseitige Anregung und gegenseitige Inspiration wirken. Die Ideen des anderen beflügeln das eigene Nachdenken, werden aufgegriffen und ausgebaut, jeweils erweitert um die Spezialitäten eines jeden Gruppenmitglieds. Alle sehen den Fortschritt – und jeder erkennt seine Beteiligung daran. Ein typisches Vorgehen im Gruppenspiel, das das einzelne Kind belohnt und die Gruppe stärkt.

Kinder sind Entdecker und höchst erfolgreiche Autodidakten – vorausgesetzt, sie haben die für diese Aktivitäten nötigen Freiräume. Diese kommen durch eine tragfähige und sichere Bindung und durch echte, bewusst geschaffene Handlungs-Spielräume zustande.

Die folgenden Leistungen kindlichen Entdeckungs-Drangs haben wir alle schon kennen gelernt:

- Kinder entdecken ihren eigenen Körper, seine Bewegungs-Fähigkeit und im Spiegel der Erwachsenen sich selbst.
- Kinder lieben positive Verunsicherung und streben danach, einer Sache auf den Grund zu gehen.
- Sie suchen nach Ursachen, Konsequenzen und Zusammenhängen und bemühen sich, das alles zu verstehen.
- Sie merken ihren Einfluss und ihre Wirksamkeit an Prozessen, die sie selbst in Bewegung gebracht haben – auch an den Verhaltens-Änderungen ihrer Interaktions-Partner.
- Durch provokante Vorstöße ins Gruppenleben testen sie ihre Möglichkeiten, ihren Verhaltens-Spielraum aus. Als Messlatte dienen ihnen die Kommentare und Reaktionen der anderen.
- Neugierig, offen und motiviert für Neues sind sie, sobald sie sich geborgen fühlen, interagieren, kommunizieren und sich frei bewegen können.

Auf den nächsten Seiten sehen Sie, …
- dass Kinder hochmotiviert erforschen. Dabei beachten sie all das besonders, was vom bisher Erlebten abweicht. Gänzlich Neues lockt ihre Aufmerksamkeit. Bekanntes beruhigt sie, weil es eine Bestätigung ihrer Kenntnisse bedeutet
- dass Kinder auch passiv – allein durch Zuschauen – erforschen, nach dem Motto: *„Man muss nicht jede Erfahrung selbst gemacht haben“*
- dass Kinder naturgemäß Strategien haben, die ihnen Zugang zu Schlüssel-Qualifikationen verschaffen, die ihnen später manche Tür öffnen helfen

Schritt für Schritt tasten sich Wissenschaftler an das Muster kindlicher Selbst-bildungs-Prozesse heran, um zu verstehen, wie Kinder – wenn sie ungestört sind – sich selbst Wissen und Fähigkeiten aneignen.

Die ersten Zutaten sind bekannt: *Erkunden, Spielen, Nachahmen, phantasie-volles Gestalten und Erfinden*. Diese Strategien zum Erfahrungs-Erwerb ha-ben ihre große Bedeutung in der Kindheit. Doch sie wirken weiter. Sie sind das naturgegebene Programm zur Entwicklung jedes Fortschritts. Sie gelten unter Heranwachsenden und Erwachsenen. Anfangs noch in Kinderausführung, spä-ter dann ausgewachsen – aber im Grunde identisch – sind sie die natürlichen Triebfedern, die letztendlich die Entfaltung von menschlicher Kultur, Wissen-schaft und Kunst über Jahrmillionen möglich gemacht haben. Immer voraus-gesetzt, es liegen Entwicklungs-Bedingungen vor, die ihre Entfaltung, ihr spie-lerisches Erproben und ihren kreativen Einsatz möglich machen.

Der kindlichen Selbstbildung stehen aber noch weitere Ressourcen zur Verfü-gung. Viele kennen wir noch gar nicht. Doch bereits bekannt ist die **kinderty-pische Begabung, Interesse, Konzentration und Ausdauer „auf den Punkt genau" zu bündeln**, wenn etwas die Wissbegierde geweckt hat. Jetzt ergrei-fen Kinder auf eigene Initiative hin jede Chance, sich mehr Wissen zu ver-schaffen. Dazu erstellen sie sich wie Wissenschaftler Untersuchungs-Pro-gramme, um durch kontrollierte Tests mehr Einblick zu gewinnen.

Falls Sie glauben, dass wir hier wohl etwas übertreiben und Kinder überschät-zen, wird Sie das nächste Beispiel vom Gegenteil überzeugen:

● Der vierjährige **Nico** spielt in seiner aus Holzbausteinen errichteten Dach-garage mit Metall- und Plastikautos. Auf engstem Raum rangiert er die Wa-gen um und parkt sie neu ein. Dabei bricht eine Garagenwand ein, und meh-rere Autos stürzen zu Boden. Nico beginnt die Garage zu reparieren, hält dann aber inne und wendet sich den heruntergefallenen Autos zu. Zuerst nimmt er ein Metallauto in die Hand und lässt es mit erhobe-

➤ *Kinder und Wissenschaftler haben ein gemeinsames Motiv: die Neugierde.*

Kinder entwickeln Kinderkultur

- In den Kinderspielgruppen traditionaler Gesellschaften – zum Beispiel in Neuguinea oder Südamerika – entstehen eigenständige Kulturelemente, die ohne Zutun der Erwachsenen von den älteren an die jüngeren Kinder weitergegeben werden.
- Diese Kulturelemente haben einen eigenen Namen: Es ist die Kinderkultur. Vor allem handelt es sich um Kinderspiele, Reime und Verse. Doch noch weit komplexere Aspekte des Sozialverhaltens werden von den größeren Kindern an die jüngeren vermittelt.
- Wie man miteinander Kontakt aufnimmt, Konflikte löst, seinen Verhaltens-Spielraum – also seine Möglichkeiten und Grenzen – erkundet und Beziehungen untereinander gestaltet, wird hier vorgelebt, gezeigt und kontrolliert. Wenn man dazu passen und dazugehören will, hält man sich daran.
- Die Sozialisation eines Kindes läuft somit zwar in Hör- und Blickkontakt-Nähe zu den Erwachsenen ab, wird jedoch im wesentlichen in der altersgemischten Kindergruppe vollzogen – auf der Basis von Selbstentdeckung und gewähltem und deshalb akzeptiertem Vorbild.

nem Arm aus etwa einem Meter Höhe auf den Boden fallen, danach aus identischer Höhe ein Plastikauto. Abwechselnd wiederholt er diesen Vorgang mit Metall- und Plastikautos, wobei er jeweils mehrere Wagen der beiden Materialien verwendet. Lautmalerisch imitiert er das unterschiedliche Aufprallgeräusch auf dem Holzboden. Er nimmt noch einen Holzbaustein, einen alten Herrenhut und zum Abschluss einen Wollfaden in den galileischen „Fall-Test" auf. Jeder Untersuchungs-Gegenstand wird mehrfach getestet.

Danach scheint Nico diesen Spielabschnitt zu seiner Zufriedenheit beendet zu haben. Denn er wendet sich summend der Garagen-Reparatur und dem erneuten Einparken zu.

Es ist im Prinzip kein großer Unterschied zwischen der Motivation eines spielenden Kindes und eines Wissenschaftlers: In beiden Fällen beruht sie auf Neugierde. Eine Vielzahl immer wieder systematisch variierter Versuchs-Anordnungen und deren konsequente Wiederholung bestätigen oder revidieren bislang vorhandenes Wissen und bereiten Gedankenblitze

Test, Test, Test:
Der Wissenschaftler im Kind

für ein neues, nun erweitertes Verständnis vor. Kind wie Wissenschaftler wollen dabei nicht gestört werden. Auch die **Funktions-Lust** wirkt selbstbildend. Es ist die immer und überall zu beobachtende Tatsache, dass Kinder komplizierte – also schwer zu erlernende – Bewegungsabläufe unermüdlich wiederholen, um sie zu beherrschen und zu perfektionieren.

Stark motiviert eignen sie sich ein selbst auferlegtes Bewegungspro-

● Dieses Modell entspricht mit Sicherheit den erprobten und erfolgreichen Sozialisations-Erfahrungen der menschlichen Stammes-Geschichte. Es funktionierte so lange, bis Landwirtschaft, Industrialisierung, Trennung von Arbeits- und Familienwelt die Lebens- und Arbeits-Bedingungen einschneidend veränderten.

● Einen echten Ersatz gibt es noch nicht. Bei uns versuchen geschulte Erwachsene, im Kindergarten oder ähnlichen Institutionen einen Ausgleich zu bieten. Die Simulation ist nicht perfekt:

– Die Einrichtung ist völlig getrennt vom Bereich der Kernfamilie, ein spontanes Aufsuchen der Eltern ist nicht möglich. Nichtverwandte, anfangs fremde Betreuerinnen treten an ihre Stelle.

– Die freie räumliche und soziale Entfaltung fehlt, weil Spielplatz und Spielpartner nur begrenzt zur Wahl stehen.

– Die Altersmischung ist meist noch zu gering, so dass Vorbild, Schutz und Erfahrungen älterer Kinder nicht verfügbar sind.

– Erwachsene übernehmen zum großen Teil die Strukturierung der Gruppe und die Organisation der Spielaktivitäten, was den kindlichen Handlungs- und

Entscheidungs-Spielraum einschränkt und zu Abhängigkeit und Erlebnis-Armut führt.
- Alle Angebote bleiben auf den Ort der Einrichtung beschränkt, es erfolgt keine echte Integration in die Primärumwelt des Kindes.
- Die neue Kindergarten-Pädagogik versucht mit wachsendem Erfolg, die genannten Defizite durch soziale Vernetzung, Eingewöhnung nach individuellem Bezugspersonen-System, Kindergarten als Lebensraum, große Altersmischung, Freispieldominanz und offenes Arbeiten bewusst an kindlichen Entwicklungsbedürfnissen orientiert auszugleichen.
- Immer mehr Elemente der **Schutz-Erziehung** halten auch erfreulicherweise im Kindergarten ihren Einzug.

gramm an – Kick-Board-Fahren, Fahrradfahren ohne Hilfsräder, auf Stelzen gehen – allein dadurch belohnt, dass sie ihre Anstrengung spüren und ihren Erfolg sehen. Unermüdlich wird die Bewegungsfolge wiederholt: Ein Durchgang animiert zum nächsten. Einen Fehler will man gleich ausgleichen, einen Erfolg sofort wiederholen. Sie wollen es können. Freude und Selbstbewusstsein wachsen mit der Größe der Aufgabe und der gemeisterten Schwierigkeit.

Das **Wiederholen von Spielsequenzen** ist ein Geheimtipp, der sich offensichtlich im Laufe der Evolution als wesentliche Voraussetzung für Erkenntnisgewinne herumgesprochen hat. Und Spaß macht es auch noch – besonders dann, wenn Gegenstände oder Spielpartner auffällig reagieren, etwa besonders amüsiert oder ganz unerwartet. Umweltreaktionen erfreuen Kinder, sie belohnen sie. Doch nicht genug. Das Wiederholen im Spiel bringt wichtige Erfahrungen: Wissenschaftlich durchaus korrekt, wiederholt ein Kind seine Handlungen auch deshalb mehrmals, weil es nur auf diesem Weg mit Sicherheit gesetzmäßige Konsequenzen seines Tuns von einem zufälligen Zusammentreffen mit anderen Ereignisse unterscheiden kann.

- **Lea** (2 Jahre alt) knipst den Lichtschalter der Deckenlampe 32 mal an und aus. Dabei schaut sie auf den Schalter, knipst, schaut auf die Lampe, schaut zum Schalter, knipst wieder, schaut zur Lampe …

Sie will nicht nerven. Sie will nur feststellen und sich dann selbst noch davon überzeugen, dass es *ihr* Fingerdruck ist, der hier für Licht und Dunkelheit sorgt – nicht etwa der Papa, der mit der Zeitung wackelt. Natürlich ist es auch schön, seinen Einfluss auf den ganzen Raum und auf die Tätigkeiten der anderen noch anwesenden Familienmitglieder festzustellen.

● **Linn** (1½ Jahre alt) sitzt im Hochstuhl. Auf dem Tisch vor ihr liegen Holzbausteine. Einen nach dem anderen nimmt sie in die Hand, hebt den Arm, öffnet das Händchen – und der Baustein fällt mit typischem Geräusch zu Boden. Sobald alle Bausteine gelandet sind, strahlt sie ihre Mutter an und signalisiert ihr, die Steine doch bitte wieder aufzuheben. Das Spiel beginnt von neuem. Plötzlich läutet es. Linn schaut auf, schaut ihre Mutter an. *„Das ist die Türklingel"* sagt sie. Dennoch schaut Linn misstrauisch auf die am Boden liegenden Bausteine. Vielleicht ist ja doch einer dabei, der den besonderen Ton gemacht hat.

Dass jetzt noch einige Male Bausteine hochgeholt und wieder runtergeworfen werden müssen, ist klar. Am besten klingelt Mama noch mal für Linn an der Tür. Sonst kann sie nicht sicher sein, dass das andere Geräusch tatsächlich die Türglocke war – und nicht einer ihrer Bausteine.

Nico hat bei seinem Experiment neben der Wiederholung auch noch das **Abwechseln und Abwandeln von Spielhandlungen** eingesetzt. Durch Variationen des eigenen Verhaltens – zuerst prüfte er den Fall der Autos, dann des Bausteins, des Huts und schließlich des Wollfadens – konnte er auch Unterschiede bei den Reaktionen feststellen und die Materialien in ihren Fallbesonderheiten unterscheiden lernen.

„Jetzt hast du doch schon gesehen, wie Wasser in diesen zwei Bechern aussieht. Warum musst du denn jetzt auch noch Wasser in einem Glas ansehen – und das auch noch schmutzig machen? Gleich fällt es dir noch runter." Eine recht häufige, aber dennoch ungünstige Reaktion von Erwachsenen auf ihre experimentierenden Kinder.

Eine weitere wichtige Zutat zur Selbstbildung ist **spielerisches Nachahmen**. Von Kindern etwa ab dem siebten bis achten Lebensmonat an weiß man, dass sie ihre Mütter oder Väter bei sich wiederholenden Tätigkeiten immer wieder intensiv beobachten, um die Tätigkeiten dann schließlich selbst durchführen zu können. Der genaue Ablauf dieses speziellen Erkundungs-Prozesses erfolgt meist nach einem bestimmten Schema: Zuerst beobachtet das Kind mehrmals die Bewegungen der Mutter. Seine Augen begleiten mit hoher Anspannung die mütterlichen Routinetätigkeiten. Kennt es schon in etwa die Stationen des Ablaufs, kann man sehen, dass die kleinen Augen den mütterlichen Handlungen mitunter vorweg eilen, das Kind also schon ahnt, wie ihr nächster Schritt aussehen wird. Manche Kinder „durchlaufen" den Gesamtvorgang nochmal allein mit den Augen, sozusagen „zur Probe", bevor

„Ich kann das."
Entwicklungs-Schritt
mit Scheren-Schnitt

sie dann die Handlung selbst ausführen – übrigens unabhängig davon, was die Mutter nun zeitgleich gerade tut.

Wie viel einfacher hat es ein Kind, dessen Mutter sein Interesse bemerkt und durch ein Lächeln begrüßt, danach vielleicht einzelne ihrer Tätigkeiten kommentiert. Das Kind nun gleich gezielt anzuleiten, zum Mitmachen zu bewegen, wäre sicher nicht richtig. Die soziale Einbeziehung und das visuelle Angebot reichen für den Anfang bei weitem aus. Ist der Zeitpunkt gekommen, an dem das Kind selbst aktiv werden möchte und sich das auch zutraut, wird es diesen Entwicklungsschritt von selbst signalisieren.

Was andere Kinder– vor allem schon ältere – oder die Eltern oder andere wichtige Erwachsene machen, ist schon deshalb interessant, *weil* sie es machen. Es scheinen Handlungen der großen weiten Welt zu sein – sofort erkannt als aus dem „echten Leben" stammend – die besonders attraktiv erscheinen und zum Imitieren reizen. Der Einsatz von „Echtzeug" – Alltags-Gegenständen – lockt Kinder weit mehr und vor allem längerfristig als Spielzeug.

Zu oft werden Kindern Pseudowelten zum Probeleben geboten statt echter Erlebnisse. Mit Waldtagen, Abenteuerspielplätzen, der monatlichen Spezialaktivität und Werkbänken in Kindergärten und Schulen sind wir zwar schon ein ordentliches Stück weiter. Doch es sind immer noch „Erfahrungs-Inseln", die angeboten werden. Warum, wenn doch ganze „Kontinente" zum Erforschen zur Verfügung stehen? *Ingrid Miklitz*, eine der Pionierinnen des lebenspraktischen Ansatzes, drückt es passend aus: Statt in funktionsfähigen, offe-

> ### ➤ „Echtzeug" ist verlockender als Spielzeug.

nen Küchen dürfen die neugierigen, intelligenten, wissenshungrigen „Kleinen" nur in ihrer Puppenküche hantieren. Mit Holzäpfeln die sich (man staune) mit einem stumpfen Holzmesser teilen lassen – dank Klettverschluß!

Das war ein Beispiel aus dem Kindergarten, aber ganz schnell wird Ihnen durchaus Vergleichbares aus dem Familienalltag einfallen. Dabei lässt sich der Forschergeist der Kinder doch leicht unterstützen – und das Kind bekommt das Gefühl: *„Ich kann was"*. Ein wichtiger Aspekt für ein selbstbewusstes, starkes Lebensgefühl.

Einige Zutaten zur Selbstbildung kennen Sie nun schon. Ein bisschen wissen wir auch schon über die Prozesse, die dabei ablaufen – zum Beispiel solche:

- Anfangs sammelt ein Kind wahllos nach Lust und Laune: Eindrücke, Ideen, Erfahrungen, aber auch Aktivitäten und Materialien.
  *„Es gibt nichts in der Wohnung, wofür sich **Torsten** nicht interessiert. Was nicht niet- und nagelfest ist, versucht er in seine Lieblingsecke zu schleppen, um sich ihm dort in aller Ruhe zu widmen. Er hat kein Lieblingsspielzeug. Wir wissen auch nicht, warum."*
- Dann folgt eine Auswahlphase. Das Kind beginnt sich für bestimmte Dinge mehr zu interessieren. Es spezialisiert sich:

„Bewegung ist gerade in. Heute morgen hat **Melanie** *untersucht, ob ein Mohn- oder ein Laugenbrötchen schneller rennen kann."*

- Gleichzeitig werden zumindest für diesen Zeitabschnitt andere Dinge verworfen. Sie sind im Moment nicht mehr aktuell. In der Interessen- und Aufmerksamkeits-Skala rangieren sie jetzt gerade auf einem niedrigen Rang.

*„***Timo*** baut nur noch. Die Bilderbücher, ohne die er bis vor kurzem kaum leben konnte, haben wir weggepackt, damit mehr Platz zum Bauen ist. Von seiner Patentante hat er einen Riesenmalkasten mit Holzfarben, Filzstiften, Wachskreide und Wasserfarben bekommen. Was ist damit passiert? Sie dienen zusammen mit Radiergummi und Spitzer als Zäune zwischen den Gebäuden."*

Man merkt dem Kind seinen Arbeitseifer an. Es beschränkt sich selbst, als wolle es dadurch bewusst seine Kräfte auf einen Tätigkeits-Bereich konzentrieren, um alles darüber zu erfahren.

„Papa kam auf die Idee, Timo Bilder von großen Bauwerken überall auf der Welt zu zeigen. Damit traf er den Nagel auf den Kopf. Jeden Abend schmökern die beiden in Wälzern und schauen sich römische Theater, ägyptische Pyramiden, amerikanische Wolkenkratzer und chinesische Tempel an. Seit einigen Tagen malt Timo Bauwerke."

- Wie lange ein Kind bei seinem momentanen Topthema verweilt, ist unterschiedlich. Das kann vom Kind und offensichtlich auch vom Thema abhängen. Typisch ist, dass eine wieder erweiterte Reizsuche, ein wieder vergrößertes Aktivitäts-Spektrum die bevorstehende Verschiebung des Interessen-Schwerpunktes anzeigt.

*„***Alice*** bastelt. Sie bastelt immer: Beim Essen, schon morgens im Bett mit einem abends vorsorglich aufs Regal gelegten Blatt Papier, im Garten, im Auto – einfach überall. Seit einigen Tagen muss jedes Bastelergebnis in ein Heft geklebt werden. Und einer von uns muss einige von Alice diktierte Worte oder Sätze darunter schreiben. Seit Dienstag müssen sich die Worte oder Sätze reimen. Alice läuft nun oft durchs Haus*

oder Büro und sammelt Meinungen, was sich auf was reimt. Besonders schöne Beispiele merkt sie sich. Die müssen dann unter die nächsten Bastelarbeiten geschrieben werden. Es gibt bereits die ersten Seiten ohne Bastelei, nur mit Text. Wir glauben, dass eine neue Epoche beginnt."

Macht man sich diese Zusammenhänge erst einmal klar, ist es absolut faszinierend, was hier für ein hochkomplexes Bildungs-Programm abläuft. Und die Ängste der Eltern – jeweils nur den momentan aktuellen Schritt vor Augen – sind völlig unberechtigt:

- Keine Angst: Ihr Kind verzettelt sich nicht. Es wird später mal am Ball bleiben und sich auf eine Sache konzentrieren können.
- Keine Angst, falls Ihnen die momentan bevorzugte Aktivität nicht optimal vorkommt – sie bleibt nicht ewig. Sie brauchen nicht lenkend einzugreifen. Im Moment stößt das sowieso nur auf verstärkten Widerstand. Und bald wird es ohnehin vorbei sein.
- Keine Angst: In Ihrer Familie wächst kein „Fachidiot" heran. Sie brauchen auch nicht zu befürchten, dass alles, was im Moment nicht aktuell ist, unnötig angeschafft wurde. Es werden noch weitere Interessens-Verschiebungen stattfinden.
- Keine Angst vor Erfahrungs-Defizit. Ihr Kind sammelt weiter Informationen auf breiter Front, nur eben gerade zu seinem Lieblingsthema.
- Keine Angst, falls Sie noch keine so spannende Interessens-Verschiebung beobachtet haben. Mit etwas Aufmerksamkeit und nun geschärftem Blick werden Sie bald einige erkennen und im Nachhinein feststellen, wo welche gewesen sind.
- *„Weißt du noch, als **Charlotte** wochenlang alle Prospekte ausgeschnitten hat, bis sie es fast zur Scherenschnitt-Perfektion brachte? Erst*

vor kurzem habe ich im Keller noch alte Kataloge gefunden, die ich vorsorglich aufgehoben hatte. Aber von einem Tag auf den anderen hat Charlotte sich nicht mehr dafür interessiert."

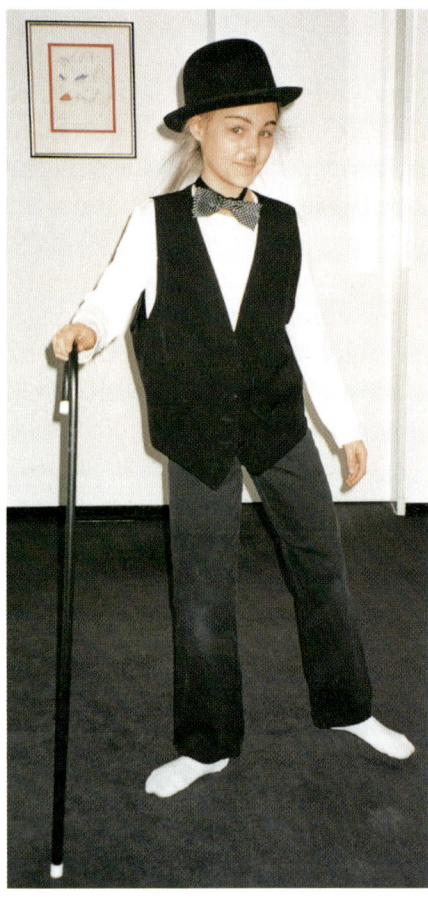

Das aktuelle Top-Thema: Verkleiden. Wann kommt das nächste Top-Thema?

Spielende Kinder, in Deckung! Erfahrener Erwachsener naht

Es ist noch nicht überstanden. Leider gibt es immer noch praktizierende Pädagogen, die ein eher negativ bewertetes Bild vom sich selbst überlassenen kindlichen Spiel haben.

Manche Pädagogen denken: Ein spielendes Kind ...

...ist sprunghaft. Es hat kein festes Ziel vor Augen, hat versponnene Ideen, macht lauter Dinge, die nicht gehen, und steht einfach nicht mit beiden Füßen auf dem Boden

...arbeitet ineffizient und umständlich, macht Umwege und unnötige Wiederholungen, macht viel Dreck, verbraucht zu viel Material, verliert mittendrin das Wesentliche aus den Augen

...hat keinen Plan: Wenn erst das halbe Blatt bemalt ist, sieht man angeblich einen Elefanten vor sich. Wenn noch ein paar wenige Striche dazu kommen, ist es plötzlich ein Traktor zur Holzabfuhr. Eine Schachtel ist in einem Moment ein Auto, in dem mindestens vier Personen Platz haben, wenig später ein Pudel, der an der Leine ausgeführt wird, und kurz darauf eine Erdbeertorte, die alle genussvoll aufessen. Alles Beweise dafür, dass ein Kind nicht strukturiert ist

Ihre Schlussfolgerung. Kinderspiel braucht die Anleitung, Begleitung und Korrektur durch Erwachsene.

Sie wissen es jetzt schon viel besser:

Kindliches Spiel ist nicht ohne Zweck – und es ist keineswegs sinnlos. Es ist auch nicht strukturlos – denken Sie nur an die höchst strukturierten Selbstbildungs-Prozesse. Nur ist es eben nicht durchgängig zielgerichtet. Und genau das ist richtig – denn Spielen ist eine Zukunfts-Investition. Welches Ziel sollte ein Kind denn anvisieren, um später perfekt passend auf bestimmte Situationen vorbereitet zu sein?

Die hohe Ansprechbarkeit eines spielbereiten Kindes für Reize jeder Art erscheint zwar wahllos, erlaubt es aber, unterschiedliche Eindrücke und Situationen zu sammeln und seine kindliche Schatzkiste – und spätere Schutzkiste – zu füllen. Hier kann es sich rauspicken, wofür es sich im Moment interessiert. Hier kann es später mal „nachschauen", was es noch an Erfahrungen auf Lager hat. Damals, als es gesammelt wurde, kann etwas noch unbedeutend gewesen sein. Doch jetzt kann es genau das sein, was man sucht. Struktur kommt ab dem Moment in die Sache, wenn sich ein Kind für einen Aspekt entschieden hat. Jetzt geht es mit Konzentration und Ausdauer in die Tiefe.

Was stört Erwachsene an kindlichem Spiel?
Sie stellen sich sinnvolle Tätigkeiten ganz anders vor. Ihre Erwartungs-Haltung prägt ihr Vorgehen:
- *„Was will ich machen?"* Zuerst planen, Möglichkeiten abchecken, die Ideen dem vorhandenen Material und den auf den ersten Blick machbar erscheinenden Bedingungen anpassen.
- Sich eben nicht durch eine Randbeobachtung ablenken lassen, nicht abschweifen, sobald ein Geistesblitz auftaucht.
- Natürlich auch nicht in einer Materialflut baden – wohl wissend, dass man nur kleinste Mengen davon brauchen wird, wenn nicht sogar gar nichts. Weil alles vielleicht nur zur Anregung einer neuen Idee dient.
- Fehler nach Möglichkeit vermeiden und sich Umwege ersparen. Effizientes Arbeiten hat klare Priorität. Man will optimiert vorgehen.

Erwachsene organisieren, terminieren, kommentieren und kontrollieren gern und erfolgreich ihre erwachsenen Tätigkeiten – doch viel zu oft (und dann folgenschwer) auch kindliches Spiel. Die Angst vor Zeitverlust, vor Dreck und Unordnung, vor „unnötiger" Arbeit, zu vielen Fragen und dadurch nötig werdenden Erklärungen lässt Erwachsene einschreiten, wenn Kinder kindgemäß agieren.

Oft hat man den Eindruck, sie scheuen sich auch davor, sich zu stark auf kindliche Gedankengänge einzulassen. Vielleicht sind sie ihnen inzwischen auch zu fremd geworden, weil sie so zeit- und materialaufwändig sind – und weil es so vieler Gespräche bedarf, sich auf die Phantasiewelt des anderen einzulassen. Bei ihrer ganzen Zielstrebigkeit vergessen die Erwachsenen, dass man auf Umwegen oft viel schneller zum Ziel kommt als auf den geraden, mit Scheuklappen eingeengten Wegen. Man muss sich nur den „Luxus" gönnen, Umwege zu machen. Kinder tun das – und der Erfolg spricht für sie: Sie entdecken die ganze Vielfalt des Lebens.

Beobachten Sie doch mal selbst, wie oft Erwachsene dazwischen funken und dem Erfahrungs-Drang von Kindern unnötige Grenzen setzen. Einige Beispiele, die ganz harmlos anfangen – und atemberaubend enden:

- *„Warte mal, so geht das besser."*
- *„Dreh' es doch um, mit der anderen Seite geht es einfacher."*
- *„Wenn du das Teil hier nimmst, wird es rund, das wäre doch viel schöner."*
- *„Rot würde ich jetzt nicht nehmen, das passt nicht zu grün."*
- *„Lila Marienkäfer gibt es nicht, mach' sie richtig, also rot."*
- *„Du wärst schneller fertig, wenn du das falsch gemalte Stück einfach überkleben und es dann noch einmal richtig machen würdest."*
- *„Das brauchst du jetzt aber nicht noch ein drittes Mal zu machen, jetzt weißt du ja wohl schon, wie es geht."*
- *„Ich sehe schon, das wird falsch, das brauchst du gar nicht weiter zu versuchen. Ich zeig' dir, wie es geht. Schau' mir zu."*
- *„Jetzt hast du doch schon so oft gesehen, was passiert. Dann kannst du dir doch vorstellen, wie es funktioniert, wenn noch Wasser dazu kommt. Deswegen brauchst du doch die Ferkelei nicht noch mal zu machen."*
- *„Komm, ich zeig' dir, wie es geht."*

Eine interessante Beobachtung am Rande: Mädchen werden bei falschen, nicht erfolgversprechenden Vorgehensweisen schneller gestoppt als Jungen. Kein Wunder, dass Mädchen später weniger gern an Maschinen und Motoren rumtüfteln und nur verhalten in das Geheimnis der Computer einsteigen, bei deren Erstkontakt auf einen richtigen Mausklick mindestens fünf falsche kommen.

Ob Mädchen oder Junge – Kinder werden immer wieder von den Erwachsenen gebremst, wenn sie ihre Erfahrungen durch weitere Experimente überprüfen und sie dadurch präzisieren und bestätigen wollen. Sie werden daran gehindert, ihre eigenen Strategien zum Erfahrungs-Erwerb einzusetzen: Wiederholen von Spielsequenzen, Abwechseln und Abwandeln von Spielhandlungen. Die Erwartungshaltung und die Mehrerfahrung Erwachsener hindern Kinder daran, selbst Erfahrungen zu sammeln.

➤ *Weil sie mehr Erfahrung haben, hindern Erwachsene die Kinder daran, eigene Erfahrungen zu machen.*

Fast schon grotesk mutet es an, wenn Erwachsene eingreifen, um einen „Fehler" im Spiel zu verhindern oder ein Spielende „noch retten" wollen. Dabei tun sie höchstens *sich* einen Gefallen – den Kindern in der Regel nicht.

Erwachsene meiden Fehler, weil die im Erwachsenen-Leben ja Rückschläge bedeuten und Zeit kosten. Für Kinder sind Fehler zuerst einmal kein Misslingen, sondern Varianten, die anders als erwartet ausgehen: Effekte, mit denen sie zwar nicht gerechnet haben und die sie im Moment auch nicht direkt brauchen können. Aber wer weiß? Vielleicht kann man später mal auf diese Erfahrung zurückgreifen.

Spielen heißt auch: Toleranz für Fehler aufbringen und aus Fehlern lernen. Die Wissenschaft hat gerade die Chancen fehlerfreundlicher Systeme erkannt. Spielende Kinder kannten sie schon immer.

- Nur weil irgendwann mal die blaue und die gelbe Wasserfarbe zusammengelaufen waren und mitten im blauen Himmel mit gelber Sonne ein grüner See entstanden war, wusste sich **Nikolas** einige Monate später zu helfen, als er ohne grünes Farbtöpfchen einen Frosch grün anmalen wollte. Der Fehler von damals brachte ihm jetzt die Lösung.

Fehler können als Zwischenstationen verstanden werden, die Einblicke in die Besonderheiten des bisherigen Ablaufs erlauben. Warum sollte man auf sie verzichten, wenn man den Ablauf als solchen noch nicht richtig kennt? Es ist eben noch nicht zur Routine geworden, sondern noch durchaus spannend.

Ein Spiel noch „retten" wollen können nur Menschen, denen das Ziel beim Spiel das Wichtigste war – also Erwachsene. Für Kinder ist oft gera-

> ### ➤ *Spielen ist eine Investition für die Zukunft.*

de der *Weg* das Ziel. Ist die Puppenstube erst einmal eingeräumt, wird längere Zeit nicht mehr damit gespielt, während Erwachsene denken, erst jetzt könne das Spielen so richtig anfangen: *„Hast du dich denn nicht über die Puppenstube gefreut? Du spielst ja gar nicht mehr damit."*

Erwachsene wollen ein Spiel zu Ende spielen, um ein Ergebnis der Spielzeit vorweisen zu können. Man soll sehen, dass es sich gelohnt hat. Zwischendurch abgebogen zu sein, gilt nicht.

Hat es sich im anderen Fall nicht gelohnt? Immer wieder können wir beobachten, dass ein Spielende, das Erwachsene als gescheitert einstufen, in Kinderaugen keineswegs gescheitert sein muss. Vielleicht war gerade dieser Ausgang des Geschehens weit spannender als der erwartete. Denn der hätte nur bereits Bekanntes als reine Bestätigung geboten und somit das Spiel beendet.

Was jetzt passierte, war unerwartet – bot aber gerade dadurch einen Anreiz zum Weiterspielen und zum Einbau neuer Ideen.

> ### ➤ *Schutz-Erziehung lässt Kinder aus Fehlern lernen. Damit sie später aus eigener Kraft allein zurechtkommen.*

Erwachsene organisieren, terminieren, kommentieren und kontrollieren während der gesamten Kindheit die kindlichen Aktivitäten. Und sie wundern sich, warum ihr Kind – irgendwann mal auf sich selbst gestellt – nicht sofort von allein alles auf die Reihe bringt.

Wie Sie Erfahrungen ins Spiel bringen sollten – oder auch nicht

Die gut gemeinten Interventionen der Erwachsenen können alles durcheinander bringen. Das ist eine wichtige Erkenntnis. Aber Kinder sollten natürlich auch von unserem Erfahrungs-Vorsprung profitieren. Sie sollen ja nicht überall wieder bei Null anfangen müssen, womöglich alles durchleiden, sondern auch etwas von unseren Erfolgen nutzen können, um selbst weiter zu kommen und erfolgreich zu sein.

Erfahrung sammeln lassen: Wer wirklich über Erfahrung verfügt, weiß, welchen Wert das eigenständige Sammeln von Erfahrungen hat und wie wertvoll Selbständigkeit ist. Er wird kindliche Selbständigkeit nicht nur akzeptieren, sondern sie begrüßen und fördern. Er wird sich geduldig zurücknehmen, besonders wenn das Kind von sich aus Aktivitäten in Angriff nimmt – selbst wenn alles dann bedeutend länger dauert, vielleicht sogar etwas mühsamer wird und womöglich nicht perfekt endet – oder, worunter Erwachsene besonders leiden, nicht zu dem von ihnen erwarteten Ziel führt.

Ein Kind weiß, wann es Hilfe braucht. Die Chance festzustellen, ob es auch ohne geht, sollte man ihm immer lassen. Es reicht, Bereitschaft zur Unterstützung zu signalisieren. Wichtig ist auch Mitgefühl in frustrierenden Situationen und – wenn noch Aussicht auf genussvollen Erfolg besteht – ermunternde Worte für erneute Versuche. Ist dann immer noch Hilfe nötig: Okay, aber dann ist es eine Gemeinschafts-Produktion – sicher als solches kein Problem.

> ➤ *Erfahrung soll weitergegeben werden. Aber unsere Hilfe darf nicht zur Gewohnheit werden.*

Doch wird der Zeitpunkt kommen, an dem das Kind einen erneuten Versuch startet, es nun allein zu versuchen – eben ohne Hilfe. Und das ist gut, denn unsere Hilfe soll nicht zur Gewohnheit werden. Lieb gewordene Gewohnheit für das Kind oder lieb gewordene Gewohnheit für den Erwachsenen – beides ist nicht gut, weil es selten noch hinterfragt wird und verändert werden kann. Aber das Kind will weiter.

Bislang nicht Erfahrenes erfahrbar machen heißt, Spiel- und Aktionsräume schaffen, die Erfahrungen und Entdeckungen möglich machen.

Vieles erfahren wir durch andere Menschen oder immer mehr auch durch Medien. Doch darf das gerade für ein Kind nicht die direkte Erfahrung mit der Welt ersetzen. Denn bei jeder sekundären Erfahrungs-Vermittlung werden Kinder mit der Darstellung und Interpretation anderer konfrontiert. Um aber selbst selbstbewusst und kritisch zu werden, braucht ein Kind die eigenen Erfahrungen.

Der Erfahrene öffnet eine Tür, damit der Unerfahrene von selbst hindurch gehen kann: Kommt ein Kind in eine Sackgasse, aus der es selbst nicht herausfinden kann, ist die Erfahrung Erwachsener gefragt. Wohlgemerkt: Nicht beim Lösen des Problems, sondern beim Schaffen von neuen Voraussetzungen, die das Kind befähigen, über seinen Schatten zu springen und sein Problem selbst zu lösen. Damit die Hilfe zur Selbsthilfe klappen kann, muss erst sorgfältig beobachtet werden.

Erinnern Sie sich noch an **Anina** (S.63)? Ein bewegungsängstliches Kind, das sich jeder Bewegungsanforderung entzieht und sich so auch jeder positiven Erfahrung beraubt. Es fiel ihr schwer, auf Bewegungsspiele zu verzichten – vor allem, wenn sie die Spielfreude der anderen Kinder bemerkte.

Sie zu einem Rennspiel zu „verdonnern", würde schief gehen. Man müsste sogar befürchten, dass Anina bereits blockieren würde, sobald die erste Andeutung der beginnenden Gartenzeit fällt. Die Erzieherinnen boten geschickt Bewegungsspiele ohne Wettbewerbscharakter an – zum Beispiel Schubkarrenfahrten für Prinzessinnen oder Seejungfrauen-Schaukeln (Vier Kinder schaukeln ein anderes sanft in einem großen Tuch). So erlebte Anina Bewegung genussvoll und relativ spannungsfrei, da sie selbst nichts falsch machen konnte. Langsam näherte sie sich wieder Bewegungsaktivitäten. Ihr Wiedereinstieg ins „Bewegungsgeschäft" gestaltete sich nach vielen gelungenen Spezialangeboten der Erzieherinnen an alle Kinder (nicht nur an Anina) stufenweise:

● Zuerst wählte sie die Schaukel, aber nur, wenn kein Andrang war.
● Dann schlug sie mehrmals als Wunschaktivität eine Schlange durch den

Garten vor, eine Gruppenbewegungsaktivität, bei der es auf Synchronisation, nicht auf Wettbewerb ankam (sehr geschickt).

- Schließlich spezialisierte sie sich auf Pedalo-Fahren. Das Pedalo war das einzige Fahrzeug, das es im Kindergarten nur einmal gab. Deshalb drohte kein direkter Leistungsvergleich. In dieser Zeit nahm sie bereits hin und wieder Spielangebote an.

Das wichtigste Ergebnis ist mit Sicherheit, dass es gelang, Anina davon zu überzeugen, dass sie es aus der Sackgasse herausgeschafft hatte.

Der Erfahrene verzichtet auf Patentlösungen: Am wenigsten bereitwillig gehen Kinder auf konkrete Vorschläge von Erwachsenen ein, die nur eine einzige Lösung vorsehen und auch noch sehr verpflichtend dargestellt werden. Vor allem in Situationen, in denen sie nicht genau wissen, was sie machen oder wie sie etwas machen sollen.

„Das musst du so machen!" · *„So geht das!"*. Derartige Sätze verringern die Chance, dass der Vorschlag angenommen wird. Übrigens unabhängig davon, ob der Vorschlag gut war, im Prinzip sogar die akzeptierte Lösung hätte sein können. Aber so präsentiert, ist er für das Kind unattraktiv geworden.

„Kinder sind eigensinnig" sagte man früher und siedelte diesen Begriff nahe bei Ungezogenheit an. *„Kinder sind eigen-sinnig"* sagt man zu diesem Verhalten auch heute. Doch meint man damit, dass sie ihrem eigenen Sinn folgen möchten. Und man sieht einen durchaus begrüßenswerten kindlichen Schutz-Faktor darin.

Es sind keine erwachsenen Patentlösungen angesagt, die den Erfolg bereits einbauen. Sondern gemeinsames Überlegen, Für und Wider bedenken, kindliche Vorschläge gleichrangig einbeziehen, mehrere Möglichkeiten andenken – aber eben nicht fertig denken, so dass noch Spielraum für eigene Ideen bleibt und man nach eigener Regie noch handlungsfähig bleibt.

Das ist für den Moment wichtig, um Spiel- und Aktivitätsgenuss erleben zu können.

Es ist zusätzlich ungeheuer wichtig für die Zukunft. Denn unsere Kinder werden – wie alle Generationen vor ihnen – vor Problemen und Herausforderungen stehen, für die wir Erwachsenen auch noch keine Patentlösungen haben, weil es uns auch an den nötigen Erfahrungen fehlt. In derartigen Situationen noch reagieren zu können, bedeutet denk- und handlungsfähig, relativ autonom und souverän zu sein.

Genau das muss man selbst lernen – genauer gesagt, nicht abdressiert bekommen haben.

Die neu geforderte Qualifikation muss also genau in der Fähigkeit bestehen, sich allen auftauchenden Anforderungen flexibel zuwenden und sie selbständig bewältigen zu können. Das heißt auf Unerwartetes reagieren zu können, mit spontanen Ereignissen zurechtzukommen und nicht aufzugeben, sondern nach Alternativlösungen zu suchen, wenn bekannte Wege nicht zum Ziel führen.

Um heute beruflich bestehen zu können, braucht man:
- eine eigene Lernbereitschaft
- die Fähigkeit, andere ansprechen und motivieren zu können
- die Erfahrung, mit vielen Situationen zurechtgekommen zu sein, also auch mit neuen Problemen fertig zu werden
- Umstellungs-Fähigkeit, keine Unbeweglichkeit aus Angst vor Neuem
- Vernunft, Logik und Analysefähigkeit, also Übung im Durchdenken von Prozessen, im Verstehen von Zusammenhängen und beim Ergründen von Fehlerursachen
- Problemlöse-Fähigkeit und Konfliktlöse-Strategien. Das sind die Zaubermittel überhaupt. Denn Menschen, die angesichts von Problemen und Konflikten nicht kneifen, aber auch nicht ausrasten, sondern Lösungen in Angriff nehmen, sind in allen Teams herzlich willkommen.

Schutz-Erziehung macht Kinder kompetent. Sie versetzt sie in die Lage, sich in jedem Alter neue, vielfältige Kenntnisse und Fähigkeiten zu erarbeiten. Kompetenz-Gefühle kommen aus der Selbsteinschätzung eines Menschen zustande. Dazu muss er zurückblicken und bilanzieren, wie bisher alles geklappt hat. Und das ist ausschlaggebend dafür, wie ein Kind an neuartige Situationen herangeht, die plötzlich zur Bewältigung anstehen, und wie es nach einer Lösung für bislang noch nicht aufgetretene oder noch nie in Angriff genommene Probleme sucht.

➤ *Eigen-Sinn in der Kindheit bringt später eigene Stärke.*

Wichtig ist die Erfahrung – wenn es darauf ankam – schon oft eine zündende Idee gehabt zu haben und es geschafft zu haben. Warum also nicht auch diesmal?

- **Christopher** (5 Jahre alt) wird die spielzeugfreie Projektzeit im Kindergarten aus verschiedenen Gründen im Gedächtnis bleiben. Erstens hat sie ihm unheimlich viel Spaß gemacht, zweitens ist in dieser Zeit Erik sein Freund geworden – und drittens war da die Geschichte mit der Schnur: Für eine große Gemeinschafts-Arbeit, ein Boot mit Mast und Segel, wurde dringend etwas zum Zusammenbinden gesucht. Nichts war zu finden. Da griff Christopher in seine Hosentasche – und zog ein gut 40 cm langes Stück Schnur heraus. Die Bootsidee war gerettet – und er war der Held. Erik fragte ihn, weshalb er denn das Stück Schnur dabei gehabt hatte und was er denn in der anderen Tasche sonst noch Tolles habe. Franziska schlug vor, dass Christopher das Boot taufen dürfe.
Noch Wochen später war zu beobachten, dass Christopher, wenn es gerade eine Nuss zu knacken gab oder er mit den anderen am Maltisch saß, was ihm nicht besonders viel Spaß machte, kurz in die Tasche griff, ein Stück Schnur herauszog, es durch die Finger gleiten ließ und wieder einsteckte. Danach machte er sich recht frohgemut ans Problemlösen oder sogar ans Malen.

Wenn die Schnur ihm auch jetzt akut nichts nützt, so nützt doch die Erinnerung an ihren erfolgreichen Einsatz: *„Ich habe schon so viel hinbekommen, warum nicht auch das hier?"*

Kapitel 3: Das Wichtigste in Kürze

- Kinder können von sich aus etwas im Leben bewegen, wenn sie sich mit Freude bewegen.
- Beim Spielen beginnt ein Kind die Welt zu verstehen. Es erkennt spielerisch Zusammenhänge, sieht seine Beteiligung am Geschehen und lernt, auf seine Umgebung Einfluss zu nehmen.
- Eine sichere Bindung an die Eltern und von ihnen geschaffene lebenspraktische Handlungs-Spielräume machen selbst gemachte Erfahrungen und selbst gesteuerte Entdeckungen erst möglich.
- Der Erfolg kindlicher Selbstbildungs-Prozesse hängt davon ab, ob Eltern Vertrauen in ihr Kind haben, bereit sind, zu beobachten und zu begreifen, Geduld für kindliche Aktivitäten aufbringen und seiner kreativen Phantasie mit Toleranz begegnen.
- Wir sollten unser Mehr-Wissen dazu einsetzen, Kinder ihre Erfahrungen selbst sammeln zu lassen, ihnen neue Erfahrungs-Räume zu öffnen und – statt Patentlösungen vorzugeben – ihre eigenen Ideen in unsere Planungen aufzunehmen.
- **Schutz-Erziehung** macht Kinder kompetent. Sie versetzt sie in die Lage, sich in jedem Alter neue, vielfältige Kenntnisse und Fähigkeiten anzueignen.

4

So findet Ihr Kind seinen Weg und nimmt sein Leben in die Hand

In diesem Kapitel erfahren Sie, …

- wie wichtig ein Gefühl von Urheberschaft *(„Die Idee war von mir!")* und Selbstwirksamkeit *(„Das habe ich zustande gebracht!")* für die Ansprechbarkeit und Motivation eines Kindes ist
- dass Kinder gefordert sein wollen – aber nur, wenn sie die Aufgabe auch zu ihrer eigenen Aufgabe machen dürfen
- warum Kindern viel mehr herausfordernde Kontakte mit der Echtwelt geboten werden sollten
- warum sich jedes Kind eine gewisse Portion „Eigen-Sinn" leisten können sollte
- dass ein Kind, das anerkannt wird, auch bereit ist, andere anzuerkennen
- wann Fernsehen und Konsum für Kinder zur Sucht werden können
- wie Kinder im Umgang mit Gefahr und Wut Stärkepunkte sammeln können

Entwicklung:
Keine Angst vor neuen Erfahrungen

- **Mario** (6 Jahre alt) wirkt bei allen Aktivitäten gehemmt und ängstlich. Er ist immer auf dem Rückzug: *„Ich weiß nicht."* · *„Ich will nicht."* · *„Ich kann nicht."* So lauten seine häufigsten Antworten.

  Seine **Mutter** hat den Eindruck:

  „Er traut sich nichts zu, in keinem Bereich. Unabhängig davon, ob es um Geschicklichkeit, Ideen, Beweglichkeit oder Durchsetzungs-Vermögen geht."

  Die **Erzieherin** hat beobachtet:

  „Er bremst sich regelmäßig selbst aus. Ihm passiert es nie, dass er mal ganz spontan, quasi aus Versehen, bei einem Spiel oder beim Quatsch mitmacht".

  Der **Grundschullehrer** berichtet:

  „Irgendwas lässt ihn vor jeder Initiative zurückschrecken. Ich glaube, er traut sich noch nicht mal über einen eigenen möglichen Einsatz nachzudenken. Und dann macht er halt gar nichts. Nur wenn er die Pflicht und den Druck spürt, bringt er seine Aufgabe hinter sich. Und zwar mit möglichst geringem Einsatz".

  Mario selbst meint:

  „Alle wissen schon lange vor mir, wie man was richtig macht. Da fange ich erst gar nicht an, weil ich natürlich nicht weiß, wie es geht. Weil ich bestimmt einen Fehler mache oder was kaputt geht und es nie so gut wird wie das, was ich bei den anderen Kindern sehe."

➤ Wer Hilflosigkeit gelernt hat, hat Angst vor neuen Erfahrungen.

Mario hat – wie erschreckend viele Kinder – Angst davor, etwas falsch zu machen. Er sieht bei Aktionen seine Chancen nicht. Viel eher erwartet er automatisch einen Misserfolg – auf alle Fälle ein schlechteres Abschneiden gegenüber den anderen Kindern. Er geht davon aus, bereits verloren zu haben, bevor er sich überhaupt einer Situation stellt. Einen Erfolg oder einen Sieg hält er für ganz ausgeschlossen. Vor diesem Hintergrund ist es nur folgerichtig, dass er jeden eigenen Aufwand ablehnt. In seinen Augen birgt jeder Einsatz das Risiko, dass wieder etwas schief gehen könnte und zumindest er selbst danach wieder maßlos enttäuscht sein wird. Es liegt außerhalb seiner Vorstellungen, dass etwas, was er macht oder anregt, Anerkennung verdient, einfach gut ist und auch er damit zufrieden sein könnte,. Deshalb scheut Mario vor dem kleinsten Hindernis zurück – in seinen Augen scheint es ja auch unüberwindbar.

> ➤ *Wer Angst hat, braucht neue Erfahrungen, um keine Angst mehr zu haben.*

Marios schlechte Erfahrungen prägen sein Verhalten so stark, dass er erstarrt und innerlich immer am gleichen Punkt stehen bleibt. Deshalb kann er von sich aus gar nicht in die Situation kommen, neue – mal positive – Erfahrungen zu machen. Er verbaut sich die Chance umzulernen, kann aber nichts dafür. Hier braucht er Hilfe.

Fachleute sagen: *„Mario hat Hilflosigkeit gelernt. Und jetzt macht sein angstgeprägtes Verhalten ihn neuen Erfahrungen gegenüber lernresistent."* Das heißt: Seine Furcht vor neuen angstmachenden Erlebnissen ist so groß, dass er auf sein angstbeschwichtigendes Verhalten – etwa sich bei Anforderungen zurückziehen oder sich bei Anfragen tot stellen – nicht verzichten kann. Hier mal anders zu reagieren, wäre jedoch die einzige Voraussetzung für einen echten Umlern-Prozess. Die Erfahrung: *„Es hat geklappt, es war sogar gut"* wäre ungeheuer wichtig für ihn. Aber seine Angst verhindert solche ermutigenden Erfahrungen. Es ist verhängnisvoll: Er braucht neue Erfahrungen, um keine Angst mehr zu haben. Diese Erfahrungen zu machen, verhindert jedoch seine übergroße Angst. Ein echter Teufelskreis, aus dem Fachleute aber Ausstiegs-Möglichkeiten anbieten können.

Verschiedene therapeutische Fachrichtungen wählen heute für diese aus der Not entstandene stark einschränkende Erlebnis-Armut eine interessante Herangehens-Weise – für Sie deshalb interessant, weil Sie hier wichtige Bestandteile der **Schutz-Erziehung** wiederfinden.

Folgende Gedanken der Schutz-Erziehung
kommen hier im therapeutischen Umfeld zum Tragen:
- Erwachsene mit ihrem Erfahrungs-Vorsprung sollten über genug Ressourcen verfügen, um ein für das Kind günstiges Lebens- und Lernumfeld zu arrangieren, in dem Entwicklungs-Anreize entstehen können.
- Geeignete Entwicklungsanreize sind Einladungen an die Kinder, auszuwählen und sich zu entwickeln.
- Erfahrungen müssen so umorganisiert werden, dass die „Erfahrung-machenden" lebensbejahender und handlungsfähiger werden.
- Es geht nicht darum, eine Verhaltens-Änderung herbeizuführen – nach dem Motto *„Das Kind muss sich ändern, sonst gar nichts."*
- Die Aufgabe ist nicht, das Kind besser an seine Umgebung anzupassen – sondern die Umgebung so zu verändern, dass das Kind es in ihr leichter hat, seinen Weg zu finden.
- Nach dieser Anregung begleiten die Erwachsenen nur noch. Sie ermutigen zum Weitergehen, indem sie darauf achten, die Lebens-Bedingungen weiterhin attraktiv, herausfordernd, beeinflussbar und belohnend für das Kind zu organisieren.
- Jetzt kommt es darauf an, wie das Kind diese Lebens-Bedingungen erlebt und welche eigenen Gestaltungs-Möglichkeiten es darin wahrnimmt.

Unsere Erfahrungen mit der Schutz-Erziehung zeigen,
dass diese Schritte erfolgreich sein werden.
Der Sozialpädagoge *Klaus Wolf* beschreibt diesen recht neuen pädagogisch-therapeutischen Schritt als Entwicklung …
- weg von Erziehung durch Belohnung, Strafe und Reglementierung
- hin zu einer Erziehung, die entwicklungsfördernde Lebensbedingungen arrangiert und tragfähige wechselseitige Beziehungen anbietet

Genau das ist Schutz-Erziehung.

Es geht nicht darum, ein Kind nach einem vorher festgelegten Bild zu formen. Es geht nicht etwa um die Fabrikation des zuverlässigen oder normalen oder gesunden Menschen. Es geht einfach nur darum, die eigene, auch die „eigen- artige" Entwicklung eines Kindes zu begleiten und zu fördern, damit es zu sei- ner eigenen Form kommt.

Wir sagen: *„Damit es seinen Weg findet."* Und zwar mit Hilfe erwachsener Vorbilder und Strukturen, die mehr Orientierung geben und genügend Frei- raum für eigene Erfahrungen lassen.

Mario in unserem Beispiel hat seinen Weg noch nicht gefunden. Vor diesem Problem stehen viele Kinder. Ihre Erwartung, dass bei ihnen auch mal was klap- pen könnte, ist viel zu klein. Deshalb gehen sie vorsichtshalber allen mögli- chen Erlebnissen aus dem Weg. So bleiben dann auch die wider Erwarten gut- en Erfahrungen aus – und gefühlsmäßig ist alles beim Alten geblieben.

Erst speziell für sie geschaffene Situationen mit sorgfältig „handverlesenen" Entwicklungs-Anreizen helfen solchen Kindern, die fehlenden Erfahrungen nachholen und genießen zu können. Dann kann ihre **„E-Kette"** in Gang kom- men. Dabei geht es um den engen Zusammenhang zwischen **E**rwartungen, **E**r- lebnissen, **E**rfahrungen und den sie begleitenden **E**motionen, die allesamt im- mer tiefer in die Sackgasse hineinführen können, aber natürlich – beginnend an einem neuen Startpunkt – auch zielsicher wieder heraus.

Was hat Mario und Kinder wie ihn bisher davon abgehalten, ihren Weg zu finden?

Vieles spricht dafür, …
- dass er dauernd gegen „fremde" Erwartungen ankämpfen musste und seine eigenen stattdessen zu kurz kamen
- dass er mit zu hohen Anforderungen konfrontiert wurde
- dass er keinen Spielraum hatte, seinen Lösungs-Weg zu versuchen, weil immer die effizienz- und zielorientierte Messlatte der Erwachsenen an sein Handeln angelegt wurde

- dass stets möglichem „Misslingen" vorgebeugt, „Unnötiges" ausgelassen, vorschnell eingegriffen und dauernd verbessert wurde
- dass er also ständig daran gehindert wurde, überhaupt mal einen eigenen Weg zu suchen

Wir haben aus unseren vielen Beratungs-Gesprächen einige beeindruckende Gedanken solch verunsicherter Kinder zusammengestellt, die ihren eigenen Weg noch finden müssen und dazu Unterstützung brauchen:

- *„Ist überhaupt irgendwas richtig an mir? Wenn, dann kenne ich es nicht."* (**Fabian**, 7 Jahre alt)
- *„ Was wäre, wenn mal niemand dazwischen gehen würde? Wenn ich nur mal so was machen würde, einfach so, ohne Überlegen? Das wäre bestimmt von Anfang an eine Katastrophe. Manchmal denke ich, die Welt wäre danach überhaupt nicht mehr in Ordnung."* (**Laura**, 6 Jahre alt)
- *„Ich weiß noch: Früher war ich mal besser drauf. Da habe ich mir immer vorgestellt, auf einem Pferd, das ich gezähmt habe und das mir gehört, durch die Wildnis zu reiten. Heute bringe ich keinen Tag hinter mich, an dem nicht tausend Leute an mir rumverbessern, mir aus der Patsche helfen wollen und mir sagen, dass sie jetzt für mich noch zu retten versuchen, was zu retten ist. Ohne die ganzen Helfer wäre ich dann wohl nicht mehr zu retten!"* (**Svetlana**, 12 Jahre alt)

Sich so schwach zu erleben, macht anfällig: Für noch mehr Angst, für gewalttätige Verzweiflung – und für alles, was einem ein besseres Leben verspricht und einen seine eigene Schwäche vergessen lässt. Zumindest auf Zeit.
Werden Lebens- und Lernfelder geschaffen, die wieder andere Erfahrungen zulassen, können diese besonders belasteten Kinder, wie auch Mario, sich mit professioneller Hilfe selbst entdecken und ihre Umwelt anfangen mitzugestalten. Dann kann auch Svetlana wieder auf ihr Pferd steigen und losreiten …
Marios Reaktionen konnten das Gefühl, nichts machen zu können, recht gut erklären und – wegen ihrer Heftigkeit – auch besonders klar seine Notsituati-

on zeigen. Er hatte aufgrund seiner Angst und seiner Erfahrungen – die diese Angst immer wieder bestätigen – den Weg gewählt: *„Wer nichts macht, kann auch nichts falsch machen."*

Das ist ein Trugschluss. Denn Inaktivität kann keine Verbesserung bringen – noch nicht mal eine Veränderung. Marios passives Verhalten wird ihm von seiner gesamten Umgebung – seinen Eltern, Freunden, im Kindergarten, in der Schule usw. – immer zum Vorwurf gemacht. Das ist schlimm. Doch noch schlimmer ist es, dass das Gefühl, zur Inaktivität verdonnert zu sein, ein Gefühl ist, bei dem man sich selbst unglücklich, hilflos und schwach vorkommt.

> ➤ *Sich schwach zu erleben, macht anfällig – für Angst, Gewalt und Sucht.*

Eben nichts machen zu können ist furchtbar. Denn wie will man so seinen Weg und seinen Handlungs-Spielraum finden?

Diesen unglücklich machenden Aspekt des Nicht-aktiv-werden-Könnens findet man in der Lebens-Geschichte vieler Kinder, die erfreulicherweise bei weitem nicht so stark davon betroffen sind wie Mario – und meist auch nur zeitweilig. Trotzdem sollten wir uns diesen Aspekt genauer ansehen. Bleibt er unbeachtet, kann er eine riskante Entwicklung einleiten. Wird er bei Angeboten der **Schutz-Erziehung** bewusst berücksichtigt, entpuppt er sich als Riesen-Entwicklungs-Chance, deren Tragweite erst langsam erkannt wird.

Die Langweiligkeit einer fertigen Welt

Können Sie sich vorstellen, wie langweilig eine fertige Welt ist, in der es allem Anschein nach nichts mehr für ein Kind zu machen gibt? Das Ende der Neugierde wäre gekommen, und das wäre zu fürchten.

● Nach einer Vorlesestunde über die Entdeckung und Erforschung Alaskas im Kindertreff des Naturkunde-Museums unterhalten sich die Kinder in kleinen Gruppen. Einige spielen mit verteilten Rollen Szenen der Geschichte nach. Andere suchen sich aus einer großen Kiste Fellstücke zum Zusammennähen heraus. **Sandra** und **Olaf** (6 Jahre alt) sitzen am Rand auf einem Kissenberg und starren missmutig vor sich hin. *„Was ist denn mit euch los? Habt ihr zwei Angst, dass Wölfe ums Haus schleichen?"* fragt einer der Betreuer. *„Blödsinn"* zischt Sandra, *„nur keine Lust, und zwar auf nix!"* Olaf nickt zur Bestätigung und fügt hinzu: *„Die Welt ist nämlich fertig. Es gibt nichts mehr zu entdecken. Alle Länder sind entdeckt, der Kühlschrank und die Mikrowelle. Deshalb ist uns langweilig. Und wir wissen nicht, was wir machen sollen."*

Können Sie sich vorstellen, wie wenig einladend und unattraktiv eine Welt ist, in der es nur bereits vorgezeichnete Wege, festgelegte Handlungsmuster, einzuhaltende Regeln und gegängelte Phantasie gibt? Diese Welt wird mit Recht von Kindern gefürchtet und boykottiert. Sie merken viel schneller als die Erwachsenen, was hier passiert: Dass nämlich niemand mehr die Chance hätte, sich seine eigene Welt zu schaffen.

➤ *In einer „fertigen" Welt können Kinder sich nicht als Entdecker und Erforscher erleben.*

Erwachsene sind sich offenbar dessen nur selten bewusst. Sie fürchten eine fertige Welt nur punktuell und recht selten – eigentlich viel zu wenig. Weil sie die beklemmende Enge dieses Gedankens nicht mehr so hautnah fühlen wie in

Kindertagen. Vielleicht haben sie sich auch bereits an sporadische Einflusslosigkeit gewöhnt und gehen davon aus, nichts dagegen unternehmen zu können. Für Kinder ist eine „fertige" Welt nicht erstrebenswert. Denn sie sehen sie nicht etwa ausgereift und perfekt, sondern ganz anders „fertig": Nämlich am Ende angekommen, ohne Ideen, Kraft und Weiterentwicklung. In einer solchen Welt können sich Kinder nicht als Entdecker und Erforscher erleben, sich nicht als Planer, Umplaner und Neuplaner fühlen. Urheberschaft und Selbstwirksamkeit können nicht erlebt und gespürt werden.

Für neugierige Kinder ist die Welt nie fertig

Spielforscher beobachten mit großer Freude und Ermutigung, wie Kinder immer wieder kindgemäß den Rahmen sprengen, den die Erwachsenen im guten Glauben als geeignet vorgegeben haben. Dadurch erhöhen die Kinder die Zahl der Freiheits-Grade ihrer Handlungen, ihren Genuss und die Chancen einer Einflussnahme.

Dazu hier ein Beispiel: An einem Schnupper-Nachmittag in einem Spielzeugfachgeschäft kam es nach Ende der offiziellen Spielzeit mit ferngesteuerten Robotern zu folgender Szene:

● Nachdem **Jan**, **Sebastian**, **Tom** und **Marvin** (zwischen sechs und neun Jahre alt) sich einige Zeit lang mit den Robotern beschäftigt hatten und ihre lustige Art der Fortbewegung erprobt hatten – die Fähigkeit, um Hindernisse herumzulaufen und kleine Handgriffe auszuführen – begannen die Jungen die Roboter soweit zu zerlegen, dass jetzt zwei Beine und ein Stück Rumpf allein liefen, wodurch diese neuen Modelle bedeutend schneller als ihre Ganzkörper-Konkurrenten wurden. Ein weiterer Roboter hatte jetzt ein Bein und drei fuchtelnde Arme bekommen. Die größte und längste Spielbegeisterung weckte dann die Idee, nun jeweils zwei Roboterbein-Paare aufeinander zu stellen – sozusagen Huckepack – und sie eine schiefe Ebene hinauf mit einem anderen Beinpaar um die Wette laufen zu lassen.

Einige Hebelbewegungen und Knopfdrucke setzen ferngesteuertes Spielzeug in Bewegung. Zuerst ist das durchaus faszinierend und lustig und bietet eine erfreuliche Abwechslung. Es ist auch äußerst motivierend, möglichst schnell ganz geschickt mit den Steuerelementen umgehen zu können. Doch recht bald werden die Spielgrenzen offensichtlich. Die Möglichkeiten sind vielmals durchlaufen – und jetzt passiert etwas sehr Typisches: Es kommt zu andersartigen Aktionen, angeregt durch die kindliche Neugierde, inwieweit außerplanmäßiges Agieren möglich ist: *„Was kann man noch mit diesem Ding machen?"* Aus dem Blickwinkel der Erwachsenen sind die Roboter bei diesem Spieleinsatz unsachgemäß behandelt, wenn nicht sogar beschädigt worden. Für die Kinder verloren die zur Routine gewordenen Spieldurchläufe schnell ihren Reiz. Deshalb haben sie sich Variationen ausgedacht und damit neue Reize geschaffen. Hätten sie die Roboter mit nach Hause nehmen dürfen, wären ihnen sicher noch weitere Einsatzmöglichkeiten eingefallen.

High-Tech-Spielzeuge faszinieren alle Kinder – so lange, bis sie sie beherrschen. Dann fangen sie an, nach neuen Funktionen oder neuen Verwendungszwecken für Einzelteile zu suchen. Und wenn man sie lässt, kommen die erstaunlichsten Dinge dabei heraus. Jede Umgestaltung kommt einer Neuschöpfung gleich und kann als Erfolg gebucht werden.

Sie wissen inzwischen, welche Spielräume Kinder brauchen, um sich für das Spielen zu begeistern.
Und Sie wissen, was Kinder als Eigenbelohnung empfinden:

- Außerplanmäßiges reizt
- Unerwartetes erfreut
- Alles Neue ist wert, erkundet zu werden
- Die Aussicht auf neue Erkenntnisse beflügelt
- Der Wunsch, einer Sache auf den Grund zu kommen, ist riesengroß
- Aktiv werden zu können, lässt alle Ressourcen mobilisieren
- *„Meine Idee und mein Handeln beeinflussen den Fortgang des Geschehens."*

Alles, was Kinder brauchen um stark zu werden, ist Raum und Zeit für Neugierde. Sie brauchen Entwicklungs-Anreize, aus denen je nach individueller Neigung, Zusammensetzung der Spielgruppe oder jeweiliger Tagesform ausgewählt werden kann.

Gelingt es, Kinder neugierig zu machen, hat man ihre Aufmerksamkeit gewonnen. Sie hören besser zu, schauen genauer hin, lassen sich viel weniger ablenken, speichern Einzelheiten und Zusammenhänge und ent-

> ➤ *Gelingt es, Kinder neugierig zu machen, werden sie aufmerksam und aktiv.*

decken dabei Abweichungen von der Regel, die sie wiederum neugierig machen und aktiv werden lassen. Alle Untersuchungs-Ergebnisse dazu gehen in dieselbe Richtung: Jetzt sind sämtliche Sinne geschärft, mit voller Konzentration ist zu rechnen, die Ausdauer erreicht ihre höchsten Werte. Wenn Kinder neugierig sind, laufen sie zur Höchstform auf.

So betrachtet müsste Schule „nur" neugierig machen, um Schüler und Schülerinnen zu aktivieren. Einige Pädagogen gehen in ihren Visionen noch weiter. Sie wollen Lern- und Lebens-Felder so arrangieren, dass junge Menschen in ihnen sich selbst kontrollieren lernen, sogar die Fähigkeit entwickeln, auf sich selbst auch Druck auszuüben. Denn eigenbestimmt und eigeninitiativ erhöhen Menschen (junge wie alte) ihre Chancen, etwas *doch* noch zu tun (auch gegen einen inneren Wider-

> ➤ *Kinder tun nicht immer nur das, was ihnen besonders leicht fällt.*

stand) – oder es eben aus eigener Überzeugung *nicht* zu tun, obwohl es recht naheliegend wäre und früher vielleicht auch immer so abgelaufen ist. Hier geht es um Eigenmotivation, um den Versuch, den „inneren Schweinehund" zu überwinden.

Die Angst, Kinder täten immer nur das, was ihnen besonders leicht fällt, ist unbegründet. Dann würden sie nie von sich aus etwas Neues lernen und würden immer den nötigen Antrieb und eine führende Direktive von außen brauchen. Das Gegenteil ist der Fall. Die Kopplung „Spaß und wenig Anstrengung" ist sogar recht selten – vielleicht mal für kurze Zeit, bis ein „richtiges" Spiel gefunden wird, oder mal zur Entspannung, wenn es drumherum gerade zu laut ist.

Eigentlich bedeutet Neugierde automatisch auch Anforderung. Denn sie kommt bevorzugt dann auf, wenn etwas überrascht und nicht auf die Schnelle verstanden wurde. Wüsste man schon, worum es geht und wie der beobachtete Effekt zu erklären ist, entwickelte sich keine Neugierde. Das neugierig gewordene Kind ist wissbegierig, es will mehr wissen und die bislang nicht gesehenen Zusammenhänge begreifen.

- *„Hast du was zum Denken für mich?"* fragt **Franzi** (7 Jahre alt), wenn es ihr nach geistiger Arbeit ist, etwa auf einer Wanderung oder während einer langen Autofahrt . *„Frag' mich doch was, damit ich überlegen kann. Oder gib mir eine Aufgabe, die ich aber noch nie im Leben gemacht habe. Wenn es klappt, merke ich, dass ich wieder gewachsen bin"*. Die Frage darf nicht zu einfach sein. Dann wäre Franzi enttäuscht, was man an ihrer Mimik unzweifelhaft ablesen könnte. Muss sie aber richtig nachdenken, womöglich Zwischenfragen stellen, wird es viel spannender und lohnender für sie. Selbst wenn ihr ein Fehler unterläuft, ist sie nicht frustriert: Ein winziger Hinweis reicht, um sie neu zum Denken oder Ausprobieren zu motivieren.

➤ *Sich anstrengen zu müssen, erhöht den Reiz der Aufgabe.*

Ihren Wunsch nach geistiger Nahrung und entsprechender Nachfütterung können nicht alle Kinder so eindeutig ausdrücken. Vorhanden ist er aber fast immer – nur nicht, wenn zu viel Angst oder zu viel Wut diesen geistigen Freiraum besetzt halten. In vielen Untersuchungen – vor allem bei der systematischen und längerfristigen Beobachtung von Kindern – bestätigt es sich immer wieder, dass Kinder von sich aus immer höhere Anforderungen an sich selbst stellen. Sie gehen also ganz gezielt Stück für Stück weiter: Ein selbsteingeleiteter Aufwärts-Trend, den wir ja auch bei den Selbstbildungs-Prozessen schrittweise nachvollziehen konnten.

Sich bei einer Aufgabe anstrengen zu müssen, macht die Aufgabe nicht unbeliebter. Es erhöht sogar eher den Reiz der Aufgabe. Kinder fühlen sich ange-

*Anreiz zum Spielen und Lernen:
Die Natur*

sprochen, wenn ein Vorhaben mehr und auch unerwartete Arbeits-Gänge zu bieten scheint, als bereits auf den ersten Blick zu durchschauen ist. Sonst wäre die Aufgabe sofort fertig – also langweilig und uninteressant.

Ein Ergebnis, das nach Anstrengung erzielt wurde, ist uns Menschen mehr wert. Wir freuen uns stärker darüber und fühlen Extra-Belohnung durch den bewältigten Mehraufwand. Diese guten Gefühle sind direkt messbar: Unser Gehirn schüttet vermehrt Endorphine (Glücks-Hormone) aus, die für die Steigerung unseres Wohlgefühls verantwortlich sind.

Hier arbeitet die Natur mit einem Trick: Sie überlistet die – uns auch sehr vertraute – Unlust und Faulheit, indem sie erfolgreiche Initiativen, die Aufwand, Mühe, einen brummenden Kopf, Schweiß und Atemlosigkeit mit sich gebracht haben, mit höchstem Wohlgefühl beendet und besonders positiv verbuchen lässt: *„Denk' dran, Anstrengung lohnt sich. Du wirst dich gut fühlen."*

Das ist der Grund, weshalb Kinder auch lustvoll Strapazen auf sich nehmen, die Erwachsene für unnötig halten. Erwachsenen-Kommentare wie *„Lass das doch, das brauchst du nicht, das ist doch unnötig"* sind völlig unangebracht.

Das ist auch der Grund, weshalb der Genuss einer tollen Aktivität Kinder für jeden geistigen wie körperlichen Einsatz entschädigt. Angeschrammte Knie und müde Arme sind schnell vergessen. Das ist meistens der Fall, wenn Kinder in Umgebungen aktiv werden können, die mehr als gewohnt von ihnen verlangen, weil Ereignisse nicht voraussagbar sind und niemand alles unter Kontrolle hat – wie zum Beispiel in der freien Natur. Natur bietet dauernd Außergewöhnliches und nicht Vorgesehenes. Sie wirkt nie fertig und nur

▶ *Je größer die Anstrengung war, um so mehr ist das Ergebnis wert.*

selten nicht mehr weiter bespiel- und gestaltbar. Damit sorgt sie dauernd für neue Neugierde. Anreize zum Lernen und Aktivwerden stehen unbegrenzt zur Verfügung.

➤ *Ein Spielzeug-*
Staubsauger, der nicht
saugt, verliert schnell
seinen Reiz.

Dass das eigentlich auch in den Familien, Wohnungen, Hausgärten, Kindergärten und Schulen weit mehr als bislang praktiziert werden könnte, zeigen uns pädagogische Richtungen mit lebenspraktischem Ansatz, die dafür plädieren, Kindern statt Pseudowelten viel mehr Kontakte mit der „Echtwelt" zu bieten. Ein Spielzeug-Staubsauger oder -Rasenmäher, die zwar ähnliche Geräusche wie ihre echten Kollegen von sich geben, verlieren schnell ihren Reiz, wenn man durchschaut hat, dass sie keine Fussel beseitigen und keinen Grashalm abschneiden können. Hier wird ein Kind nicht wirklich beteiligt, kann sich auch nicht mit Aussicht auf Erfolg einer Herausforderung stellen. Es ist für das kindliche Wohlbefinden sicher günstig, dass diese Dinge schnell ihren Reiz verlieren, weil sie das Kind sonst immer wieder durch ihren unbefriedigenden Einsatz frustrieren würden.

Bereits auf den ersten Blick sieht man den Unterschied zum Arbeiten mit echtem Arbeitsmaterial – auch wenn es nur Kinder-Format hat. Ob es sich um kleine Kuchenformen oder Werkzeug im handlichen Kleinformat handelt – immer entsteht etwas: Ein richtiger Kuchen, zu dessen genussvollem Verzehr man einladen kann. Oder ein Nagel sitzt tatsächlich fest im Holz, und man kann etwas daran befestigen. Kinder können sehr wohl

Rollenspiel:
Kochen für die Puppe

zwischen dem Spiel, ihre Puppen zu bekochen, und wirklichem Mitarbeiten in der großen Küche unterscheiden. Beides macht ihnen Spaß, für beides sollten sie die Chance haben.

- Beim Puppen-Bekochen geht es ihnen vor allem ums Rollenspiel, sich als Hausmann oder Hausfrau zu fühlen und mal eine andere als die Kinderposition einzunehmen.
- In der richtigen Küche steht das Dazugehören und Mitmachen im Mittelpunkt, begleitet von dem starken Gefühl, einen eigenen Beitrag zur Familien-Mahlzeit liefern zu können, später dann sogar einen alle entlastenden Beitrag zur Familien-Freizeit.

Als ähnlich positive Herausforderung empfinden Kinder und Jugendliche es auch, wenn man ihnen die durchaus arbeitsintensive Chance gibt, mal Aufgaben im Team zu erledigen – zum Beispiel im „Team Familie". Pflichten hat natürlich jeder schon mal erfüllen müssen. Doch jetzt stehen andere Vorhaben an, die allein gar nicht zu bewältigen wären – zum Beispiel gemeinsam ein Baumhaus bauen. Jetzt braucht man die aktive Mitarbeit an-

> ➤ *Arbeitsintensive Aufgaben im Familien-Team empfinden Kinder als positive Herausforderung.*

derer: Man muss sich absprechen, einigen und koordinieren – was sehr mühsam sein kann. Und da ist es endlich mal gut, dass Stärken und Schwächen unterschiedlich verteilt sind. Denn bei Team-Aufgaben sind meist Spezialisten verschiedenster Art gefragt.

Sobald die ersten bestätigenden Signale, dass es läuft, die einzelnen Mitglieder erreichen, wird der individuelle Einsatz verdoppelt. Niemand schaut mehr auf die Uhr oder achtet darauf, wer gerade im Moment den Hauptanteil am Fortgang des Geschehens hat. Das Erfolgs-Geheimnis dahinter, das zu unerwartet großen Leistungen führt, ist die Tatsache, dass keiner weiß, wie es laufen wird. Noch ist alles offen und dadurch auch noch von jedem mitgestaltbar. Wieder ist das Tolle daran, dass noch nichts „fertig" ist. Alle sind neugierig, wie es sich entwickeln wird.

Manche Kinder haben sich einen beeindruckenden Trick angewöhnt, sich ihre eigene Neugierde wieder hervorlocken zu lassen. *„Mama, ich weiß nicht, was ich machen soll"* verkünden auch ab und zu Kinder, die sich eigentlich recht gut beschäftigen können. Ein winziger Anstoß scheint ihnen im Moment noch zur richtigen Entscheidung zu fehlen.

Eine Möglichkeit ist, Ihr Kind anzulächeln und zu versichern, dass ihm bestimmt ganz schnell etwas Lohnendes einfallen wird. Warum die Langeweile nicht auch einmal ein wenig aushalten? Sie vielleicht sogar genießen, denn jetzt hat man endlich mal frei – also die Chance, sich für alles zu entscheiden.

Team-Beitrag:
Backen für die Familie

Wirksam ist auch dieser Weg: Sie fangen an aufzuzählen: *„Malen, ausschneiden, Obstsalat machen, ein bisschen tanzen, in den Garten gehen, die Sophie anrufen, mir helfen, die Schachteln zu ordnen."* *„Halt, Mama"*, signalisiert die erhobene Hand, *„ich weiß schon, was ich mache. Ich schreibe Oma einen Brief und bemale das Kuvert und höre eine Kassette, tschüss!"*

Sehr geschickt, sich so seine Ideen spannend zu machen. Man muss sich das so vorstellen: Jemand blättert einem einen Stapel Ideen-Kärtchen vor. Die Möglichkeiten rauschen an einem vorbei – und irgendwo springt man auf und beginnt zu planen.

Wäre von der Mutter nur ein einziger schon fertiger Vorschlag gekommen – und auch noch genau ausformuliert – hätte er wahrscheinlich abgelehnt oder zumindest gewaltig verändert werden müssen, um ihn überhaupt annehmen zu können. So fix und fertig vorbereitet hat ein Eltern-Vorschlag bei Kindern wenig Chancen. Er ist einfach zu langweilig und lässt zu wenig Freiheit für Eigengestaltung und Einflussnahme.

Kinder ohne Handlungs-Spielraum reagieren mit Passivität oder Provokation

Bleiben wir noch bei der knappen Freiheit zur Eigengestaltung und Einfluss-nahme.

● Bei einem Bastelnachmittag für Eltern mit Kindern ist auch **Paul** (5 Jahre alt) mit seiner Mutter. *„Er hatte nicht viel Lust, aber ich denke, ein bisschen Basteln schadet auch einem Jungen nicht"*, erzählt die Mutter. Die Bastel-idee, ein Traumfresservogel, wird vorgestellt, Mutter und Sohn besprechen sich. Die Mutter hält Pauls Idee für zu schwierig. *„Das schaffen wir zwei nie"*, meint sie, *„wir wollen auch irgendwann mal wieder nach Hause"*. Paul beginnt zu schneiden, die Mutter schneidet nach und weist ihn auf zwei Stel-len hin, an denen er zuviel abgeschnitten hat. *„Zweimal abgeschnitten und immer noch zu kurz"*, meint sie lachend. Als es ans Zusammenlegen und Kleben geht, hat Paul Schwierigkeiten, aber seine roten Wangen und mun-teren Augen zeigen, dass er mit Eifer bei der Sache ist. *„Ich helfe dir"*, sagt die Mutter, zieht das gesamte Bastelwerk zu sich und fängt an arbeiten. *„So, jetzt geht es doch besser und schneller"*, meint sie. Paul schaut noch kurz zu, wandert dann zwischen den Bastelnden herum und verschwindet schließ-lich mit anderen Kindern, die schon fertig sind, im Freien. Am Ende der Ver-anstaltung hat er keine Lust mehr, „seinen" inzwischen fertigen Vogel zu betrachten. *„Ich habe es gewusst, Basteln ist eben nichts für unseren Paul"* sagt die Mutter.

Die Mutter hat Paul Gutes tun und ihm die Mühe der Bastelarbeit ersparen wol-len. Vielleicht wollte sie aber auch ein Ergebnis vorweisen, das ihren Erwar-tungen – und, wie sie glaubt, denen von Paul – eher entsprochen hätte als ein von Paul eigenhändig fabriziertes Werk.
Aber so, wie es jetzt abgelaufen ist, wären die beiden besser zu Hause geblie-ben. Denn die Mutter hat Paul gar keine Chance gegeben, selbst etwas eigenes zu schaffen. So etwas ist bedauerlich, wenn es sich um einen Einzelfall han-

delt. Aber wenn es regelmäßig nach identischem Muster abläuft, kann es einen höchst gefährlichen Lernprozess einleiten.

„Das nehme ich dir ab" kann ein recht harmloser Satz sein, der eine kleine Hilfestellung zwischen zwei Partnern beschreibt. *„Das fällt mir leichter, übernimm du doch in der Zwischenzeit dies, da bist du doch viel besser"*, oder *„Ich habe gerade mehr Zeit, und du bist unter Druck"* – so verstanden ist nichts gegen diesen Satz einzuwenden.

„Mein Werk":
Malen ohne „Hilfestellung"

„Das nehme ich dir ab." Hinter diesem Satz kann sich aber auch ganz anderes verstecken. Er kann eine getarnte Form der Entmündigung sein – vor allem wenn ein „starker" Mensch ihn zu einem „schwachen" Menschen sagt. Einem Kind alles abzunehmen, um ihm alles leicht zu machen, ist nur auf den ersten Blick eine liebevolle Zuwendung.

> ➤ *Einem Kind alles abzunehmen, um ihm alles leicht zu machen – das ist nur auf den ersten Blick eine liebevolle Zuwendung.*

Dahinter steckt die Vorstellung, dass für das Kind alles zu schwer und nicht zu bewältigen ist. Man hält das Kind für zu schwach. Die Anstrengung möchte man ihm nicht zumuten, weil man nicht an ein gutes Ende glaubt.

Vielleicht kann man sich das Kind auch einfach nicht unabhängig vorstellen. Man selbst müsste dann nämlich auch wieder eine andere Rolle einnehmen.

Genau das heißt im Alltag aber, …

- dass man dem Kind nichts zutraut
- dass man voraussetzt, dass das Kind die Aufgabe nicht allein bewältigen kann
- dass man ihm seine Aufgabe abnimmt – nein: wegnimmt
- dass man es dadurch auch seiner Einfluss-Möglichkeiten beraubt und ihm seine Art von Ergebnis vorenthält (*„Wie hätte mein Traumfresservogel wohl ausgesehen?"*)
- dass man dem Kind die Chance nimmt, selbst nach einer Lösung zu suchen – nach seinem Weg, diese Hürde (falls es überhaupt eine für Paul war) zu meistern:
  - zum Beispiel mit seinem Vogel zufrieden zu sein und ihn gut zu finden
  - zum Beispiel mit Sophie zusammen einen großen Vogel zu bauen
  - sich notfalls an einer schwierigen Stelle Hilfe zu holen und dann gleich wieder selbst weiter machen zu können
  - oder die Idee zu haben, dass der eine schneidet und der andere klebt – jeder das, was er besser kann
  - oder die Bastelei zu beenden und eine Traumfresservogel-Geschichte zu erfinden, während die anderen basteln

Einige dieser Punkte sieht Paul mit Sicherheit auch so. Er landet gefühlsmäßig immer beim gleichen Punkt: *„Man traut mir nichts zu."*
Aus Gesprächen mit Kindern, die ähnliches wie Paul erleben, weiß man, dass sie sich Gedanken darüber machen, weshalb ihnen eigentlich die Arbeit abgenommen wird. Die anderen Kinder haben doch die gleichen Pflichten wie sie. Was befürchtet die Mutter? Was will sie durch ihr Eingreifen verhindern? Genau kann das Kind es sich nicht erklären. Aber es spürt auf alle Fälle Angst. Dient das mütterliche Einschreiten dazu, Angst abzuwehren? Aber um wessen Angst geht es? Das Kind kann nicht differenzieren. Ist es die Angst der Mutter, pädagogisch zu versagen oder sich mit diesem Kind zu blamieren, sobald

sie nicht rettend eingreift? Oder ist es die Angst um ihr Kind, weil sie merkt, wie viel es noch nicht kann und wie hilflos es ihr vorkommt? Was beim Kind zurückbleibt, ist jedenfalls Verwirrung und das Gefühl, nicht viel zu können – manchmal sogar Angst.

Erwachsene machen sich viel zu selten bewusst, dass sie bei derartigen Aktionen ihre Kinder im negativsten Sinne „verwöhnen". Sie tun ihnen nichts Gutes. Jetzt im Moment nicht – und für die Zukunft schon gar nicht. Denn sie schwächen ihr Kind, statt es zu stärken.

Paul hat sich an diesem Nachmittag sicher nicht rundum wohl gefühlt, auch wenn am Ende ein recht passabler Vogel vorzuweisen war – aber eben nicht *sein* Vogel oder *seine* Ersatz-Idee.

➤ Wer seinem Kind immer alles abnimmt, schwächt es, statt es zu stärken.

Kommen derartige Situationen häufiger und zu verschiedenen Gelegenheiten vor, werden Kinder bei Hürden immer schneller aufgeben und nach „Helfern" suchen. Sich selbst trauen sie die Fertigstellung nicht mehr zu. Sie werden passiv und strengen sich nicht mehr an. Weil sie glauben, dass es sich ja doch nicht lohnt.

„Lass dir doch nicht alles aus der Hand nehmen!" wird dann bald als Vorwurf zu hören sein. Oder *„Such dir doch nicht immer jemanden, der alles für dich regelt! Versuch doch selbst mal, was hinzubekommen!"* Solche Vorwürfe sind ungerecht. Denn das Kind hat ja oft genug versucht, etwas allein zu schaffen. Aber es wurde ihm immer alles abgenommen.

Wer jemandem alles abnimmt, beraubt ihn auch seiner großen Gefühle, die kompetent machen und einen stark aus Situationen hervorgehen lassen – auch aus solchen, die einem nicht liegen.

Es geht um die Gewissheit:
- *„Ich habe es durchgestanden."*
- *„Ich habe es geschafft."*
- *„Ich finde es gut, wie es geworden ist."*

- *„Ich glaube, es geht noch besser. Vielleicht versuche ich es (irgendwann) nochmal."*
- *„Ich habe es nicht hinbekommen, aber ich habe es versucht."*
- *„Ich weiß, das kann ich nicht. Das nächste Mal hole ich mir Hilfe oder mache was anderes."*

Die großen Gefühle, die unsere Aktionen begleiten, scheinen wir zu brauchen, um uns wohl zu fühlen. Besonders glücksgeprägt sind die Empfindungen, die einen Erfolg begleiten, dessen Erreichen aufregend, riskant, im Grenzbereich der Belastung war. Den Drachen zu besiegen oder den heiligen Gral zu finden – somit auf die Suche nach Grenz-Erfahrungen zu gehen – scheint ein sehr alter Wunsch zu sein, begleitet von der Hoffnung, sich in einer Extrem-Situation endlich selbst kennen zu lernen – und stolz auf sich zu sein.
Alle Kinder reagieren auf Ohnmachts-Gefühle, auf Aktivitäts-Verbot, fehlende Entscheidungs-Freiheit und eingeschränkten Handlungs-Spielraum. Das ist oft durch unselbständig machende Verwöhnung und vorenthaltene Erfahrungen entstanden.

Passivität

Ruhige Kinder   ähnlich wie Mario oder Paul – reagieren mit Passivität bis Rückzug auf zu wenige eigene Erlebnisse, zu wenige Erfolge, zu wenig Einflussnahme und Kompetenz-Mangel. Sie haben gelernt, eben hilflos zu sein, und leiden unter Versagens-Ängsten. Durch ihr Verhalten nimmt ihre Kontroll-Möglichkeit über Ereignisse, die sie betreffen, tatsächlich immer mehr ab.
Andere Kinder gewöhnen sich notgedrungen an einen schnellen Lustgewinn ohne vorangegangene Anstrengung, weil ihnen der Originalweg versperrt ist. Alles, was sie mit wenig Anstrengung, aber mit Geld erreichen können, lassen sie sich angedeihen, um sich manchmal gut zu fühlen. Da der Wert dieser Form

der Eigenbelohnung immer mehr sinkt, muss immer mehr nachgeliefert werden. Das ist aber dennoch nicht der „volle Bringer" – und sie bleiben enttäuscht und unbefriedigt zurück.

Provokation

Kinder mit einem heißblütigen Temperament reagieren auf zu wenig Aktivitätsraum mit sozialem Boykott. Deshalb werden sie überall als unerträglich empfunden. Auf Entmündigung durch zu wenige Gestaltungs- und Kontrollmöglichkeiten, zu wenige echte Anforderungen, zu wenige Übungs-Felder, zu wenig Selbständigkeit und Freiraum antworten die Kinder mit provozierender Risiko-Bereitschaft. Sie riskieren mit ihrem Verhalten, überall anzuecken: Jede Kontaktaufnahme ist provokant. Sie vermitteln den Anschein, dass sie nichts zu verlieren haben, weil sie sowieso nicht dazugehören. An dieser Familie oder diesem Klassenverband haben sie nicht mitgestaltet und mitgeprägt. Was soll es also?

➤ *Schutz-Erziehung lässt ein Kind Herausforderungen wählen und entscheiden, ob es sie annehmen oder ablehnen will.*

Sie können aber auch ihr Leben riskieren, weil sie sich bewusst in Gefahr begeben, um endlich mal starke Gefühle zu erleben – und wenn es das Entsetzen in den Augen der anderen ist. Es geht darum, endlich auch einmal einen bleibenden Eindruck zu hinterlassen. Die vielen anderen Bestätigungs-Bereiche haben sich ja als nicht zugänglich erwiesen.

Von „sensation seekern" – Menschen, die dauernd auf der Suche nach Abenteuern und Extrembelastungen sind – unterscheiden sich verunsicherte Kinder dadurch, dass sie ihre Grenzen eigentlich gar nicht kennen, also tollkühn ihr Glück versuchen. Sensation seeker sind auch auf der Suche nach den großen Gefühlen, wie Aufregung, Anstrengung und Erfolg, und scheinen danach auch mehr Bedarf als Normalbürger zu haben. Die Gründe dafür kennt man noch nicht, doch wissen die Profis unter ihnen bestens über sich selbst Bescheid. Sie kennen ihre Kompetenzen und glauben an ihre Kontrollfähigkeit.

Identität:
Der Wunsch
nach Unterscheidbarkeit

- **Jonas** (4 Jahre alt) und seine ein Jahr ältere Schwester **Ines** fahren mit den Eltern in den Urlaub. *„Ich will bei der Hinfahrt immer von Papa angeschnallt werden, Mama soll Ines anschnallen, bei der Rückfahrt wird getauscht.“* In der Pause fragt die Mutter, wer was essen möchte. Ines möchte ein Schinkenbrot und ein Ei. Jonas, der ihre Antwort nicht genau verstanden hat, fragt nach: *„Was will sie?“* Die Mutter wiederholt den Wunsch von Ines, und Jonas sagt: *„Dann nehme ich Käsebrot und Tomate. Wenn Ines Sprudel trinkt, trinke ich Saft.“* Die Eltern seufzen. Gegen Ende der Rast drängt Papa zum Aufbruch, da sagt Jonas: *„Wir haben Urlaub, und ihr habt gesagt, im Urlaub haben wir Zeit. Ich muss noch ein Papierschiff fertig falten.“* *„Das kannst du doch auch im Auto.“* *„Nein, kann ich nicht! Es muss besonders schön werden, ohne Wackelei, es ist für Mama“*, schreit Jonas. *„Mein Gott, ich fürchte, wir haben Herrn Eigensinn in den Urlaub mitgenommen!“* stöhnt der Vater.

Ohne Zweifel kann kindlicher Eigensinn anstrengend und manchmal auch lästig sein. Ist er besonders ausgeprägt, bringt er ordentlich Sand ins Familiengetriebe und nervt alle. Doch

➤ *Kindlicher Eigensinn ist nicht nur Stör-Element, sondern auch Schutz-Faktor.*

es ist wichtig, eigensinnige Charakteristika nicht nur als Stör-Elemente beim Erziehen und Zusammenleben zu sehen, sondern auch als Schutz-Faktoren des Individuums in der sozialen Gemeinschaft zu verstehen. Rebellieren hilft, nicht unterzugehen, nicht unter die gleichmacherischen Räder zu kommen, die keinen eigenen Beitrag mehr zulassen.

Was soll gut sein an Eigensinn? Das Kind leistet auf den ersten Blick nur Widerstand. Es wirkt halsstarrig, ist meist wütend, wenig anpassungsfähig – ein

Querkopf also. Andererseits kann man aber auch feststellen, dass es eine eigene Meinung hat und weiß, was es will. Man erkennt seine Vorstellung von Abläufen und seine Vorstellung über seine Beteiligung daran. Sein Verhalten gleicht dem Trotzen, doch bezweckt es offensichtlich noch mehr und erwartet weiteren Erfahrungs-Gewinn. Das Kind will nicht nur feststellen, wie weit der eigene Verhaltens-Spielraum reicht, wo die Toleranz-Grenzen eines anderen enden und seine Schmerz-Grenzen beginnen.

Hier geht es darum, …
- nicht so schnell aufzugeben und nachzugeben
- sich selbst auch gegen Widerstand die Chance zu erkämpfen, etwa einen Gedanken ungestört zu Ende zu denken, eine Handlung zur eigenen Zufriedenheit abzuschließen
- sich klar von anderen abzugrenzen, um sich seine Selbständigkeit und Unabhängigkeit vor Augen zu führen
- seinen Weg weiter zu gehen – notfalls auch allein
- eine nicht so einfache, aber vielleicht gerade deswegen wichtige Frage hinreichend beantwortet zu bekommen
- mit Nachdruck weitere Informationen zu suchen, um etwas, was noch unklar ist, aber brennend interessant, erklärt zu bekommen

Eigensinn kann auch als Eigen-Sinn verstanden werden: als eigener Sinn. Dann sehen die Beschreibungen plötzlich anders aus. Denn alles erscheint in einem besseren Licht. Unter dem Aspekt „eigener Sinn" wirkt das „eigensinnige Kind" plötzlich beständig und beharrlich, nicht so leicht ablenkbar. Man lobt seine Ausdauer und erkennt höchst individuelle Züge, persönliche Interessen, Vorlieben oder Abneigungen. Man sieht den Spezialisten vor sich (mit allen mit Spezialistentum verbundenen Vor- und Nachteilen), der seinem Handeln mit Nachdruck einen eigenen Sinn gibt. Das eigen-sinnige Kind unterscheidet sich bewusst von anderen und legt darauf ganz offensichtlich auch Wert. Das kann ganz unterschiedlich aussehen, zum Beispiel: Jetzt nur kein Schinkenbrot mit Ei wie die Schwester. Das heißt aber nicht, dass man nachher nicht gern ein Ei isst oder zumindest schimpft, wenn keine Schinkenbrote mehr da sind. Darum geht es nicht.

Das eigen-sinnige Kind versucht ein äußerst schwieriges Problem zu lösen. Es will sich selbst behaupten, will aber unzweifelhaft immer noch dazuzugehören. Jonas will ja auch trotz aller Extrawürste mit in den Urlaub fahren und Nähe spüren. Deshalb will er sich von Papa anschnallen lassen und Mama nachher das gefaltete Boot schenken – deutliche Signale der Verbundenheit.

Ganz typisch ist noch ein weiterer auffälliger Punkt: Mit Eigen-Sinn ist auch häufig eine eigene Zeitvorstellung verbunden. Individualisten gönnen sich, sobald es ihnen darauf ankommt, mehr zeitlichen Spielraum, indem sie sich, wenn möglich, von äußeren Taktgebern frei machen. Ihr Erfolg scheint ihnen auch recht zu ge-

Eigen-Sinn:
„Ich habe meinen eigenen Kopf"

ben, denn meist lohnt sich ihr Widerstand – langfristig auf alle Fälle. Heute wird Eigen-Sinn schon als gesundheitsfördernde, lebensverlängernde Kunst eines Individuums in der Gemeinschaft gesehen. (Auch der eigen-sinnige Michel wurde schließlich Bürgermeister von Lönneberga.)

Eigen-sinnig kann ein Kind etwas über seine Umgebung in Erfahrung bringen. Eigen-sinnig kann es aber auch herausbekommen, wo es selbst steht, wie Beziehungen gestaltet sind – und vor allem, wo der eigene Platz innerhalb dieses Beziehungs-Netzes im Vergleich mit anderen ist.

Besitz-Konflikte machen den größten Teil kindlicher Auseinandersetzungen aus. Sie lassen Eltern oft verzweifeln, ereignen sich doch da höchst absonderliche Dinge. Schaut man mehrmals zu, ohne einzugreifen, wird man eher überrascht zur Kenntnis nehmen, dass es im Endeffekt recht selten um den Besitz des Gegenstandes ging, um den heftig gestritten wurde, oder um die Chance längerfristig mit ihm zu spielen – sondern viel mehr um die Frage: *„Kann ich ihn erfolgreich verteidigen und behalten?"* oder: *„Kann ich ihn einem anderen Kind streitig machen?"*

➤ *Eigensinn kann auch als Eigen-Sinn verstanden werden: Dem Handeln einen eigenen Sinn geben.*

- **Max** (4 1/2 Jahre alt) spielt mit einer von mindestens fünf Sandschaufeln im Sand. **Julian** (4 1/2 Jahre alt) kommt vorbei, beobachtet kurz das Spiel und beugt sich zu Max herunter. *„Gibst du mir mal deine Schaufel?"* Max schaut auf, sagt: *„Nein!"*, deutet aber mit seiner Schaufel auf zwei weitere, die ganz in der Nähe liegen. *„Schau, da sind noch mehr!"* Julian reißt ihm die Schaufel aus der Hand und läuft betont langsam weg. Max springt schreiend auf und rennt hinterher. Als er Julian erreicht, beginnt ein Kampf. Julian kann sich entwinden und hält die Schaufel triumphierend hoch. Max geht schluchzend zum Sandkasten zurück. Julian kommt vorbei, wirft ihm die Streitschaufel zu – und geht schaukeln.

Die Sandschaufel war Julian völlig unwichtig, er brauchte sie nicht zum Spielen. Ihm ging es allein darum, sie zu bekommen – und dadurch zu dominieren. Die Frage, die ihn interessierte, war, ob Max sofort nachgibt, oder – falls nicht – ob er trotzdem an seine Schaufel kommt. Mit unseren Worten: *„Wie weit kann ich gehen?"* · *„Wie weit geht jemand auf mich ein?"* · *„Hab' ich Einfluss, oder – wenn nicht – wer ist der Stärkere von uns beiden?"*

Mal wieder geht es um das Erleben und Erkennen der eigenen Wirksamkeit, wenn auch nicht auf die „feine" Art. Das können Sie ruhig direkt ansprechen: *„Eigentlich hast du die Schaufel nicht gewollt. Du wolltest nur wissen, wie Max heute auf dich zu sprechen ist und wer der Stärkere von Euch beiden ist. Lasst uns mal überlegen, wie du das besser hättest herausbekommen können."*

- **Alex** (6 Jahre alt) hat einige Zeit intensiv mit einem roten Lastwagen gespielt, ihn immer wieder be- und entladen. Dann hat er ihn zur Seite gefahren und sich ein Buch geholt, das er jetzt schon einige Minuten lang ansieht. Als **Benjamin** (5 Jahre alt) sich neben ihn kniet und mit dem Laster zu spielen beginnt, schreit Alex empört auf und meldet unmissverständlich, dass hier jemand unberechtigt sein Spielzeug klaut. Benjamin widerspricht und wehrt sich: *„Du hast doch gar nicht mehr damit gespielt!" „Aber ich habe ihn aus dem Fuhrpark geholt, also gehört er mir!" „Alex, sei doch nicht so eigensinnig, du brauchst ihn doch gerade nicht"*, meint die Mutter.

Ein heftiger Streit beginnt, der selten durch eine in Erwachsenen-Augen geeignete Lösung wirklich geschlichtet wird. Erwachsene würden – ihrem Gerechtigkeitssinn folgend und immer noch den Laster im Mittelpunkt ihrer Aufmerksamkeit sehend – zum Beispiel vorschlagen, dass zuerst Benjamin (weil Alex ja schon lange Zeit mit dem Laster gespielt hatte und inzwischen liest) nun fünf Minuten mit dem Laster spielen darf, ihn dann wieder Alex anbieten sollte, damit dieser wieder spielen könne.

> ➤ *Besitz-Konflikte sind persönliche Standort-Bestimmungen: „Wie weit kann ich gehen?"*

Inzwischen wissen wir, warum diese Erwachsenen-Lösung keine Lösung für dieses Problem ist:
Der Laster ist nur Mittel zum Zweck.
Um ihn geht es eigentlich gar nicht.

- Erstens wird eine von Erwachsenen vorgeschlagene Patentlösung nie begeistert aufgegriffen.
- Zweitens müssen zuerst die Interessen und Bedürfnisse aller Beteiligten klargelegt werden. Das wird zeigen, dass es mindestens zwei Sichtweisen zum entstandenen Problem gibt – und höchst unterschiedliche Empfindungen dabei.

- Drittens muss jetzt nach Lösungs-Ideen seitens der Beteiligten gefragt werden. Denn es geht um Aufmerksamkeit und Wirksamkeit. *„Wer bekommt Aufmerksamkeit, wer hat Wirksamkeit? Werde ich in die Lösungssuche einbezogen? Merke ich, dass meine Argumente Einfluss haben?"*
- Viertens: Sind die wirklich wichtigen Punkte geklärt, kann recht sachlich und selbstbewusst miteinander umgegangen werden. Denn nicht Opfer und Täter ringen um eine Lösung, bei der beide von vornherein befürchten, zu kurz zu kommen. Sondern eine völlig andere Voraussetzung ist gegeben: Zwei am Fortgang der gemeinsamen Interaktion interessierte Kinder besprechen souverän die sich ergebenden Möglichkeiten,
  - zum Beispiel: *„Der Benjamin soll mich einfach fragen, ob ich den Laster frei gebe."*
  - oder: *„Wir könnten uns noch ein Auto holen."*
  - oder: *„Wir könnten zusammen das Buch anschauen."*
  - oder noch viele andere Möglichkeiten
- Fünftens: Der Konflikt ist gelöst. Das stärkt das Selbstvertrauen und macht neue Konflikte in absehbarer Zeit unwahrscheinlicher. Denn man kann ja miteinander reden.

- Ein erstaunliches Erlebnis bescherte uns der fünfjährige **Chris**. Chris war bei seinem Freund **Kai** zu Hause zum Spielen. Kai hatte also ein „Heimspiel". Alle vorhandenen Spielsachen gehörten ihm. Chris nahm sich ein Feuerwehr-Auto und fing an damit zu spielen. Prompt kam der Protest von Kai: *„Das ist mein Auto. Gib es sofort wieder her!"* Chris gab es natürlich nicht sofort wieder her. Also versuchte Kai, ihm das Auto zu entreißen. Nach kurzem, aber heftigen Hin und Her ließ Chris das Auto los und sagte: *„Warum machst Du das? Du kannst doch mit mir reden".*

> ➤ *Eigen-Sinn signalisiert eigene Stärke.*

Eigen-Sinn ist auch ein gutes Zeichen, denn Eigen-Sinn muss man sich leisten können und sich dessen sicher sein. Sicher gebundene Kinder drücken aufgrund zuverlässiger und feinfühliger Vorerfahrung negative Gefühle, Irritationen und emotionale Überforderung direkt, vehement und offen aus. Sie reagieren auch oft eigen-sinnig, weil sie sich trauen, so zu reagieren. Die Klarheit ihrer Signale macht es leich-

> ➤ *Schutz-Erziehung strebt das gruppenfähige Individuum an.*

ter, ihr Befinden richtig einzuschätzen und passend zu reagieren. Tatsächlich wird auf ihre Wünsche eher eingegangen: Sie werden häufiger getröstet und erfolgreicher emotional aufgefangen.

Sicher gebundene Kinder sind auf den ersten Blick weniger „pflegeleicht", aber ihre Individualität wird viel eher ernstgenommen und respektiert. Auch das – neben all den Vorteilen einer sicheren Bindung – erleichtert es ihnen, ihren Weg zu gehen.

Individualisierung – was heißt das? Darüber wird oft nachgedacht. Der Soziologe *Ulrich Beck* hält es für die höchst notwendige Fähigkeit, in einer hochkomplexen Gesellschaft ein eigenes Leben zu führen. Er meint: Wir müssen flexibel und mobil sein, wohl oder übel immer wieder soziale Bindungen aufgeben und fähig sein, neue Netzwerke an anderen Orten aufzubauen.

Individualität heißt nicht, sich nur selbst zu sehen und sich gegen andere rücksichtslos durchzusetzen. Sondern: *„Ich muss wissen, was ich selbst brauche. Ich muss meine Bedürfnisse anderen mitteilen können, um mein eigenes Leben zu gestalten."* Wer gelernt hat, eigene Wünsche auszusprechen, kann auch anderen eigene Bedürfnisse zugestehen und nimmt diese wahr. Individualisierung und Gruppenfähigkeit sind keine Gegensätze.

„Was erwarte ich von Dir?"
„Was erwartest Du von mir?"

Wir haben schon über verschiedene Formen von Erwartung gesprochen – zum Beispiel zu hohe Erwartungen, die sich nicht immer mit fremden decken müssen, und zurückgeschraubte Erwartungen aufgrund von Ohnmacht-Gefühlen. Jetzt geht es um Erwartungen, die auf der Basis gegenseitiger Anerkennung zustande kommen.

Familien sehen heute sehr unterschiedlich aus. Sie unterscheiden sich nicht nur in der Kinderzahl, sondern auch in der Anzahl und bunten Vielfalt der an der Familien-Konstellation beteiligten Erwachsenen. Mindestens ebenso bunt sehen die in den Familien vorherrschenden Vorstellungen über Familienleben und über praktikable Lebensformen der einzelnen Familienmitglieder aus. Traditionen und Werte haben sich in den letzten Jahrzehnten so schnell verändert wie zuvor in Jahrhunderten nicht. Unsere Kinder haben eine

> ➤ *Gegenseitige Anerkennung ist eine der besten Voraussetzungen für eine tragfähige Beziehung.*

wirklich nicht überschaubare Anzahl möglicher Lebensweisen als Identifikations-Muster vor Augen. In weiten Teilen ist das eine sehr verunsichernde Situation.

Wenn ein Erwachsener heute einem ihm nahe stehenden Kind seine Vorstellungen und Werte mit auf den Weg geben will, dann darf er nicht erwarten, dass das Kind einfach die Werte der letzten Generation übernimmt, sondern er muss aktiv werden. Es bedarf guter Argumente und persönlicher Überzeugung, um Jüngeren seine Wertvorstellungen nahe zu bringen. Lippenbekenntnisse reichen nicht. Der Erwachsene muss selbst von seinen Zielen überzeugt sein und sich entsprechend verhalten, um diese erfolgreich weitergeben und überzeugen zu können.

Sobald ein junger Mensch sich anerkannt und ernstgenommen fühlt, interessiert er sich für die Menschen, die ihn wertschätzen. Ihre Besonderheiten und Vorstellungen sind ihm wichtig, er beobachtet sie und versucht immer mehr darüber zu erfahren, immer mehr Situationen gemeinsam mit ihnen zu erleben und es ihnen gleich zu tun. Menschen anzuerkennen, die uns ebenfalls anerkennen, fällt uns leicht.

Die Gemeinsamkeit der gegenseitigen Anerkennung zu erleben, ist eine der besten Voraussetzungen für eine tragfähige Beziehung zwischen dem Kind und seiner Bezugsperson – und damit für die gesicherte Weitergabe als wichtig und wertvoll eingeschätzter Vorstellungen. Spielregeln für das soziale Miteinander, Partnerschaft, Rücksicht, Fairness, Loyalität und Einfühlungs-Vermögen – Tugenden, deren lohnende Effekte sich uns erst langsam erschließen – lernen und verinnerlichen wir über den Kontakt mit Menschen, die diese beherrschen und die wir wertschätzen. Dieser Lernweg ist eindeutig nachgewiesen.

In den ersten Lebensjahren vollzieht sich Anerkennung in Form emotionaler Zuwendung – in der außergewöhnlichen Erfahrung, vorbehaltlos angenommen und geliebt zu werden, Zuwendung, Zärtlichkeit und Zuverlässigkeit zu spüren. Ein Kind, das sich einbezogen fühlt, kann auch andere leichter in seine Gedanken und Handlungen einbeziehen. Ein Kind, das Anerkennung fühlt, erlebt die Bindung an diese Menschen nicht als Abhängigkeit, sondern als eine tiefe Verbundenheit, die einen geschützten Schon- und Freiraum bietet, der Entwicklung in ihrer ganzen Vielfalt zulässt.

Die Anerkennung wächst mit dem Kind und mit der Beziehung zwischen ihm und seinen Bezugspersonen. Ist es zuerst allein das Glück, zusammen zu sein und sich zu erleben, das emotionale Anerkennung vermitteln lässt, so wird es bald das Reagieren und Handeln, das jetzt anerkannt wird. Das Kind wird nun zusätzlich geschätzt, weil man ihm immer mehr zutraut –

> ➤ *Wer sein Kind anerkennt und entsprechend behandelt, wird auch von seinem Kind anerkannt.*

bald sogar, selbst entscheiden und handeln zu können. Diese nicht mehr ausschließlich über Gefühle, sondern jetzt auch über Denkprozesse zustande kommende Anerkennung kennzeichnet Erziehungs-Partnerschaften zwischen Eltern und Kind.

Das bedeutet nicht, dass alle die gleichen Rechte und Aufgaben haben. Das würde die „Schwächeren" (Kinder) überlasten und verunsichern und die „Stärkeren" (Eltern) von ihrer Verantwortung entbinden. Es geht darum, dass trotz unterschiedlicher Lebens-Erfahrung die Wünsche, Bedürfnisse und Vorstellungen beider Partner berücksichtigt werden. Eltern, die ihre Kinder als altersgemäß kompetent wahrnehmen, entsprechend behandeln und wertschätzen, werden auch von ihren Kindern anerkannt. Das zeigt sich zum Beispiel an ihrer Folgsamkeit und Kooperations-Bereitschaft.

Damit das klappen kann, …
- brauchen Eltern Feinfühligkeit für den Entwicklungs-Stand und die jeweilige Tagesform ihres Kindes. Die Frage *„Wie geht es dir heute?"* und die Antwort darauf muss sie interessieren und in ihrem Verhalten beeinflussen.
- müssen Eltern die sich erweiternden Möglichkeiten und die wachsende Selbständigkeit ihres Kindes begrüßen und unterstützen. Das heißt im Alltag: Den kindlichen Handlungs-Rahmen und Einflussbereich immer mehr vergrößern und sich selbst zurücknehmen. Auch Eltern brauchen Grenzen, die es zur Sicherung der kindlichen Entwicklung einzuhalten gilt.
- muss die individuelle Verschiedenheit geachtet werden. Und die Erfahrung, dass genau dies den Erlebens-Spielraum aller erweitert, muss zugelassen und kann dann genossen werden
- müssen kindliche Interessen in die Pläne der Familie mit einbezogen werden – immer, nicht nur wenn's sich gerade mal deckt. Ein *„Nein"* muss auch erklärt werden, wenn es verstanden werden soll. Deshalb muss auch die Wut eines Kindes (wie die jedes Familienmitglieds) als eine völlig berechtigte Reaktion gesehen und ihrer Ursache auf den Grund gegangen werden. Gegebenenfalls müssen erträgliche Formen der Wutäußerung beigebracht werden, damit der Wütende sich „danach" noch selbst ins Gesicht sehen kann und nicht den guten Kontakt zu allen verloren hat.

Höchste Wertschätzung empfindet ein Kind, wenn es merkt, wie wertvoll seine Beiträge sind, dass es Anteil hat an der Verwirklichung familiärer Zielvorstellungen und Glücks-Empfindungen. Dass das genauso für den Freundeskreis wie auch für die Klassengemeinschaft gilt, wird erst langsam durchschaut.

Eltern, andere dem Kind nahestehende Bezugspersonen und Pädagogen, die das, was ihnen wichtig und wertvoll ist, mit Kompetenz und persönlicher Überzeugung vertreten, können bestimmte Vorstellungen und Lebens-Ideen erfolgreich an Kinder weitergeben. *Hans Rudolf Leu* geht davon aus, dass Erwachsene den Rahmen schaffen, in dem das Kind sich als leistungsfähig und ernstgenommen erlebt und anerkannt fühlt. Dadurch, dass es mit anderen, die es wertschätzt, zusammen agiert, wird sein Tun in seinen eigenen Augen bedeutsam. Das gibt Selbstvertrauen und Kraft. Am überzeugendsten sind Erwachsene auf den Gebieten, die ihnen selbst am Herzen

> ➤ *Kinder, die ernstgenommen und anerkannt werden, tanken Selbstvertrauen und Kraft.*

liegen. Das Kind spürt die Ernsthaftigkeit, es spürt Kompetenz und Überzeugungs-Kraft. Jetzt wird es ansprechbar, Selbstbildung kann beginnen. Anerkannt, interessiert und fasziniert kann das Kind Anforderungen annehmen und etwas leisten.

„Ob weiblich oder männlich – ich bin ich"

Achten die einem Kind nahe stehenden Menschen dessen Individualität und berücksichtigen sie seine Besonderheiten bei ihren Überlegungen und Planungen, ist das die beste Gewähr, ein Stück bewusster und deshalb auch sensibler mit einem Kind umzugehen. Selbst Nachteile, die Kinder aufgrund ihres Geschlechts oft ganz unbewusst erfahren, werden dadurch seltener.

- **Yannick** (5 Jahre alt) möchte lieber nicht heiraten. Er hat sich überlegt, mit einer Frau nur nett befreundet zu sein, dann ein Kind zu bekommen, das nur er versorgt. *„Es schläft bei mir im Bett, ich füttere es, bade es, spiel mit ihm und gehe ganz viel mit ihm spazieren. Da nehmen wir dann auch die Frau mit. Wenn sie aber bei uns wohnen würde, will sie alles mit dem Kind machen, was ich aber machen will."*

Yannicks exklusive Betreuungs-Wünsche weichen zwar von der durchschnittlichen Fürsorglichkeit kleiner Jungen ab, sind aber keineswegs jungenuntypisch. Vor allem machen sie Yannick nicht „unmännlich" und brauchen auch niemanden in Sorge zu versetzen, ob Yannick eine Männerzukunft (was immer das auch sein mag) bewältigen wird. Experten haben da keine Angst: Wer so klar seine Wünsche und Bedürfnisse äußern kann und bereits Lösungswege durchdacht hat, zeigt soziale Kompetenz und Handlungs-Bereitschaft. Zwei Pluspunkte, die in jeder Zukunft gesucht und attraktiv sein werden.

Bei männlichen Defiziten, die oft durch Angstattacken, aggressive Ausbrüche oder Suchtmittel-Missbrauch bewältigt werden sollen, fehlt es oft daran, eher gefühlsmäßige Persönlichkeits-Anteile bei sich wahrzunehmen und in das männliche Selbstverständnis einzubauen. Präventive Jungenarbeit sieht deshalb ihre Schwerpunkte in der Stärkung sozialer und emotionaler Kompetenz – wobei vor allem die Fähigkeit, Gefühle wahrzunehmen und auszudrücken, sich in die Erwartungen des Gegenübers einzufühlen und auf diese eingehen zu können, hervorgelockt werden. Hier braucht Yannick sicher keine Nachhilfe.

> ➤ *Wer seine Wünsche und Bedürfnisse klar äußern kann, zeigt soziale Kompetenz und Handlungs-Bereitschaft.*

- **Nele** (6 Jahre alt) wird *„natürlich"* Autobauerin und Autorepariererin, *„was sonst?"*. *„Zuerst verdiene ich in der Werkstatt viel Geld, dann baue ich mir ein Auto, bestimmt in Goldfarbe. Damit fahre ich durch Amerika oder Australien. Wenn mich einer überholen will, sause ich davon. Und wenn mir jemand winkt, hupe ich und winke zurück."*

Nele entspricht mit ihren Zukunftsplänen sicher auch nicht einem „Norm-Mädchen", was ihrer Weiblichkeit aber keinen Abbruch tut. Sie zeigt jetzt schon Anzeichen einer beruhigenden Ausgeglichenheit zwischen Realität und Wunschtraum. Es fehlt ihr nicht an Selbstbewusstsein und Aktivität – an der Vorstellung, ihr Leben mal selbst in die Hand zu nehmen, sich zu fordern und es sich gut gehen zu lassen. Es ist kaum anzunehmen, dass sie sich Entscheidungen von anderen „abnehmen" lässt und allen Konflikten aus dem Weg geht.

„Klassischere" Mädchen, die gewohnt sind leise zu agieren, nie auffallen wollen oder dürfen, nicht aggressiv sind und eher zurückstecken, brauchen mehr von Neles Aktivität, um mit Hilfe dieser andersartigen Erfahrungen sich selbst neu und vollständiger zu definieren.

Viele Eltern fragen sich, ob Jungen und Mädchen eigentlich eine völlig andere oder nahezu identische Entwicklung durchlaufen. Der heutige Wissensstand weist schon auf einige spannende Besonderheiten hin: In der Säuglingszeit lassen sich in Bezug auf das körperliche Wohlbefinden noch keine Unterschiede nach Geschlechtern feststellen. Mädchen wie Jungen genießen gleichermaßen Körperkontakt, Wärme und emotionale Nähe. Aber die Erwachsenen beginnen schon direkt nach der Geburt – wenn auch unbewusst, so doch gezielt – mit Mädchen und Jungen unterschiedlich umzugehen und auf deren Handlungsweisen auch unterschiedlich zu reagieren.

Wir erziehen Jungen zu Jungen und Mädchen zu Mädchen. Und die zwei Geschlechter locken auch aktiv jeweils anderes aus uns heraus. Jedes Kind „baut" sich seine Geschlechts-Identität aus zwei Bestandteilen: seinen individuellen Anteilen und seinen jeweiligen Erfahrungen mit der Außenwelt. So tastet es sich an sein Selbstbild als Mädchen oder Junge heran.

„Welche Eigenschaften und welche Reaktionen von mir werden wahrgenommen, bestätigt und belohnt, welche dagegen ignoriert, wenn nicht sogar abgelehnt oder bestraft?" Diese Fragen sind für jedes Kind spannend. Die Antworten werden jedoch für Mädchen und Jungen mitunter unterschiedlich ausfallen. Eine positive Identifikation mit dem eigenen Geschlecht ist dann gelungen, wenn ein Kind sich selbst in möglichst vielfältigen Situationen erfahren konnte und wählen konnte, was ihm besonders liegt oder eben nicht so sei-

ne Sache ist. Wichtig ist es, sich so als Individuum wahrzunehmen – als das Mädchen Lisa oder den Jungen Raffael – und eben nicht nur als „Junge" oder „Mädchen" kennen gelernt zu haben.

Es gibt heute ein geläufiges Wunschbild der Eltern von ihrem Kind: Klug soll es sein, zärtlich, in passenden Situationen durchsetzungsfähig und im Alltag angstfrei – unabhängig davon, ob dieses Kind ein Junge oder ein Mädchen ist. Darüber hinaus lassen sich jedoch viele Merkmale finden, bei denen die Eltern durchaus unterschiedliche Vorstellungen haben, wie sie bei einem Jungen und wie sie bei einem Mädchen ausgeprägt sein sollen. Dazu zählen das Verhalten in Konflikten, die Hilfsbereitschaft und die Ansprechbarkeit, besonders in sozial anspruchsvollen, womöglich emotional gefärbten Situationen.

➤ *Wir erziehen Jungen zu Jungen und Mädchen zu Mädchen.*

Beim Wunschbild eines Mädchens wird großer Wert auf Kompromiss-Bereitschaft, Nachgebenkönnen und Verständnis gelegt. Rückt der Umgang mit Schwäche und Schmerz ins Zentrum des Interesses, wird hier mehr von den Jungen verlangt. In jungen Jahren ist Verantwortung eine eher weiblich geschätzte Komponente: Verantwortung für die Geschwister, für Haushalts-Aufgaben und schulische Leistung. Später ist Verantwortung auch für den Mann vorgesehen. Zumindest die, seine Familie zu versorgen, während die Erziehungs-Verantwortung doch eher bei der Frau liegt.

Kinder sammeln und bilanzieren offensichtlich alles, was sie an Geschlechterwissen angeboten bekommen. Ihre eigenen Erfahrungen als Mädchen oder Junge und das ganze Repertoire der vorgelebten oder vorgezeichneten Modelle stehen ihnen offensichtlich bereits zur Verfügung, wenn sie sich mit sechs, spätestens sieben Jahren immer mehr ihrer eigenen Geschlechts-Gruppe zuwenden und diese bevorzugt zum Spielen, Agieren, Sprechen und Entspannen wählen.

Einerseits ist diese Einordnung mit Sicherheit eine wichtige Orientierungs-Hilfe für das jeweilige Geschlecht, die auch für mehr gruppeninterne Ruhe sorgt. Forschungs-Ergebnisse zeigen aber, dass es sehr wichtig ist, auch in dieser Zeit bewusst und ausgewählt Berührungs-Punkte zu schaffen, in denen Mädchen und Jungen sich gegenseitig erleben, voneinander lernen und Erfahrungen austauschen können. Dann können sie feststellen, was sie als Persönlichkeit – und erst zweitrangig als Junge oder Mädchen – am meisten anspricht.

Wer stark ist,
nimmt sein Leben in die Hand

Irgendwann muss man springen – in sein eigenes Leben hinein. Die Vorbereitung durch die Eltern ist für die Qualität des Sprungs und die sichere Landung ausschlaggebend. Man kann umso früher und problemloser springen, je mehr man von seinen Bezugspersonen in Sachen Sicherheit bestärkt wird. Das liegt offensichtlich an der dann noch kleineren, überschaubaren und weniger angsteinflößenden Sprunghöhe. Und je überzeugter man selbst ist, dass der Sprung bestens klappen wird – und dass er sich vor allem lohnen wird – umso besser klappt der Sprung. Es scheint auch eine gewisse Sehnsucht nach dem Leben dazuzugehören, um gut springen zu können.

Der gesunde Umgang mit der Realität
und die Wirkung kleiner Fluchten

➤ *Aus Wünschen und Träumen erwachsen Zuversicht und Selbstvertrauen.*

Kinder träumen von ihrem zukünftigen Leben und ihrer Rolle darin. Das haben uns viele Beispiel-Szenen gezeigt – und das hören Sie jeden Tag, wenn Sie aufmerksam zuhören.

„Später, wenn ich groß bin, wenn ich in der Schule bin, wenn ich dann aus der Schule bin, wenn ich einen Beruf habe, selbst eine Familie habe, eine Mama bin, … dann wird alles wunderbar" (dank meinem Engagement).

In Träumen visionieren Kinder die Zukunft, indem sie von einer nie in Frage gestellten Weiterentwicklung ihrer Möglichkeiten und Fähigkeiten ausgehen. Diese Träume sollte man zulassen, sogar pflegen. Denn die Freude an ihnen und die durch sie erlebte Entspannung lassen einen die Realität besser in Angriff nehmen.

Zumindest in diesen Vorstellungen erleben die Kinder sich aktiv und gestaltend, selbst wenn sie das im Alltag nicht so überzeugend und selbstverständlich sind. Etwas aus diesen Träumen kann man offensichtlich in die Wirklichkeit exportieren. Denn aus Wünschen und Träumen erwachsen Zuversicht und Selbstvertrauen. Und plötzlich hat man tatsächlich eine konkrete Lösung für ein anstehendes Problem vor Augen – schon lässt sich mit der an sich schwierigen Situationen ganz anders, viel entspannter und dadurch erfolgreicher umgehen.

Kinder sind in vielen Lebens-Bezügen keine Realisten, eher Phantasten mit einer gehörigen Portion Optimismus. Genau diese seelische Grundhaltung tut ihrer Entwicklung aber gut. Wer sich die als Erwachsener erhalten kann, ist besser dran. Sie erlaubt ihm, über Unzulänglichkeiten (an denen Erwachsene scheitern können) hinwegzusehen und die großen Linien, die nach vorn führen, zielsicher zu erkennen.

Auch wenn es Erwachsenen beim Verfolgen
kindlicher Gedankengänge fast schwindelig werden kann –
greifen Sie bitte nicht unnötig ein.
Denn die etwas rosarote kindliche Sichtweise
kann ganz handfeste Vorteile haben:

- Achten Sie zum Beispiel darauf, wie ein Kind seinen Beitrag an einer Gemeinschafts-Arbeit mit anderen einschätzt. Lief das Projekt insgesamt erfreulich ab, so dass sich das Kind erwünscht und wichtig gefühlt hat, kommt zum realen Beitrag der emotionale Mehrwert bei der Darstellung hinzu. Das Kind wird in eine nächste vergleichbare Aufgabe mit einem dadurch erhöhten Kompetenz-Gefühl einsteigen und tatsächlich mehr „bringen", weil es sich mehr zutraut, besser zuhören kann und mit mehr Ruhe und Ausdauer mitmacht.

- Hat sich das Kind aber in der Arbeits-Gemeinschaft nicht wohl gefühlt – mitunter sogar fehl am Platz – wird es seinen Beitrag als eher geringwertig einschätzen. Unter diesen Bedingungen macht es ihm verständlicherweise keinen Spaß mehr mitzumachen. Und so hat es den Eindruck, bei einem Ausstieg nicht allzu viel zu verlieren.

● Besonders faszinierend sind Gesundschrumpfungen von kindlichen Projekten. Planen Kinder – vor allem eingespielte Teams, die viel zusammen unternehmen – was sie an diesem Nachmittag machen werden, so könnten ihre Spielvorstellungen, wenn man halbwegs realistisch nachrechnet, leicht die Nachmittage der ganzen Woche füllen. Um Enttäuschungen vorzubeugen, schlagen „erfahrene Erwachsene" vor, doch vielleicht den einen oder anderen Gedanken wegzulassen, „damit es ein abgerundetes Spiel gibt". Das ist natürlich ganz unnötig, weil die Kinder sich beim Spielen automatisch schrittweise erreichbare Ziele setzen und – je spannender es wird – sich ausschließlich auf einen Spielschwerpunkt konzentrieren. Das ist weit entfernt von einer Enttäuschung, was man bei den Erzählungen über den Spielverlauf deutlich spürt. Dass „weniger" gespielt wurde, als man sich vorgenommen hatte, wird keiner bemerken, denn es war ja auch nicht so. Haben Kinder die entsprechenden Erfahrungen, kennen sie den Unterschied zwischen Quantität und Qualität.

Kinder lieben Tagträume. Das Traumland ist ein bevorzugter Aufenthaltsort für sie, was ihnen oft vorgeworfen wird. Finden diese Traum-Ausflüge immer in Anforderungs-Situationen statt, sind sie natürlich störend. Aber sie sind auch ein wichtiges Signal, darüber nachzudenken, wovor und weshalb das Kind in seine Traumwelt flüchtet.

Während der Freizeit sollten Sie Ihrem Kind viel Spielraum für Gedanken-Abenteuer geben. Denn Tagträume sind dazu da, sich zwischendurch mal selbst auf eine erholsame Reise zu schicken und kurz zu verschwinden. In unseren Tagträumen geht es uns eigentlich immer gut. Kaum verwunderlich, denn sie sind kontrolliert, nichts von uns Unerwartetes wird passieren. Immerhin schreibt man selbst das Drehbuch, bestimmt die Mitspieler, kann eigene Stärken voll zur Geltung bringen und Schwächen einfach nicht vorkommen lassen. Außerdem sind alle Mitspieler und Situationen so, wie man es sich wünscht: Eindeutig lieb oder eindeutig böse, um endlich mal klar zu sehen. Auch der

Ausgang ist eindeutig. Es gibt keine faulen Kompromisse, die Kindern im Alltag so oft vorgeschlagen werden: *„Wenn du jetzt dein Spiel unterbrichst und mit mir kommst, kriegst du nachher ein Eis."* Was nützt dem Kind ein Eis – jetzt, wo es aus allem aussteigen muss?

Deshalb verschwinden Kinder in Tagträume, wenn „draußen" (zu) viel von ihnen verlangt wird, Durcheinander herrscht, sie zu stark in die Schusslinie geraten sind, die Besucher der Eltern sie langweilen oder sie stundenlang im Auto eingesperrt sitzen müssen.

Beim Tagträumen liegt, sitzt oder läuft man irgendwo rum. Alles passiert im Kopf. Darüber hinaus wird man nicht aktiv. Das ist bei den „So-tun-als-ob"-Spielen etwas anderes. Hier wird zwar auch alles im Kopf ausgedacht, aber es geschehen zumindest Handlungs-Andeutungen, wenn nicht ganze Spiel-Szenen.

So tun als ob:
Spielraum für Gedanken-Abenteuer

- **Cleo** (3 Jahre alt) und ihr Papa spielen Piraten. Beide sind bewaffnet und soeben auf einer Insel gelandet, auf der eine große Schatzkiste vergraben ist. Jetzt sieht es so aus, als ob sie das Geheimversteck gefunden haben. Als Papa niederkniet und zu graben anfängt, springt Cleo hoch und wirbelt den Säbel durch die Luft. *„Ich schneid' dir jetzt den Kopf ab – und dann ist aus die Maus."* Papa stürzt theaterreif röchelnd auf den Boden und bleibt ein paar Sekunden lang ganz stumm und unbeweglich liegen. *„Papa, mein lieber Papa, mach nicht so doof, du bist nicht tot, wir haben doch nur so getan",* ruft Cleo etwas verunsichert, weil Papa eine Spur zu lange „auf tot" gemacht hat. Als Papa endlich lächelt und sich bewegt, fällt sie ihm strahlend in die Arme, schmust eine Runde und schreit dann: *„Dann kämpfen wir jetzt um den Schatz. Aber dass du es gleich weißt: Ich bin stärker!"*

Im Spiel wird gekämpft, manchmal wird sogar jemand erstochen oder erschossen. Aber es wird nur so getan, als ob gekämpft, erstochen oder erschossen würde. Das Zauberwort heißt „als ob". Psychologen betonen, dass die Wahrnehmung der eigenen Aggressionen, der eigenen zerstörerischen Möglichkeiten – beides ist übrigens bei jedem Kind immer mehr oder weniger vorhanden – für eine normale Entwicklung hilfreich ist. Vorausgesetzt, die Aggressionen und destruktiven Potentiale bleiben im „Als-ob"-Raum.

➤ *Kleine Fluchten heben das Lebensgefühl. Aber die großen Fluchten in Angst, Gewalt und Sucht lassen aus dem Leben aussteigen.*

In diesen Rollen, wie der der wilden Piratin, können Kinder Gefühle und Phantasien ausleben, die sie sich sonst nicht getrauen würden. Endlich mal stärker sein als der Papa, ihn mal stoppen. Das sind aggressive und destruktive Gefühlsregungen, die da sind und da sein müssen. Sie werden in Spiel-Szenen durchspielt, in der Phantasie durchlebt, in Worte gefasst oder in selbsterfundene Geschichten eingebaut. Egal, wie Kinder damit verfahren – die Gefühlsregungen werden zur Kenntnis genommen und dadurch bearbeitet. Im „Als-ob"-Raum kann man probedenken und probehandeln. Auch mal schießen, sogar mal töten. Das sind ungefährliche Aspekte realer Drohungen. Das bedeutet sich aggressiv auszuprobieren, ohne mit den Konsequenzen konfrontiert zu werden. Das ist ein rundum gesunder Umgang mit der Tatsache, dass im Kindesalter von Jahr zu Jahr das eigene Innenleben besser wahrgenommen wird, aber natürlich auch seine Turbulenzen.

Tagträume sind für Kinder wie für Erwachsene Auszeiten von den momentanen Anforderungen. Es ist wie abtauchen, mal für eine gewisse Zeit nicht ansprechbar sein, nur seinen Gedanken nachhängen oder an nichts denken, die Beine und die Seele baumeln lassen. Solche kleinen Fluchten heben das Lebensgefühl. Aber die großen Fluchten in Angst, Gewalt und Sucht lassen aus dem Leben aussteigen. Das ist ein großer Unterschied.

Ein bisschen fliehen darf man, man soll es sogar. Es ist nur wichtig zu wissen, wozu die Flucht dient. Wenn sie nach zuvor durchstandenen stressigen, anstrengenden und vielleicht sogar entnervenden Zeiten den nötigen Abstand schafft, um durchatmen zu können und dann wieder neu zu starten, dann scheint sie genau das Richtige zu sein.

Dient eine Flucht allerdings dazu, dauernd vor etwas davonzulaufen, was einen mit Sicherheit wieder einholen wird – weil es noch keineswegs erledigt ist, durch den fluchtbedingten Aufschub vielleicht sogar noch schlimmer geworden ist – dann ist die Flucht etwas ganz anderes: nämlich der in den meisten Fällen hoffnungslose Versuch zu entkommen, ohne sich den Problemen gestellt und eine Lösung auch nur angedacht zu haben. Der Berg wird noch größer, man muss wieder und wieder fliehen.

Kaufen und Konsumieren gerät immer mehr in den Verdacht, zu einer dieser gefährlichen großen Fluchten zu werden. Die Kaufsucht wird als mögliche Erscheinungsform abhängigen Verhaltens diskutiert. Wenn Sie jetzt an das bunte Sommerkostüm oder das neue Computerzubehör denken, das Sie sich kaufen wollen, sobald Sie Ihren VHS-Kursus geschafft oder Ihre neuen Gardinen genäht haben, brauchen Sie nicht zu erschrecken. Wenn man sich für einen Erfolg belohnt, weil man die Unlust in sich überwunden hat, und jetzt wirklich ein gutes Stück weiter ist, ist das eine angenehme kleine Zusatz-Belohnung. Bereits positiv verbucht und langfristig viel belohnender war schon allein die Tatsache, es geschafft zu haben.

- **Ralph** (11 Jahre alt) hat die Zusammenhänge durchschaut: *„Wenn ich mir Chips kaufe und mich in die Hängematte lege, weil ich mit den Hausaufgaben fertig bin und auch noch Französisch geübt habe, fühle ich mich besser. Und die Chips sind auch besser als die, die ich gekauft habe, weil mir frustig zumute war und ich mich zu nichts aufraffen konnte.“*

➤ *Selbst zu leben ist spannender, als denen im Fernsehen bei ihrem Leben zuzuschauen.*

Ähnlich ist es übrigens auch mit dem Fernsehen, das eine interessante, anregende und erholsame Beschäftigung sein kann, wenn es eine unter vielen mindestens genauso beliebten und häufig genutzten Beschäftigungs-Möglichkeiten ist. Es ist sicher auch nicht schädlich, sich mitunter berieseln, auf höchst angenehme Art unterrichten und unterhalten zu lassen, wenn ansonsten eigene Aktivitäten bei weitem den Vorrang haben und den Hauptanteil der Erfahrungs-Suche ausmachen. Beim Fernsehen kann man sich seine Phantasie anregen lassen, aber dauerndes wahlloses Fernsehen tötet die Phantasie.

Wieder ist es das gleiche Grundmuster: Nach einem schweren Tag mal vor dem Fernseher zu verschwinden und tatsächlich stundenlang bis zum Zubettgehen zu schauen, kann durchaus positiv empfunden werden, weil die Zeit dann höchst entspannend ist. Aber jeden Tag davor zu sitzen, weil man sich sonst zu nichts aufraffen kann, keine bessere Idee hat und auch mit niemandes Anwesenheit oder plötzlichem Besuch rechnen kann, ist ernüchternd – für Kinder ganz furchtbar. Hätten sie Alternativen, wäre jemand da, der ihnen ein Konkurrenz-Programm aus dem Echtleben anbieten würde, und hätten sie schon einige Male die Erfahrung gemacht,

Für Kinder am attraktivsten: Das Echtleben

dass Selbstleben viel spannender ist, als anderen beim Pseudoleben zuzuschauen, verlöre das Fernsehen ganz schnell an Attraktivität.

Einsame, inaktive und phantasielose Kinder sitzen vor dem Fernseher, weil sie
einsam, inaktiv und phantasielos sind. Sie werden es bleiben, weil sie sich vor
den Fernseher geflüchtet haben. Hier wird etwas so Kostbares wie Zeit totge-
schlagen und die aktive Teilnahme am Leben versäumt. Vielseher-Kinder haben massive Defizite. Schon allein ihre Vorstellung, selbst irgendetwas machen
oder bewirken zu können, ist viel geringer ausgeprägt als bei ihren spielenden
und interagierenden Kamerad(inn)en.

Eine Beobachtung am Rande: Kinder, die viel fernsehen, sehen natürlich auch
viele Sendungen, die nicht für sie geeignet sind. Diese Kinder haben im Alltag eine erhöhte Ängstlichkeit. Bei Vielsehern (jung wie alt) begegnet man einem größeren Misstrauen gegenüber anderen Menschen. Häufig im Fernsehen
gesehene Gewaltausübung, Verrat, Betrug und Übervorteilung lassen die Welt
gefährlicher und heimtückischer er-
scheinen, als sie es im Umfeld der
meisten Zuschauer ist. Das Vorkommen von Gewalt im alltäglichen Leben wird überschätzt, die eigene Rolle als potentielles Opfer für jederzeit
möglich gehalten. Das ist inzwischen
wissenschaftlich abgesichert.

> ▶ *Viele Fernseh-Sendungen
> lassen die Welt gefährlicher
> und heimtückischer
> erscheinen, als sie im
> eigenen Umfeld ist.*

Das kann dann dazu führen, dass einem eigene Gewaltanwendung durchaus
gerechtfertigt erscheint: Man muss sich doch selbst verteidigen. Und wenn alle
zu aggressiven Mitteln der Konfliktlösung greifen, was bleibt einem dann noch
anderes übrig? Zu schnell wird heftige Aggression und Gewaltanwendung als
etwas Normales, Alltägliches akzeptiert. Auch die neuen Standards für zwi-
schenmenschliche Beziehungen, die sich durch übermäßige mediale Gewalt-
Präsentationen entwickeln, sind zwar unrealistisch, aber nichtsdestoweniger
erschreckend. Denn Argwohn, Angst, Gewalt und übermächtige Gegner werden aus der virtuellen Welt in die Familien, Kindergruppen und Schulklassen
mitgenommen. Die eigene Reaktions-Weise wird dann eher auf die Fernseh-
Figuren als auf die echten Interaktions-Partner eingestellt.

Dieser Aspekt wird inzwischen erfreulich häufig diskutiert, nachdem die verhängnisvollen Zusammenhänge verstanden wurden. Noch zu wenig beachtet wird in unseren Augen der Aspekt, dass man sich an das gewöhnen kann, was das Fernsehen einem serviert: an eigene Inaktivität, an von fremden Menschen vorgelegte Beurteilungen und sogar an fehlende Einflussnahme auf den weiteren Ablauf der Geschehnisse. Daran angepasste Fernsehkinder sind extrem gefährdet, von Richtungs-Vorgaben jeder Art abhängig zu werden. Wer sich kompetent fühlt, sein Leben selbst zu bestimmen, ist davor weit besser geschützt.

„Das Kind ist nur böse, wenn es schwach ist. Macht es stark – und es wird gut sein" (Rousseau)

Ein Kind muss seinen Ohnmacht-Gefühlen, die Lebens-Situationen und Konfrontationen dauernd mit sich bringen, Stärke gegenüber stellen können, wenn es ein selbstbestimmtes Leben führen will, das nicht von Angst, Aggressionen oder Abhängigkeiten dominiert wird, ihm also von „Mächtigeren" aus der Hand genommen wird. Das braucht bestimmte Voraussetzungen, die Eltern und alle Erwachsenen, die Kindern nahe stehen, schaffen können. Die meisten kennen wir schon. Es lohnt sich aber, Szenen anzusehen, in denen ein Kind direkt vor Ort Stärke-Punkte sammeln kann, um sie – wenn es darauf ankommt – zur Verfügung zu haben.

Beispiel 1:
Stärke-Punkte sammeln beim Umgang mit Gefahr

Wenn Eltern Kinder auf etwas hinweisen, sie vor einem Missgeschick bewahren oder vor Gefahren warnen wollen, kann das auf unterschiedliche Weise geschehen, die auch unterschiedlich auf das kindliche Verhalten wirkt.

Stellen Sie sich eine Situation vor, in der Eltern in das kindliche Handeln eingreifen, weil sie mit Recht meinen, dass ihre Mehrerfahrung für ihr Kind nützlich sei und es zu einer Verhaltens-Änderung gebracht werden sollte.

Wir sprechen hier nicht von einer gefährlichen Situation im Straßenverkehr oder beim Untersuchen einer Steckdose, wo schnell, überlegen und diskussionslos eingegriffen werden muss. Sondern von Situationen, bei denen es zumindest in den Augen des erwachsenen Beobachters unterschiedlich vorteilhafte Entscheidungen über den Fortgang gibt, wobei mehr oder weniger Risiken zu befürchten sind.

Hier kann das Eingreifen auf zwei Arten geschehen:

- Indem Sie Ihr Kind stoppen und ihm konkrete Anweisungen zu alternativen Handlungen geben. Das ist der überbehütende Weg.
- Oder indem Sie es bremsen und zum Überdenken und Neuplanen der Situation anregen. Das ist der vorsichtige Weg.

In beiden Fällen soll Schaden abgewendet werden. Aber je nach der elterlichen Vorgehensweise ist die längerfristige Wirkung auf das Kind eine ganz andere.

Beim überbehütenden Weg stoppt der Erwachsene das Kind, nimmt selbst die Regie in die Hand und gibt die nächsten Schritte vor – „zum Schutz des Kindes". Das Kind führt die Vorgaben aus oder widersetzt sich, macht gar nichts oder das Falsche. Wenn es die Vorschläge der Erwachsenen übernimmt, hat es zumindest theoretisch die Chance, sich diese zu merken und sie in ähnlichen Situationen unverändert wieder anzuwenden. Aber eben nur theoretisch, weil Kinder nicht allzu bereitwillig von anderen erarbeitetes Wissen annehmen, ohne selbst in irgendeiner Form an der Erarbeitung Anteil gehabt zu haben. Außerdem sind ähnliche Situationen eben nur ähnlich. Und schon passt das angelernte Standard-Verhalten nicht. Das Kind kann aber nicht selbst nachbessern, weil es an der ersten Problemlösung nicht beteiligt war.

Widersetzt sich das Kind, die Interventionen der Erwachsenen zu akzeptieren, bleibt der ganze Vorgang unbefriedigend unvollendet (gelernt ist nichts), oder geht schief: Das Kind „fällt in den Brunnen".

Auf jeden Fall bleibt die Frage: Was macht ein überbehütetes Kind, wenn es mal auf sich allein gestellt ist und ihm niemand sagt, wo es lang geht? Es ist ungeschützt, weil es bisher immer überbehütet war. Überbehütung hemmt, macht inaktiv, lässt auf Lösungen von außen warten, mobilisiert nicht die eigenen Kräfte, höchstens den Widerstand.

Sie kennen die Überbehütung bereits: Denken Sie an Paul und seinen Traumfresservogel. Hier war sie als Entlastung getarnt. Wir haben sie bereits als falsch verstandene Hilfestellung entlarvt, die dazu verleitet, zu akzeptieren und auszuführen, was vorgegeben wird – oder noch schlimmer: einfach zuzuschauen, wie einem etwas aus der Hand genommen wird. Überbehütung trägt dazu bei, bequem und initiativlos zu werden, was sich anfänglich vielleicht noch gar nicht einmal so schlecht anfühlt, sich aber unbemerkt immer mehr einschleicht. Sie führt mit dazu, sich selbst immer wieder hinten an zu stellen und anderen den Vortritt zu lassen. Sie nimmt die Chance, es selbst zu versuchen, es selbst zu schaffen – und zwar auf seinem eigenen Weg. Sie verhindert die guten Gefühle von Selbständigkeit und Stärke.

Es gibt Kinder, die Überbehütung schnell spüren und ihr massiven Widerstand entgegen setzen. Kinder klagen ihre Rechte ein – hoffentlich aufschreckend genug. Doch leider reagieren viele Kinder auf Überbehütung widerstandslos. Sie werden immer ruhiger und unauffälliger – bis endlich jemandem auffällt, dass sich hier ein Kind auf einem ganz gefährlichen Weg befindet – weit weg von sich selbst.

Beim vorsichtigen Weg geht man anders vor. Hier bleibt die Angelegenheit weiterhin Sache des Kindes. Es erfolgen nur Informationen, die zum richtigen Verständnis der Situation und zum eher gelungenen Weitermachen nötig sind. Hier findet eine Aufklärung des Kindes statt. Der Erwachsene erklärt, gibt Einblicke in ungeahnte Zusammenhänge und macht auch auf mögliche Konsequenzen aufmerksam, die mitbedacht werden sollten. Der Erwachsene kann durchaus Tipps geben: *„Ich würde es so versuchen." „Vielleicht klappt es so besser." „Ich könnte dir helfen, damit …"*

Aber die eigentliche Entscheidung bleibt beim Kind – auch die Entscheidung, sich gegen die Vorschläge, eventuell sogar für einen Misserfolg zu entscheiden. Der vorsichtige Weg lockt das Kind, es nun – mit wichtigen Zusatz-Informationen versehen – selbst zu versuchen. Das ist eine Zukunfts-Investition, die mehr Erfahrung und mehr Selbstbewusstsein mit auf den Weg gibt. Das Kind lernt Zutrauen in sich selbst durch die Empfindung: *„Man traut mir etwas zu.“* Übrigens schlagen Sie hier zwei pädagogische „Fliegen“ mit einer Klappe: Sie ermutigen Ihr Kind, es selbst zu versuchen – ebenso aber auch, sich notfalls Hilfe zu holen.

Beispiel 2:
Stärke-Punkte sammeln beim Umgang mit der Wut

Wut kann einen Menschen hilflos und lächerlich erscheinen lassen. Sie kann aber auch sehr überzeugend klar machen, dass offensichtlich etwas äußerst ungünstig für einen Menschen abgelaufen ist, und man sich um eine Verbesserung seiner Situation bemühen sollte.

Ersteres lässt ein Gefühl von persönlicher Schwäche und Unzulänglichkeit zurück, Letzteres wirkt durchaus stark und mit Recht unübersehbar. Den Unterschied macht einzig die Tatsache aus, ob jemand seine Wut beherrscht oder von ihr beherrscht wird.

Ein Kind muss erfahren, dass jeder Mensch Wut, ein heftiges Gefühl von Enttäuschung, Ärger und Zorn kennt und immer wieder erlebt. Wut ist durchaus berechtigt. Bringt man durch sie doch klar zum Ausdruck, dass man etwas ganz und gar nicht möchte. Und das muss man signalisieren dürfen – eindeutig und aufrüttelnd. Denn es soll ja ganz schnell etwas passieren: *„Halt, hier läuft etwas nicht gut, bitte alle mitdenken!“*

● *„Was könnte man ändern?“*

Oder falls tatsächlich nichts zu ändern ist:

● *„Kann mir das mal jemand erklären oder wenigstens meinen Ärger verstehen und mich beruhigen? Dann könnte ich sehen, dass ich wichtig bin und lediglich Widrigkeiten meinen Forderungen im Wege stehen. Unter diesen Bedingungen könnte ich notfalls auch mal was hinnehmen, was ich nicht so gut finde.“*

Die Wut macht den Wütenden hilflos, oft sogar sprachlos. Ruhig denken kann er in diesem Gefühls-Wirbel sowieso nicht. In diesem blöden Gefühl darf man ein Kind nicht allein zurücklassen. Man muss ihm Wege aus der Wut heraus zeigen – am besten in Zeiten, wo gerade alles ruhig ist, eben keine Wut oder sonstige schlechte Stimmung vorliegt.

Mögliche Wege aus der Wut: Mit akuter Wut kann man ums Haus rennen, sie in eine Bodenvase brüllen, das Klo runterspülen, sie durch Verknüllen von Zeitungspapier oder Schlagen auf Töpfe klein kriegen.

Solche Wut-Abbau-Möglichkeiten, in Ruhe mit einem Kind besprochen und durch seine Einfälle ergänzt, nimmt ein Kind sofort an und kann im Wutfall darauf zurückgreifen. Es fühlt sich und seine Wut ernstgenommen und kommt als durchaus akzeptabler Gesprächs-Partner und nicht mehr „auf 180" zurück. Von Hilflosigkeit ist nichts mehr zu spüren. Jetzt kann man miteinander reden, nach einer Lösung suchen und auch zur Kenntnis nehmen, dass es durchaus zwei verschiedene Sichtweisen ein und des selben Problems geben kann.

Auf alle Fälle kann die Geschichte nur mit mehr Stärke-Punkten auf dem Konto enden, als sie begonnen hat:

- Es gab Stärke-Punkte, weil die Wut-Äußerung tatsächlich zum Einhalten und Ändern des Plans geführt hat, was automatisch eine Verbesserung der eigenen Situation mit sich bringt.
- Oder es gab Stärke-Punkte, weil das Kind spüren konnte, dass es wichtig ist und allen Beteiligten an seinem Wohlergehen liegt. Obwohl die Um- und Zustände ein anderes Vorgehen verlangten. Weil das Kind auf dieses andere Vorgehen einging, hat es nicht sein Gesicht verloren, sondern Anerkennung geerntet.

Schutz-Erziehung lässt Ihr Kind echte eigene Erfahrungen machen. Damit es auch dann stark ist, wenn kein Behüter da ist.

Schutz-Erziehung ist Ihnen jetzt vertraut. Tagtäglich begleiten Sie Ihre Kinder mit Liebe, Verständnis und Hingabe. Wir möchten Sie ermutigen, sich Ihren wichtigen Part bei diesem Entwicklungs-Geschehen immer wieder vor Augen zu führen und sich an Ihren gemeinsamen Familien-Erfolgen zu erfreuen. In Momenten der Unsicherheit und Überlastung erinnern Sie sich sicher an die eine oder andere hier gelesene Anregung. Und Sie werden selbst dank Ihrer Eltern-Kompetenz immer mehr neue Ansatzpunkte finden, um Ihrem Kind seine Stärke bewusst zu machen.

Schutz-Erziehung bringt die E-Kette in Gang: Erwartungen – Erlebnisse – Erfahrungen – Emotionen.

- Ein jedes Kind startet mit individuellen **Erwartungen**, etwa an seine Bezugspersonen: *„Nehmen sie mich wahr?"* · *„Achten sie auf meine Signale?"* · *„Ist es ihnen wichtig, meine Bedürfnisse zu erfüllen?"*
- *„Was erlebe ich?"* Das Kind gleicht seine Erwartungen mit seinen gemachten **Erlebnissen** ab: *„Wie ist es gelaufen?* · *„Komme ich mit meinen Erlebnissen zurecht?"* · *„Habe ich es so erwartet oder mit etwas ganz anderem gerechnet?"*
- Je nach Ergebnis dieses Abgleichs fallen seine **Erfahrungen** aus: *„Das war eine gute Erfahrung, darauf kann ich bauen"* oder: *„Das war eine schlechte Erfahrung, die ich nicht mehr machen möchte."*
- Die Erfahrungen haben natürlich einen großen Einfluss darauf, wie das Kind sich fühlt. Sie prägen seine **Emotionen**.

An der Auswahl von Erlebnissen und Erfahrungen haben Eltern und alle einem Kind nahe stehenden Personen ihren Anteil. Über diese Erlebnisse und Erfahrungen wirken sie auch auf alle weiteren Erwartungen des Kindes und auf seine Emotionen.

Denn davon hängt es ab, welche Erlebnisse ein Kind zulässt, welche es von sich aus sucht oder bewusst meidet. Eltern geben also auch den Erlebnis-Rahmen vor. Genau der entscheidet darüber, ob es zu neuen Erfahrungen kommen kann – vielleicht zu besseren als bisher.

Das hat dann sofort Auswirkungen auf die kindlichen Emotionen. Sind sie positiver, zuversichtlicher, selbstbewusster, ändern sich natürlich auch die Erwartungen des Kindes: *„Das traue ich mir jetzt zu."* · *„Ich versuche es."* · *„Ich glaube, ich kann es!"* Und schon sucht das Kind nach anderen Erlebnissen, die es ganz neue Erfahrungen machen lassen: *„Ich gestalte meine Umgebung mit."* · *„Ich suche mir Erlebnisse und Interaktionspartner."* · *„Ich bringe mich ein."* · *„Ich nehme Einfluss, bewirke etwas."* · *„Ich bin stark."*

Schutz-Erziehung
soll ein Kind nicht durch Erziehung
immer klüger, beliebter und leistungsfähiger machen –
sondern ihm die Chance geben,
selbst aktiv zu werden, seine Fähigkeiten zu entfalten,
seine Einzigartigkeit zu erkennen
und seine Stärken zu spüren.

Kapitel 4: Das Wichtigste in Kürze

- Entwicklungs-Anreize sind wichtig, um fehlende Erfahrungen nachzuholen und das neue Wissen und Können zu genießen,
- Ein Ergebnis, das mit Anstrengung erreicht wurde, ist Kindern weit mehr wert ist als eine leichte Lösung,
- *„Ich nehme dir das ab!"* bedeutet nicht immer Gutes, sondern auch, sich nie beweisen zu können und schwierige Situationen nie selbst zu bewältigen,
- Jemand, der gelernt hat, eigene Wünsche anzusprechen und respektiert wird, kann auch die Wünsche anderer wahrnehmen und akzeptieren,
- Es lohnt sich, die Persönlichkeit eines Kindes zu beachten, nicht nur sein Geschlecht, da zwischen zwei Mädchen die Unterschiede größer sein können als zwischen einem Mädchen und einem Jungen,
- „Kleine Fluchten" heben das Lebensgefühl und erleichtern die Rückkehr zur Pflicht,
- **Schutz-Erziehung** beeinflusst die Erwartungen, Erlebnisse, Erfahrungen und Emotionen eines Kindes so, dass es sich selbst spüren und kraftvoll einbringen kann.

Stichwort-Verzeichnis

Literatur-Hinweise

Von unseren Autorinnen

Haug-Schnabel, G.; Schmid-Steinbrunner, B. (2000):
Suchtprävention im Kindergarten.
So helfen Sie Kindern stark zu werden.
Herder Verlag, Freiburg

Weitere Literatur

Kirkilionis, E. (1999):
Ein Baby will getragen sein.
Alles über geeignete Tragehilfen und die Vorteile des Tragens.
Kösel Verlag, München

Miklitz, I. (2000):
Der Waldkindergarten.
Dimensionen eines pädagogischen Ansatzes.
Luchterhand Verlag, Neuwied

Schiffer, E. (1999):
Warum Huckleberry Finn nicht süchtig wurde.
Anstiftung gegen Sucht und Selbstzerstörung bei Kindern und Jugendlichen.
Beltz Quadriga Verlag, Weinheim

Nützliche Adressen

Wichtige Adressen, an die Sie sich direkt wenden können, wenn Sie Fragen haben oder Hilfe brauchen

Bundeskonferenz für Erziehungsberatung (bke)
Fachverband für Erziehungs-, Familien- und Jugendberatung
Herrnstraße 53
90763 Fürth
Tel. 09 11 / 97 71 40

Auf der Website **www.bke.de** sind alle deutschen Erziehungs-
beratungsstellen abrufbar oder als Broschüre zu bestellen.

Bundesverband Deutscher Kinderschutzbund
Schiffgraben 29
30159 Hannover
Tel. 05 11 / 30 48 50

In der Website **www.kinderschutzbund.de** kann man über den Listenpunkt
„Verbandsdatenbank" direkt auf Beratungssuche gehen.

Deutsche Arbeitsgemeinschaft für Jugend- und Eheberatung (dajeb)
Neumarkterstraße 84c
81673 München
Tel. 0 89 / 4 36 10 91

Die Website **www.dajeb.de** bietet einen online-Beratungsführer mit
über 11900 Adressen für konfessionelle und nicht-konfessionelle
Beratungsstellen, der im Auftrag des Bundesministeriums für Familie,
Senioren, Frauen und Jugend ständig aktualisiert und erweitert wird.

Deutsche Gesellschaft für Sozialpädiatrie und Jugendmedizin e.V. (DGSPJ)
Schillerstraße 15
89077 Ulm
www.dgspi.de

Die Gesellschaft stellt eine Reihe interessanter Leitlinien (z.B. zur frühen Mutter-Kind-Interaktion) abrufbereit zur Verfügung. Hier finden sich auch alle Adressen sozialpädiatrischer Zentren und Frühförderstellen Deutschlands nach Postleitzahlen geordnet.

Deutsche Liga für das Kind
Chausseestraße 17
10115 Berlin
Tel. 0 30 / 28 59 99 70

Unter **www.Liga-kind.de** finden Eltern eine breite Palette wichtiger Informationen über Kindheit und Entwicklung.

Gesellschaft für seelische Gesundheit in der Frühen Kindheit e. V. (GAIMH)
Geschäftsstelle für Österreich, Deutschland und Schweiz:
Prof. Dr. Marguerite Dunitz-Scheer
Universitäts-Klinik für Kinder- und Jugendheilkunde
A-8036 Graz, Österreich
Tel. 00 43 / 316 / 3 85-37 59

Die Website **www.gaimh.de** stellt Namen und Adressen für Beratungsstellen zur Verfügung, die auf Säuglings- und Kleinstkindfragen spezialisiert sind.

Jedes Kind kann schlafen lernen

Dipl.-Psych. A. Kast-Zahn
Dr. med. H. Morgenroth

Vom Baby bis zum Schulkind:
Wie Sie Schlafprobleme Ihres Kindes
vermeiden und lösen können

*Das Standardwerk für
alle Eltern,
die für sich und
ihre Kinder ruhige
Nächte haben wollen*

**Erweiterte und
aktualisierte Neuausgabe:**
Hardcover, 172 S.,
4-fbg. Fotos und Abb.
ISBN 3-934333-09-5
D: € 17,80 · A: € 18,30
CH: SFR 31,60

**Was sagt mir mein Baby,
wenn es schreit?**

Dr. rer. nat. Joachim Bensel

Wie Sie Ihr Kind auch ohne Worte
verstehen und beruhigen können

*Dieses Buch hilft
Ihnen, Ihr Kind auch
ohne Worte zu
verstehen und zu
beruhigen.
Ein Kursus in
Eltern-Kind-
Verständigung*

Hardcover, 205 S.,
4-fbg. Fotos und Abb.
ISBN 3-934333-07-9
D: € 17,80 · A: € 18,30
CH: SFR 31,60

**Jedes Kind
kann Regeln lernen**

Dipl.-Psych. Annette Kast-Zahn

Vom Baby bis zum Schulkind:
Wie Eltern Grenzen setzen
und Verhaltensregeln vermitteln können

*Das Regelwerk für alle
Eltern, die ihren Kindern
klare Spielregeln
für ein harmonisches
Familienleben
vermitteln wollen*

**Erweiterte und
aktualisierte Neuausgabe:**
Hardcover, 173 S., 4-fbg.
Fotos, Abb., Illustrationen
ISBN 3-934333-15-X
D: € 17,80 · A: € 18,30
CH: SFR 31,60

**Im Notfall:
Schnelle Hilfe
für Ihr Kind**

Moritz Thanner

Sofort-Maßnahmen für Eltern:
Schnell reagieren und richtig handeln

*Notfälle bei Kindern:
Wie Eltern schnell
reagieren und richtig
handeln können*

Hardcover, 190 S.,
4-fbg. Fotos, Abb.
und Illustrationen
ISBN: 3-934333-05-2
D: € 19,80 · A: € 20,40
CH: SFR 34,80

**Hörgeschädigte
Kinder**

RAT & TAT
für Eltern und Kinder

Sylvia Schneider

*Hörgeschädigte Kinder.
Drei Bücher in einer Box:
Ratgeber für Eltern,
Vorschulkinder und
Schulkinder*

In Zusammenarbeit mit
Siemens Audiologische Technik

3 Hardcover im Schuber,
192/64/64 S., 4-fbg. Fotos,
Abb. u. Illustrationen
ISBN 3-934333-08-7
D: € 24,80 · A: € 25,50
CH: SFR 43,50

**Wie Kinder sauber
werden können**

Priv.-Doz. Dr. rer. nat.
Gabriele Haug-Schnabel

Was Sie als Eltern wissen müssen,
damit das Sauberwerden klappt

*Was Sie als Eltern
wissen müssen,
damit das
Sauberwerden
klappt*

**Erweiterte und
aktualisierte Neuausgabe:**
Hardcover, 205 S.,
4-fbg. Fotos und Abb.
ISBN 3-934333-11-7
D: € 17,80 · A: € 18,30
CH: SFR 31,60

**Jedes Kind
kann richtig essen**

Dipl.-Psych. A. Kast-Zahn
Dr. med. H. Morgenroth

Vom Baby bis zum Schulkind:
Wie Eltern dafür sorgen können,
dass der Esstisch nicht zum Stresstisch wird

*Ideen, wie Eltern
ihren Kindern
normales Essverhalten
schmackhaft
machen können*

Hardcover, 156 S.,
4-fbg. Fotos und Abb.
ISBN 3-9804493-9-4
D: € 17,80 · A: € 18,30
CH: SFR 31,60

**Wie man Kinder
von Anfang an
stark macht**

Priv.-Doz. Dr. G. Haug-Schnabel
B. Schmid-Steinbrunner

So können Sie Ihr Kind erfolgreich schützen –
vor der Flucht in Angst, Gewalt und Sucht

*Schutz-Erziehung von
Anfang an
• Zu Hause
• Im Kindergarten
• In der Schule*

Hardcover, 253 S.,
4-fbg. Fotos und Abb.
ISBN 3-934333-01-X
D: € 17,80 · A: € 18,30
CH: SFR 31,60

**Eltern-Ratgeber
Kinderkrankheiten**

Kinderarzt Dr. Jörg Nase

■ Was hat mein Kind?
■ Was kann ich tun?
■ Wann muss ich mit dem Kind zum Arzt?

*Alles, was Eltern wissen
müssen, wenn ihrem
Kind etwas fehlt:
• Was hat mein Kind?
• Was kann ich tun?
• Wann muss mein Kind
  zum Arzt?*

Hardcover, 477 S.,
4fbg. Fotos und Abb.
ISBN 3-934333-13-3
D: € 24,80 · A: € 25,50
CH: SFR 43,50

**Besondere Kinder
brauchen
besondere Eltern**

Judith Loseff Lavin
Claudia Sproedt (Hrsg.)

Behindert oder chronisch krank:
Wie Sie Ihr Kind beschützen
und es unterstützen können

*Das Starkmach-Buch
für Eltern mit
behinderten Kindern*

Hardcover, 272 S.,
4fbg.
ISBN 3-934333-14-1

Neue Strategien gegen Legasthenie
Dr. Dipl.-Psych. Petra Küspert

Lese- und Rechtschreib-Schwäche: Erkennen, Vorbeugen, Behandeln

Kinder mit Lese- und Rechtschreib-Schwäche: Erkennen, Vorbeugen, Behandeln

Hardcover, 189 S., 4-fbg.
Fotos, Abb., Illustrationen
ISBN 3-934333-12-5
D: € 17,80 · A: € 18,30
CH: SFR 31,60

Auch das Lernen kann man lernen
Dr. med. Elisabeth Aust-Claus
Dr. Dipl.-Psych. Petra-Marina Hammer

Vom Kindergarten in die Schule
Was Sie als Eltern dafür tun können,
dass Ihr Kind gut und gern lernt

Die Pflichtlektüre für alle Eltern, die ihren Kindern helfen wollen, den Schulalltag zu meistern

Hardcover, 157 S., 4-fbg.
Fotos, Abb., Illustrationen
ISBN 3-9804493-2-7
D: € 17,80 · A: € 18,30
CH: SFR 31,60

Das A·D·S-Buch
Dr. med. Elisabeth Aust-Claus
Dr. Petra-Marina Hammer

Aufmerksamkeits-Defizit-Syndrom

Neue Konzentrations-Hilfen
für Zappelphilippe und Träumer

Die neuesten Erkenntnisse zur Erkennung und Behandlung von Kindern mit Aufmerksamkeits- und Konzentrations-Störungen

Hardcover, 317 S., 4-fbg.
Abb. und Illustrationen
ISBN 3-9804493-6-X
D: € 19,80 · A: € 20,40
CH: SFR 34,80

A·D·S Das Erwachsenen-Buch
Dr. med. Dieter Claus
Dr. med. Elisabeth Aust-Claus
Dr. Petra-Marina Hammer

Aufmerksamkeits-Defizit-Syndrom

Neue Konzentrations- und Organisations-Hilfen
für Ihr Berufs- und Privatleben

Das A·D·S-Erwachsenen-Buch zeigt Ihnen den neuesten Stand der A·D·S-Forschung und bietet Ihnen konkrete Hilfen für Ihr Berufs- und Privatleben.

Hardcover, 347 S.,4-fbg.
Abb. und Illustrationen
ISBN 3-934333-06-0
D: € 19,80 · A: € 20,40
CH: SFR 34,80

Hoch begabt – und trotzdem glücklich
Dipl.-Psych. Herbert Horsch
Dr. Dipl.-Psych. Götz Müller
Dr. Hermann-Josef Spicher

Damit die klügsten Kinder nicht die Dummen sind

Das Orientierungs-Buch für Eltern mit besonders begabten Kindern

Hardcover, ca. 288 S., 4fbg.
Fotos, Abb., Illustrationen
ISBN 3-934333-16-8

Die Baby-Frage
Cornelia Brammen

Soll ich – oder soll ich nicht?

Entscheidungs-Hilfen für den wichtigsten Entschluss im Leben einer Frau

NEU!

Hardcover, 125 S.,
4-fbg. Fotos
ISBN 3-934333-03-6
D: € 16,80 · A: € 17,30
CH: SFR 29,90

Hallo, Baby
Lorelies Singerhoff

Gesund und glücklich durch das erste Jahr

B aby Start ins Leben
B aby Entwicklung
B aby Gesundheit
B aby Ernährung
B aby und seine Familie

NEU!
Im Info-Magazin
• Ausstattung
• Adressen

Der Wegweiser für die ersten 12 Monate im Leben von Mutter und Kind

Hardcover, 250 S.,
4-fbg. Fotos
ISBN 3-934333-02-8
D: € 17,80 · A: € 18,30
CH: SFR 31,60

Team Familie
Daniela Liepich

Eltern und Kinder: Gemeinsam sind sie stark

Entscheidungs-Schritte und Erziehungs-Phasen:
Von der Geburt bis zur Pubertät
Wie Eltern mit ihren Kindern ihre Aufgaben wachsen
Das Sozial-System „Familie":
Wie es am besten funktioniert

NEU!
Im Magazin-Teil

Spielregeln und Tipps für ein gutes Familien-Management

Hardcover, 252 S.,
4-fbg. Fotos
ISBN 3-9804493-8-6
D: € 17,80 · A: € 18,30
CH: SFR 31,60

Every child can learn to sleep
A. Kast-Zahn, Dipl.Psych
H. Morgenroth, MD

From babyhood to school days:
How to avoid and solve
your child's sleep problems

Englische Ausgabe:
Das Standardwerk für alle Eltern, die für sich und ihre Kinder ruhige Nächte haben wollen

Hardcover, 160 S.,
4-fbg. Fotos und s/w-Abb.
ISBN 3-934333-10-9
D: € 17,80 · A: € 18,30
CH: SFR 31,60

Jedes Kind kann schlafen lernen

CD:
Laufzeit: ca. 58 Minuten
ISBN 3-934333-20-6
D: € 17,80 · A: € 18,30
CH: SFR: 33,20

MC:
Laufzeit: ca. 58 Minuten
ISBN 3-934333-21-4
D: € 17,80 · A: € 18,30
CH: SFR: 33,20